어른이 처음이어도
괜찮습니다

어른이 처음이어도 괜찮습니다

초 판 1쇄 2019년 04월 24일

지은이 류지희
펴낸이 류종렬

펴낸곳 미다스북스
총괄실장 명상완
책임편집 이다경
책임진행 박새연, 김가영, 신은서
본문교정 최은혜, 강윤희, 정은희

등록 2001년 3월 21일 제2001-000040호
주소 서울시 마포구 양화로 133 서교타워 711호
전화 02) 322-7802~3
팩스 02) 6007-1845
블로그 http://blog.naver.com/midasbooks
전자주소 midasbooks@hanmail.net
페이스북 https://www.facebook.com/midasbooks425

© 류지희, 미다스북스 2019, *Printed in Korea*.

ISBN 978-89-6637-661-2 03190

값 15,000원

미다스북스는 다음세대에게 필요한 지혜와 교양을 생각합니다.

세상에 완전한
어른은 없다

어른이 처음이어도
괜찮습니다

류지희 지음

미다스북스

어른이 처음이라 서툰 당신에게

괜찮아요, 우리 모두 어른은 처음이니까요

가끔은 내가 어른인 것을 잊어버릴 때가 있다. 지나온 여덟 번의 해에
는 스스로를 어른이라 여기며 세상이 만들어놓은 저마다의 것들을 좇아
왔다. 처음이라 들뜨던 온갖 설렘에 이리저리 몸을 맡겼다. 모든 새로움
에는 알지 못해서 생기는 두려움과 알아갈 수 있다는 기대감이 공존했다.
서투르게 반짝이던 호기심들로 도전하고, 부딪히고, 상처받고, 또 다시
단단해지길 반복했다. 여태껏 두려움에 대해 깊이 생각해본 적은 없었다.
어떤 식으로든 늘 스스로를 다독였고 날마다 맞이하는 시간에 부단히 흘
러가는 것만으로도 여념이 없었으니까.

그럼에도 어김없이 실마리 하나가 풀리지 않는 순간은 찾아왔다. 그럴
때면 익숙한 듯 운동화를 구겨 신고 거리로 흘러나와 서점으로 향했다.
내겐 늘 위로와 안식이 되는 공간이었다. 나는 저마다의 사연들이 빼곡히
진열된 무수한 책들 속에 파묻혀 있는 것이 좋았다. 마음이 이끄는 대로

책을 골라잡았다. 진열대 한 귀퉁이에서 무심코 펼쳐든 페이지부터 찬찬히 읽어 내려가기 시작했다. 고요히 빠져들었다. 그러다 보면 그 복잡함 속에서 역설적이게도 마음이 편안해지곤 했다.

내게 사랑이 필요할 때면 사랑에 관한 책을 읽었고, 원치 않은 관계들로 힘이 들 때면 관계에 대한 책을 읽었다. 아무 것도 생각하고 싶지 않은 날들에는 여행자의 시선을 따라 함께 마음의 오지로 여행을 떠났다. 이따금 친구에게 전화를 걸어 밤이 새도록 고민을 곱씹는다거나 맛있는 음식을 먹으며 재잘거릴 수도 있었을 것이다. 하지만 한 해씩 채워지는 시간들에도 여전히 여물지 못한 내 서투른 마음을 누군가에게 내보인다는 건 그리 달갑지 않은 일이 되어버렸다. 나 스스로에게도, 그들에게도.

그렇게 때마다 찾아오는 어른살이의 쌉쌀함에는 보다 더 담담하고 애정 어린 토닥임이 필요했다. 가끔은 누군가의 의미 없는 농담에서도 힘을 얻기도 했다. 그래도 결국 흩어진 마음들을 한 데 모으는 것은 오롯이 내 몫이었다. 그런 내게 독서는 늘 따스한 위로가 되어주었다. 어쩌면 지금 그러한 마음으로 이 책을 집어든 당신에게도 편안한 안식의 시간이 될 수 있기를 바란다.

올해로 꽃다운 스물아홉. 때 이른 아홉수의 폭풍우인걸까. 나는 지난 해 피할 수 없는 시련의 날들을 온 몸으로 두들겨 맞았다. 그리고 그런 내 삶에 위로와 용기를 다하기 위해 오로지 나를 위한 시간들로 채워가리라 마음먹었다. 그런 의미에서 이 책은 내게 인생의 변환점이 되어줄 선물이라 믿어 의심치 않는다. 20대의 끝자락에서 방황하는 오늘의 나를, 나는 있는 그대로 안아주고 있다.

사실 서른이 올 때쯤이면 좀 더 의연해져 있을 내 모습을 떠올렸다. 보다 단단한 길을 걸어가기 위해 지금껏 나는 스스로에게 얼마나 많은 격려와 위로들을 해왔던가. 그 힘으로 여기까지 온 것은 아닐까하고 생각도 해본다. 그럼에도 나는 여전히 불안하고 불완전한 어른이로 서 있다. 사랑이라 믿었던 낭만들에 가슴 깊이 마음을 베였고, 타오르던 꿈의 열정은 휘청거리며 초점을 맞추려 애쓰고 있다. 반복되는 관계들 속에서 여전히 나만의 적절한 태도를 고민해가고 있다.

그렇게 어른인 척 살아가고 있는 오늘, 이따금 서글퍼지기도 하지만 오롯이 뭉근한 내가 참 대견스럽기도 하다. 스물, 서른 그리고 불혹의 마흔에도 어쩌면 우리는 때마다 마주하는 분주한 처음들로 제각기 속도를 내며 여력을 다하고 있을지도 모를 일이다. 이 책을 집어 들고 나와 함께 나란히 속도를 맞추며 읽어내려갈 당신도 그러할 것이다.

조심스럽게 말하자면, 지금 당신의 머릿속을 꽉 채운 고민들을 나는 알고 있다. 얼기설기 엉켜있는 그 모든 잡다한 것들을 뒤로하고 결국엔 '사람, 사랑, 꿈 그리고 낭만'일 것이다. 많은 사람들이 일상의 작은 문제들부터 삶의 중요한 결정까지 너무 많은 고민거리에 파묻혀 해답을 찾아가

고자 한다. 걱정과 불안을 느끼며 심리적으로 힘겨워 한다. 업무의 효율
성보다도 평화롭고 원만한 인간관계, 조건에 맞는 이성과의 만남보다도
서로의 마음에 기대어 쉴 수 있는 진심 하나, 남들의 눈치에 맞춰 사는 삶
이 아닌 내 속도와 방향에 따라 우직하게 나아갈 수 있는 꿈을 그리고 있
다.

 그렇게 오늘도 세상과 타인과 무엇보다 나 자신과의 사이사이에서 오
는 무수한 이야기와 마찰들로 우리는 어른 됨의 감각을 익혀나가고 있다.
하지만 해답을 찾음으로써 성숙되는 것이 아니라 그 과정에서 우리에게
는 저마다의 길이 생기고 깊이감이 생겨나며 자신이 원하는 삶의 태도를
갖추어가고 있는 것이라 믿는다.

『어른이 처음이어도 괜찮습니다』는 그러한 나의 경험과 고민들에 대한
깨달음을 모아 집필한 산문집이다. 미사여구로 장식될 만한 사건이나 어
마무시한 무용담까지는 아닐지도 모른다. 그저 일상에서 느낀 날 것 그대
로의 내 마음을 소소하고 담담하게 여미며 써내려가고자 했다. 고백하건
데, 여전히 처음인 것들 투성이고 서투른 어른아이로 살아가는 나를 위로
하기 위해 내가 나에게 선물하고 싶은 마음인지도 모르겠다. 이 글을 읽
는 당신에게도 내면의 힘듦이 찾아왔을 때, 군더더기 없는 진심으로 함께
공감하며 담담한 될 수 있기를 간절히 바란다.

 어쩌면 우리가 찾아 헤매는 또렷한 삶의 해답 같은 것은 애초에 존재하

지 않을지도 모른다. 아직은 어설픈 깨달음과 마음들이 그 것 자체로 투박하게 담겨있는 '말 그대로 어른아이의 감정들'을 함께 나누며 소통하고 싶었다. 이 마음들이 부디 당신 자신다운 삶을 고민해보는 시간이 될 수 있길 바란다. 나이가 지긋하신 어른들이 말씀하시기를, 이 정도 나이가 되면 뭐든 제대로 자리 잡혀 있을 줄 알았는데 그때나 지금이나 여전히 불완전한 건 똑같다고 말한다. 어쩌면 이 삶이 다하기까지 우리는 여전히 어른아이로 남아있을지도 모를 일이다.

그러므로 단 한 가지 명백한 것이 있다면, 지금 여기까지 걸어온 길에 어깨를 토닥여주고 앞으로 나아갈 길들에 자신만의 무늬를 가지기 위해 힘을 싣는 일. 적어도 내가 원하는 인격체를 가지기 위해 좋은 태도를 만들어나가는 일. 당신의 그 시간들에 나의 마음이 겹쳐져 단단한 위로와 용기가 되어줄 수 있다면 좋겠다. 당신도, 나도 날마다 처음인 어른의 날들에 이 진심들이 조금이라도 쓸모를 다할 수 있기를!

contents
차 례

1장

사랑은 힘들고
어른살이는 어렵다

어른은 왜 울지 않는다고 생각했을까

—

어른들도 누구나 처음엔 어린이였다.
그러나 그것을 기억하는 어른은 별로 없다.
– 『어린왕자』 중에서

직장 생활의 꽃은 마인드 컨트롤

그날도 회사에서 밤을 새웠다. 이번에 맡은 프로젝트는 클라이언트의 까다로운 요구에 몇 주째 진이 빠지게 일하고 있었다. 당장 내일까지 작업을 완수해달라는 갑작스러운 통보도 받았다. 내가 막 3개월 차가 된 인턴 때의 일이었다. 업무에 서툴렀던 나는 결국 주말도 반납하고 밤을 꼬딱 새웠다. 그리고 다음 날 아침 가까스로 작업을 마무리했다. 그런데 대표님께서 우리를 부르시더니 별일이 아닌 듯 담담하게 말씀을 꺼내셨다.

"방금 연락이 왔는데, 클라이언트 측에서 오늘까지 완료하지 않아도 된대. 마감시일이 연기되었다네."

갑자기 화가 치밀었다. 몇 달을 고생시켜 날밤까지 새우게 해놓고 이렇게 갑자기 말을 바꾸는 게 말이 되는가. 수정본을 바로 작업해서 보내달라는 것이었다. 사실 이런 경우에 클라이언트와 잘 이야기하여 일정조율을 할 수도 있었다. 하지만 상대는 암묵적 갑의 존재였기에 그럴 수는 없는 노릇이었다. 결국 회사에 남아 다시 일을 시작했다. 그러다가 팀원들과의 회의 자리에서 갑자기 억누르고 있던 감정이 터져버렸다. 눈물이 나기 시작했다. 지금 우리가 겪고 있는 부조리에 대해 이야기했다. 그러자 다른 동료 한 명도 함께 울먹이기 시작했다. 사실 눈물이 날 정도로 감정적이 된 것은 단지 일정이 변경되었기 때문이 아니었다. 프로젝트를 진행하면서 겪었던 클라이언트의 일방적인 갑질 때문이었다. 늘 마음대로 일정을 변경했고 그러면서도 정작 우리의 요청에는 사뭇 비협조적이었다. 하지만 사회 초년생이 무엇을 제대로 대처할 수 있었겠는가. 그저 중간에 끼여서 이리저리 휘둘리며 장단 맞추기에 바빴다.

어른은 울지 않는다고 생각했다. 사실 어릴 적에는 스무 살이 넘으면 다 어른이 되는 줄 알았으니까. 그도 그럴 것이 자라면서 부모님이 눈물 흘리는 모습을 한 번도 본 적이 없었다. 그날 우리 팀원들은 그간 쌓여 있던 마음속 앙금들을 회의 시간의 짧은 눈물로 씻어내었다. 좀 더 경력이 있는 선배들은 그저 옆에서 가만히 우리를 토닥여주었다. 이로써 나를 포함한 신입동기들은 처음으로 직장인의 쓴맛을 경험해본 것이다. 회사에서 다 큰 성인이 눈물을 흘렸다는 것이 부끄럽기도 했다. 스스로가 아직 미성숙한 사회인으로 느껴졌기 때문이다. 운다고 해결될 나이는 지나지 않았는가. 하지만 눈물을 흘리고 나니 한결 마음은 편안해졌다. 직장 생활이라는 것이 능력만으로 되는 것은 아니다. 업무 처리만큼이나 매 순간 자신의 마음을 잘 컨트롤할 수 있어야 한다. 일 자체도 그렇지만 사람들과의 커뮤니케이션을 통해 내가 맡은 일의 능률도 달라지기 때문이다.

"주임님, 정말 대단하신 것 같지 않아? 나는 회사 들어온 이래로 주임님이 화내거나 인상을 찡그리는 모습을 한 번도 본 적이 없어. 어쩜 저렇게 늘 즐겁게 일할 수 있는 거지?"

주변을 보면 이런 사람이 꼭 한 명씩은 있을 것이다. 어떤 상황에서도 늘 미소를 잃지 않는 밝은 에너지를 가진 사람은 과도한 업무를 지시받아도 '오늘도 즐거운 야근 예약이네. 저녁은 맛있는 거 먹고 해야지.'라며 긍정적인 마음으로 대처한다. 이런 유형의 사람들에게는 늘 주변에 많은 사람들이 따르기도 한다. 옆에 있는 것만으로도 기분 좋은 에너지가 전해지기 때문이다. 너나 할 것 없이 힘든 직장 생활에서 이러한 긍정 에너지는 오아시스와도 같은 존재가 되어주기 때문이다.

별것도 아닌 일에 화가 나고 짜증 나고 예민해지는 날이 있다. 그럴 때 기분 좋게 웃어넘기는 동료의 모습을 보면 스스로 반성하게 되면서 또 배운다. 기분이 좋으면 업무 능률도 오른다. 매일매일 좋은 일들만 있을 수는 없지만 일상에서 스스로 기분 좋은 느낌들을 찾아내는 것도 능력이다. 그리고 마음만 먹으면 얼마든지 그럴 수 있다. 그래야 지치지 않고 오래 그리고 멀리 갈 수 있다. 하지만 사회생활을 하다 보면 가끔 울컥할 때가 많다. 단지 어른이기에 눈물을 삼키게 되는 것뿐이다. 어른이 되었다는 것은 감정 표현을 한 번 더 고민하는 나이가 되었다는 뜻이다. 어릴 때는 감정 표현이 자유롭지 않았던가. 슬플 때, 화가 날 때, 억울할 때…. 눈물을 흘리고 투정을 부리면 받아줄 사람이 있었다. 그래서 자신의 감정을 표현하는 것에 망설임이 없었다. 그게 당연한 줄 알았다. 하지만 우리가 사회로 나와 어른의 덕목으로 배운 것은 '절제'였다. '감정의 절제'. 자신의 감정을 그대로 드러내면 미성숙하게 보일 수 있기 때문이다. 그러므로 어느 상황에서든 침착하게 대응하는 것이 우리가 지향하는 어른의 모습이 되어버렸다. 그렇게 세상이 바라는 모습에 맞춰진 우리의 모습을 보며 나는 어른은 울지 않는다고 생각했나 보다.

부모의 마음을 알아간다는 것

나는 사회에서 겪는 감정 노동들로 지칠 때면 가장 먼저 부모님이 떠오른다. 아마 대부분 그렇지 않을까 싶다. '부모님도 이런 상황들을 모두 겪으셨겠지?, 이런 모진 일들을 견뎌내며 나를 길러 오셨겠구나.' 짠한 마음이 들어 감사하고 죄송하다가 측은해진다.

예전에 회사에서 부장님이 대표님께 크게 혼나는 것을 본 적이 있다.

50대 중반의 대표님 앞에 마주 앉아 있던 60대 중반의 머리가 벗겨진 부장님의 모습. 고개도 들지 못하고 숙연하게 모진 말들을 받아내고 있었다. 사무실 안에는 대표님의 쩌렁쩌렁한 고함 소리가 울려 퍼졌다. 밖에서 일하던 직원들이 하나둘 사태 파악에 웅성거리기 시작했다. 어찌나 그 모습이 애잔하던지, 지켜보던 동료들이 하나같이 입을 모았다.

"부장님 모습 정말이지 짠해 보여. 꼭 우리 아버지 모습 같지 않아? 직장에서는 저렇게 혼나고 퇴근 후 집에 들어오면 아무렇지 않다는 듯 웃으시겠지. 가장이란 이름으로."

나는 이야기를 하면서 아버지 모습이 떠올라 마음이 울컥했다. 늘 든든하고 강직하게만 보였던 아버지의 모습이 스쳤다. 하지만 평범한 직장인인 나의 아버지도 회사에서 부장님과 같은 일을 겪었을지 모른다고 생각하니 코끝이 시큰해졌다. 그리고 그날 퇴근 후 평소보다 더 살가운 말투와 눈빛으로 아버지에게 회사에서 힘든 일은 없었는지 여쭤보았다. 아버지는 웃으며 괜찮다고 답했다. 하지만 어찌 그 대답을 곧이곧대로 믿을 수 있겠는가. 있어도 자식들에게 자신의 고단함을 이야기할 부모가 몇이나 있을까. 이렇게 조금씩이라도 부모님의 마음을 알아가는 건가 보다. 예전에는 크게만 보였던 부모님의 어깨가 언제부터인가 점점 작아 보이기 시작했다. 버스를 타면 종종 아이와 함께 있는 젊은 엄마의 모습에 눈길이 많이 간다. 아기를 안고 있거나 손을 꼭 붙잡고 있다. 그 모습을 가만히 보고 있다가 마음이 찡한 적도 종종 있다. 아이와 지긋이 눈을 맞추며 행복해하는 엄마의 모습, 사랑스러움으로 가득 찬 엄마의 미소는 세상에서 가장 아름답고 애잔했다. 화장기 없는 얼굴에 부피가 제법 큰 가방을 가녀린 어깨에 몇 개씩 메고 있었다. 아이의 작은 손짓 하나에도 살가운 리액션으로 반응하고, 모든 눈빛과 말과 행동이 아이에게 맞춰져 있었다. '내가 어릴 때 우리 엄마도 저런 모습이었겠구나….' 그 모습 위로 앨범 속 사진으로만 보던 엄마와 내 모습이 겹쳐졌다.

어느덧 나도 그때 엄마 나이인 20대 후반이다. 이따금 '어른다운' 모습을 담담하게 익혀가는 중에 이상하게도 불쑥불쑥 울컥할 때가 많아지는 것을 느낀다. 하지만 직장, 친구, 집 어디에서나 내 마음을 탁 터놓을 수 있는 공간은 점점 줄어든다. 그러다가 불현듯 울고 싶어지는 날에는 일부러 슬픈 영화를 보기도 한다. 대놓고 울 순 없으니 울 수 있는 구실을 만드는 것이다. 한번은 누군가 나에게 시비라도 걸어서 감정을 터뜨려주길 바란 적도 있었다. 특별하게 힘든 일이 있어 그랬던 건 아니다. 사람이라면 이따금 이유 없이 외로워지고 고독해질 때도 있는 거니까. 하지만 누군가와 함께 있어도 해소되지 않는 감정들이 있기에 혼자만의 시간이 필요할 때도 많다. 어찌 보면 엄마는 이런 혼란스러운 나이에 나를 낳아 기르신 것이다. 그리고 아직도 나의 감정을 다 받아주신다. 어른이 되어간다는 것은 부모님의 마음을 조금씩 알아가는 것일까. 아직 어른이 되지 못한 나는 부모님이 그러했듯이 어른인 척하며 오늘도 단단해지려 한다.

눈물을 흘리지 않아도
마음으로 울고 있을 당신이기에…

괜찮아요,
그렇게 어른인 척하지 않아도
모든 일에는 다 이유가 있고
우리가 그것을 전부 다 이해할 수는 없는 거니까요

하지만 분명한 건
어떤 마음으로 대하느냐에 따라
달라질 수 있다는 거죠.

chapter 02

어른의 사랑을 하려니 서투르기만 하고

—

사랑으로는 충분치 않아요. 사랑은 토대, 주춧돌이 되어야지,
완성된 구조물이 되어서는 안 돼요.
사랑은 너무나 잘 휘어지고 구부러지기 쉽거든요.
— 베티 데이비스(미국의 배우)

첫사랑이 아름다운 이유, 순수함

중학교 입학식 날 첫눈에 반해 좋아하게 된 남학생이 있었다. 그 순간 세상이 회색빛으로 멈췄고 그 아이와 나만이 생생하게 움직였다. 친구들에게 그날의 일을 이야기하자 순정 만화를 너무 많이 본 것 아니냐며 믿지 않았다. 하지만 지금 생각해도 나에겐 가슴뛰고 설레이는 경험이었다.

그때의 나는 사춘기 여중생이었다. 풋사랑에 빠져 그 남학생을 열렬히 짝사랑했다. 하지만 매년 두 손 모아 기도해봐도 같은 반은 단 한 번도 된 적이 없었다. 그나마 바로 옆 반이 되었던 적은 있지만 운명의 장난인지 다른 층으로 나누어졌다. 그럴수록 마음은 더 깊어졌다. 쉬는 시간마다 몰래 그 아이를 보러 갔고, 일기장에는 그 아이의 이야기들만 가득했다.

그런 내 마음을 담아 쓴 사랑의 시들은 매년 백일장 대회에서 수상작으로 복도에 걸려 있었다. 하지만 그렇게 중학교를 졸업할 때까지 고백 한 번 제대로 하지 못했다. 조금은 미련하지만 3년 동안 가슴 절절했던 내 첫사랑 이야기이다.

누구에게나 첫사랑은 있다. 그리고 영화 〈건축학개론〉의 명대사처럼 우리 모두는 누군가의 첫사랑이기도 했을 것이다. 우리가 이토록 첫사랑에 대한 기억을 아련하고도 아름답게 기억하는 이유는 무엇일까? 바로 '순수함' 때문이다. 대개 첫사랑을 풋사랑이라고도 말한다. 아직 설익은 풋사과처럼 풋풋하고 서툰 마음이 움트던 그 설렘의 시간들은 다시는 돌이킬 수 없는 순간이기 때문이다. 그래서 미완성으로 남아 있는 마음이 우리를 자꾸 돌아보게 만드는 것이다. "이루어지지 않기에 첫사랑이다." 라는 말처럼 우리 모두는 이루지 못한 일, 가보지 못한 길에 대한 로망이 있다. 그래서 그만큼 미련을 쉽게 놓지 못하는 것일지도 모르겠다.

가장 순수할 때 만나 많은 처음을 함께했던 사람. 서툴렀기에 서로 더 알아가길 갈망했고 그것이 때로 집착이 되어버리기도 했던. 감정을 잘 숨기지 못해 하루에도 몇 번씩 변덕을 부렸던, 수줍고 어리숙해서 혼자서 전전긍긍 애태웠던, 그런 철없이 맑고 아이 같았던 사랑을 우리는 그저 지나고서야 추억할 뿐이다.

대학교 때 선배들에게 자주 들었던 말이 있다. 20대에 많이 해보아야 하는 리스트 중 첫 번째가 여행, 두 번째가 연애라는 것이었다.

"너희들, 언제나 지금 같을 줄 알지? 연애에도 다 때가 있어. 한 살이라도 더 어릴 때 많이 만나 봐야 해. 나중엔 하고 싶어도 못한다니까."

그때는 그다지 와닿지 않는 말이었는데 한 살씩 채워져 20대 끝자락에 오니 그 말뜻이 조금씩 깊이 있게 다가온다. 예전에는 나이가 어리면 예쁜 외모가 무기가 될 수 있기 때문에 그렇다고 생각을 했다. 곧 죽어도 여자는 예뻐야 한다는 말도 있지 않은가. 그런데 그동안 길고 짧은 연애를 몇 번 거치다 보니 그 뜻을 조금 다르게 이해할 수 있게 되었다. 선배가 말한 '때'라는 것은 외적인 아름다움이 아닌, 내적인 아름다움이었다는 것을. 때 묻지 않은 마음으로 서로를 바라보며 사랑할 수 있는 시기를 말한 것이다.

어릴 때에는 누군가 나를 좋아한다는 말을 들으면 먼저 가슴이 뛰고 설레는 맘이 앞섰다. 그 사람이 나를 좋아한다는 사실만으로도 관심이 가고 호기심이 생겼다. 한편으론 그런 내 감정을 즐기기도 했던 것 같다. 새로운 관계를 시작하는 것에 대한 걱정보다는 설렘이 앞섰으니까. 만남이라는 것에 대해 거부감이 없었다.

그런데 지금은 다르다. 오히려 그때보다 더 많은 경험을 했는데도 새로운 누군가와의 만남에 경계심이 앞선다. 계산적인 시야가 가동한다. 내게 호감을 표해오는 이성에 대해서는 단순한 설렘이나 기대보다 '저 사람이 왜 날 좋아하는 거지? 나의 어떤 부분을 마음에 들어 하는 걸까?'라며 다른 생각이 뒤따른다. 나도 모르게 상대방의 진심에 대한 의도를 알고싶어진다. 호감만을 가지고 선뜻 만나볼 수 있었던 예전과는 다르다. 충분히 생각하고 알아보고 난 뒤에 만나볼지를 고민하게 된다. 눈빛, 말투, 옷차림, 말 몇 마디만 해보면 어느 정도 상대방에 대해 빠르게 가늠해볼 수도 있게 되었다. 물론 그런 생각들이 다 맞지 않을 때도 있다. 하지만 크게 엇나가지도 않는다.

니코스 카잔차키스의 『그리스인 조르바』에서 조르바가 말하지 않았던가.

"네가 어떤 사람인지 궁금하다면 밥을 먹고 무엇을 하는지 내게 말을 해달라. 그러면 나는 네가 누구인지 말해주겠다."

한 끼 식사와 몇 발자국의 걸음걸이만으로도 그 사람을 알아채버릴 수 있다는 게 다행인지 불행인지 모를 일이다. 아마 그 사람에게도 내게 그렇겠지만.

성숙해진 것인지 노련해진 것인지 가끔은 이런 안목을 가지게 된 것이 다행이다 싶다가도 한편으로는 쓸쓸하다. 제대로 시작도 하기 전에 누군가를 재고 따지다 보면 막상 연애가 시작되었을 때 어영부영 끝나버리기도 하기 때문이다. 상대방의 행동 속에 담긴 심리를 나의 경험에 견주어

짐작해보게 된다. 상대가 내게 얼마나 적합한 사람인지, 우리는 어디까지 맞춰나갈 수 있는 사람인지, 살피다가 미리 선을 긋거나 너무 조급해지기도 한다.

영화 〈노트북〉에서는 첫사랑이 죽을 때까지의 영원한 사랑으로 결실을 맺는다. 몇 번이나 돌려보면서도 볼 때마다 눈물을 흘린다. 처음에는 노아와 엘리가 집안의 빈부 차이를 극복하지 못하고 헤어지게 된다. 그런 역경을 마주했을 때 먼저 돌아선 노아가 너무나 괘씸하고 원망스러웠다. 사랑은 함께 행복해도 좋을 사람이 아닌 불행도 기꺼이 함께할 수 있는 사람과 해야 한다고 생각하기 때문이다. 서로의 약점이나 아픔까지도 온전히 함께 감내하고 극복할 수 있을 때 진정한 사랑이 완성된다고 믿었다. 하지만 대부분 그런 고난 앞에서 마음이 서로 일치하기 쉽지 않다.

내게도 그런 사랑이 있었다. 재고 따질 겨를도 없이 가장 순수할 때 만나 모든 게 처음이었던 사랑. 하지만 시간이 흐르며 우리는 어른의 마음이 되었다. 예전에는 단지 같이 마주 보고 있는 것만으로도 모든 것이 설레고 즐거웠다. 아무것도 아닌 것에도 함께 웃었다. 하지만 어느 순간부터 순수했던 초심에 어른이라는 현실의 때가 묻어갔고, 그렇게 우리의 사랑은 어긋났다.

나이가 드는 만큼 사랑도 어른스러워져야 한다고 생각한다. 순수함이 애교로 통하는 데도 나이가 있다고 생각한다. 스무 살의 사랑과 서른 살의 사랑은 달라야 한다고 생각한다. 좀 더 완전하고 노련해야 한다고만 생각한다. 그렇지 않으면, 순수한 마음이 오히려 약점이 되고 마니까.

서툴고 모자란 그대로가 사랑

나도 한때 '진짜 사랑'은 오로지 행복과 고난을 모두 극복하는 것이라 생각했다. 성공한 사랑은 어떠한 상황 속에서도 '함께 있을 때'에 완성되는 것이라고 생각했다. 그러니 새드엔딩은 당연히 실패한 사랑이라고 여겼다. 하지만 이루어질 수밖에 없는 것도 사랑, 이루어지지 않을 수밖에 없는 것도 사랑이다. 내가 완전하지 못하듯이 우리의 사랑도 완전할 수 없음을 깨달았다. 영화 〈타이타닉〉 속 연인 같은 하룻밤 뜨거운 사랑도, 스쳐 지나가야만 하는 사랑도, 현실에 부딪혀 불완전하고 모자란 마음도 그것 자체로 이미 사랑이었다. 그리고 완전하지 않기에 사랑은 우리가 가져가야 할 영원한 숙제인 것 같다. 그래서 다행이고 고맙다.

꽃은 언제든 피고 시들기를 반복한다. 우리의 사랑도 마찬가지이다. 지금의 내 마음도 언젠가는 부서져 먼지처럼 흩어질지 모른다. 그럼에도 우리는 또다시 그 조각들을 고스란히 주워 담아야 한다. 그래야만 새롭게 싹을 틔우고 꽃을 피워낼 수 있으므로.

사랑은 순수이며 영원이라 생각했던 마음이 한순간에 현실로 무너졌다. 한차례 사랑이 끝난 후 이제는 아무도 믿지 않기를 바랐던 시간들, 더이상 신뢰가 없었던 시간들, 어떠한 감정도 남지 않던 공허의 시간들, 다시는 그 누구도 사랑하지 않기를 바라던 가슴 아픈 날들이 있었다. 하지만 당신이 그랬듯 우리는 또다시 사랑을 찾아 나선다. 아무것도 하지 않기에는 인생이 너무나 길고 또 짧다. 이대로 낭비되기엔 우리는 너무나 아름답다. 떠나오고 나서야 이전의 안락함과 소중함을 깨닫게 되는 여행처럼 사랑도 그렇다. 이 낯설고 먼 곳까지 나 홀로 떠나온 것을 후회하기도 하면서, 그럼에도 우리는 또 다른 여행길을 떠나기 위해 다시금 배낭을 꾸린다.

그때나 지금이나, 그리고 앞으로도 우리는 자신에게 서툰 만큼 서로에게도 분명 서투를 것이다. 그러나 서로를 완벽하게 이해하려 할수록 사랑은 더욱 불완전하다. 무언가를 완전히 이해하지 않아도 괜찮다. 그래도 사랑할 수 있다. 어른의 마음으로 스스로 더 팍팍하게 만들 필요는 없다. 그러니 빈틈은 그 공간 자체로 남겨두어도 좋다. 애써 메우려 하지 않아도 괜찮다. 내게 완전한 사람이길 바라거나 상대에게 충분한 사람이 되려고 하지 말자. 다만 어떻게 하면 우리가 있는 그대로를 좀 더 사랑할 수 있을지를 생각해보면 좋겠다.

이 삶이 다하기까지 우리의 사랑은 여전히 불완전할 것임을 알고있다. 그러니 언제든 그 사랑에 최선을 다할 수 있다면 그것으로 충분하다. 결코 헛되진 않을 것이다. 부족하고 서툰 그대로 함께 울고 웃는 이 모든 순간을 사랑하자. 그저 아이 같은 마음으로 사랑하자. 어른아이의 사랑이 진짜 사랑이니까.

서툴고 부족해서
더 알아가고 싶은 게 사랑이잖아요.
그래서 다행인 거잖아요.

서로 계속해서 풀고 싶은 숙제로 남겨두자고요.

To. Myself...
_____
_____
_____

chapter 03

어른은 저절로 되는 건 줄 알았는데

—
넌 그것을 잊어서는 안 돼.
넌 네가 길들인 것에 대해 언제까지 책임을 져야 하는 거야.
넌 네 장미에 대해 책임이 있어.
– 『어린왕자』 중에서

20대는 애매한 어른의 나이

스무 살이 넘으면 그냥 다 어른이 되는 줄 알았다. 그런데 아니었다. 고등학교를 졸업하고 대학교 문턱을 넘어서 처음 들었던 호칭은 '병아리'였다. 선배들은 신입생인 우리에게 '새싹, 병아리, 아기들'과 같이 살가운 호칭들을 붙이며 막둥이 대접을 해주었다. 어른들은 말했다. 대학생이 되면 성인이니 어른스럽게 행동해야 한다고. 사실 그런 말에 꽤나 마음 졸이고 있었는데 스무 살의 무게감은 생각보단 무겁지는 않은 듯했다.

혹시 사전에서 '어른' 혹은 '성인'이라는 단어를 검색해본 적이 있는가? 사전에는 '다 자란 사람 또는 다 자라서 자기 일에 책임을 질 수 있는 사람'이라고 정의되어 있다. 그런데 우리가 은연중 생각해온 '어른이 되었다'는 의미는 주민등록증을 가질 수 있는 나이가 되었다는 것이었다. 즉 클럽에 가서 술을 마실 수 있고, 부모님의 잔소리에 의무감을 갖지 않아도 되며, 이성 친구와 자유로운 교제가 가능한 나이를 뜻한다. 결국 책임의 의미보다는 자유라는 의미에 더 가까웠던 것이다. 그렇다. 우리가 생각하는 어른은 '자유로운 존재'였다. 적어도 우리나라에서는 12년 동안 이어진 학업의 굴레에서 벗어나는 해방감 같은 것이 아닐까.

대학교에 들어가니 친구들 대부분은 자취생이었다. 구미, 포항, 울산, 진주 등 먼 타지에서 홀로 대구로 와서 혼자 힘으로 생활하고 있었다. 사실, 나는 고향인 대구에서 쭉 나고 자라 모든 유년기 시절을 동네에서 보냈다. 그리고 대학교까지 그랬기에 부모님과 한 번도 떨어져서 지내본 적이 없었다. 이런 나에 비하면 친구들은 무척이나 어른스러워 보였다. 매달 월세와 그날의 저녁 반찬에 대해 고민하고 비가 오는 날에는 널어놓은 빨래감들을 걱정하기도 했다. 친구들은 정신적으로나 육체적으로나 이미 부모님으로부터 독립한 어엿한 어른 같았다. 생활비 하나 보태지 않고 부모님이 해주시는 따끈한 밥상에 포근한 잠자리까지 누리는 내 모습이 조금은 겸연쩍게 느껴질 정도였다. 그러던 어느 날.

"얘들아, 우리 오늘 수업 마치고 치킨 먹으러 가지 않을래? 어때? 콜?"
"좋지! 콜!"

이제 막 친해지기 시작한 1학년 동기끼리 친목 도모의 시간을 갖는 것이었다. 나는 1학년 과대표를 맡고 있었기에 친구들과 좀 더 빨리 친해질 필요성을 느끼고 있던 차였다. 수업을 마치고 해가 질 때쯤 삼삼오오 모여 치킨 집으로 향했다. 그리고 역시나 섭섭지 않은 타이밍에 2차를 가자는 말이 흘러나왔고 우리는 술집으로 향했다.

그 순간 가장 먼저 떠오르는 건 부모님이었다. 딸만 둘인 우리 집은 치안에 대해 매우 민감하고 보수적인 편이었다. 내게는 10시라는 통금 시간과 음주에 대한 제재가 있었다. 친구들과 늦은 시간까지 술을 마시며 논다는 것은 허락되기 힘든 일이었다. 평소 저녁 7시가 넘어가면 어김없이 귀가 시간을 물어보는 전화가 걸려왔다. 불행인지 다행인지, 덕분에 나는 과대표를 하면서도 교내 각종 행사의 술자리에서 술을 마시는 일이 거의 없을 정도였다. 솔직히 말하자면 요리 조리 잘 피해다녔다고 하는 것이 맞겠다. 그런 나를 잘 알고 있던 친구들은 이번 기회에 제대로 성인 된 권리를 표현해보라며 나를 부추겼다. 평소 친구들과의 모임에서 부모님을 이유 삼아 빠지는 일이 많았던 터였다.

"나 친구들이랑 학교 근처에서 저녁 먹고 가요. 많이 늦진 않을게."

큰 걱정 없이 알겠다는 대답을 받아냈다. 그렇게 학교 근처 횟집에서 우리는 대학생 새내기답게 술 게임도 하고 서로를 알아가며 즐거운 시간을 보냈다. 그리고 시간이 흘러 버스 막차 시간이 훌쩍 지나고 있었다. 잊고 있던 휴대폰을 꺼내어 보니 전화통엔 불이 나 있었다. 부모님의 부재 중 전화와 메시지가 수십 통이었다. 때마침 걸려오는 전화를 받았다.

"너 지금 어디야? 엄마랑 아빠가 지금 학교로 가고 있어."

"응? 지금? 친구들이랑 다 같이 있는데? 학교까지 온다고?"

"너 술 마셨지? 목소리가 벌써 세 네잔 정도는 마신 것 같은데?"

큰일이다 싶어 가슴이 두근거리기 시작했다. 사실 술 게임을 핑계로 소주를 네 잔 정도 마셨었기 때문이다. 부모님에게 이런 모습을 보인 적은 한 번도 없었다. 친구들에게 바로 상황을 이야기했다. 그러자 술자리 분위기가 뒤숭숭해지기 시작했다. 친구들에게 미안한 마음과 함께 어쩐지 부끄러운 마음이 들었다. 함께 걱정해주는 친구들도 있었고 큰일이야 있겠냐며 대수롭지 않게 넘기며 다독여주는 친구도 있었다. 결국 부모님은 도착하셨고 친구들과 인사 후 술자리를 빠져나와야 했다. 그리고 집으로 가는 차 안에서 나는 꽤 오랫동안 꾸중을 들었다.

다음날 학교에서 친구들을 만났다. 자취하는 친구의 집에서 다 같이 하룻밤을 묵고 온 모양이었다. 전날 있었던 일에 대해 미안함을 전했다. 친구들은 괜찮다며 오히려 내 상황을 걱정해주었다. 그 순간 나는 왠지 얼굴이 뜨거워졌다. 대학생이면 어엿한 성인인데 나는 여전히 어린아이인 것만 같았기 때문이다. 부모님으로부터 과잉보호를 받고 있는 내 모습이 친구들에게 어떻게 보였을까. 자신의 선택과 책임에 자유로운 친구들에 비해 나는 여전히 많은 면에서 부모님의 통제를 받고 있었다.

나에게 스무 살은 그런 나이였다. 완전한 어른도 아이도 아닌 애매한 나이. 어른의 권리를 가지지만 어른 행세가 어색한 나이. 입으로는 독립을 외치면서도 많은 부분에서 여전히 의존적일 수밖에 없는 나이. 물론 당시 내 친구들도 자세히 들여다보면 허점이 있었다. 부모님께 받은 용돈으로 월세를 해결한다거나 밤늦게까지 술을 마시고 다음 날 수업 때 충실하지 못했다. 자유에 따른 책임을 대하는 태도가 아직은 미숙한 것이다. 그리고 이러한 모습들은 말해준다. 스무 살의 우리는 모두 어른이 처음이라는 것을. 20대는 20대의 어른이 처음인 날들이고, 30대는 30대의 어른이 처음인 날들의 연속일 것이다. '완전한'이라는 말은 세상 어디에도 존재하지 않는다. 단지 완전해지길 바라는 과정들이 쌓여나갈 뿐이다.

내 삶의 주인 된 태도는 무엇일까

주변을 돌아보면 대학 졸업 후에도 취직하지 못하거나 직장을 다니더라도 부모의 보호를 벗어나지 못하는 어른이 있다. 심지어 결혼 이후에도 부모님께 경제적 지원을 받는다. 일정 부분 당연하다고 여기기도 한다. 여기서 중요한 것은 이런 캥거루족의 의존적 마인드에 대해 옳고 그름을 따지는 것이 아니다. 주체적인 삶의 태도에 대해 생각해보았으면 하는 것이다. 어른이 된다는 것은 내 삶에 대한 주체성을 가지는 일이다. 내 삶에 주인 된 의식을 가지는 것이 진정한 어른으로 사는 모습이다.

예전에 한 다큐멘터리에서 세계의 성인식 풍습에 대해 본 적이 있다. 나라나 부족마다 그 방식은 조금씩 달랐지만 공통점이 있었다. 대부분 성인식의 의례를 받는 미성년자들은 신체의 특정 부위에 바늘을 꿰거나 온몸에 매질을 당하는 것이었다. 그리고 그 고통을 혼자서 감내하고 극복해냈을 때 비로소 성인으로 인정받았다. 당시에는 그러한 모습에 거부감도 들었고 쉽게 이해가 되지도 않았지만, 지금 와서 그 의미에 대해 생각해보니 깨닫는 바가 있다. '홀로, 인내, 극복'은 어른을 표현하는 또 다른 말이었다. 어른이 된다는 것은 자신의 삶의 주제에 대해 인내하고 극복해가는 과정인 것이다. 그 누구도 내 삶의 고충을 대신해줄 수는 없다. 오로지 스스로 삶의 주체가 되어야 한다. 그렇지 않다면 고작해야 내 삶의 조연이나 엑스트라로 살아가는 수 밖에 없다.

나 역시도 내 삶의 주제를 찾아가는 과정에 있다. 내 삶의 엑스트라가 아닌 당당한 주연으로 살기 위해 끊임없는 도전과 처음인 날들로 나만의 시나리오를 만들어나가고 있다. 매 순간 주체성을 가지고 살아간다는 것은 자기중심적인 것과는 다르다. 타인과의 교감 속에서 자신의 의지대로 자유와 책임을 다할 수 있는 태도를 말한다. 완전한 어른이 되어가는 것이란 가장 자기다운 모습을 만들어가는 과정이다. 그러한 태도와 선택들이 모여 자신이 원하는 어른스러운 면모를 갖춰나가는 것이라 믿는다.

내 삶에 대한 태도와 관점이 중요해요.

나이가 어른을 만드는 것이 아니라,
그런 마음의 자세가 모여
내가 바라는 인간이 되어가는 것이니까요.

To. Myself...

chapter 04

내 삶의 주도권을 지키는 방법

–

나에 대한 자신감을 잃으면, 온 세상이 나를 향한 적이 된다.

– 랄프 왈도 에머슨(미국의 시인)

나는 프로다

나는 늘 자존감이 높은 편이라고 생각해왔다. 자존감이 높은 사람들은 자기주장이 강한 편이다. 자신을 표현하는 것을 좋아한다. 나는 어릴 적부터 자기주장이 강하다는 말을 많이 들었다. 초등학교때는 수업시간에 꼭 손을 들어 발표를 하는 학생이 바로 나였다. 당시 기억으로는 선생님이 나를 지목하지 않으면 무척 서운해하며 집에 와서 이불을 뒤집어쓰고 운 적도 있다. 잘하든 못하든 내 생각을 표현하기를 좋아했다. 어쩌면 그런 성향이 지금 나의 직업을 갖는 데 적지 않은 영향을 미친 것일지도 모르겠다.

대학 졸업도 전에 들어갔던 첫 직장은 여전히 내 기억에 오래 남아 있다. 디자인 회사답게 타 직종에 비해 자유로운 분위기였다. 프로젝트가 주어지면 함께 모여 아이디어를 공유하는 시간을 가졌다. 그리고 자신이 맡은 업무에 대한 디자인 안을 공유하며 의견을 나누었다. 새로운 것을 발상하고 기획하여 표현하는 일은 나에게 잘 맞았다. 게다가 직원들은 모두 비슷한 또래라서 회사에는 유연한 분위기가 흘렀다. 그러다 보니 회사 동료들과 업무적인 부분뿐만이 아니라 개인적으로 함께 쇼핑을 하거나 고민을 나누는 등 친밀한 공감대가 형성되었다. 이러한 점은 직장 생활에 늘 윤활유가 되었다. 매일 야근을 했고 밤을 새울 만큼 업무는 늘 쌓여 있었지만 마음이 맞는 동료들 덕에 그것마저도 즐겁게 느껴졌다.

신입이었기에 모르는 것들 투성이었다. 각종 서류 업무를 비롯해 프로젝트를 진행하는 과정, 그중에서도 기업의 대표나 직급이 높은 임원과의 미팅은 가장 긴장되고 어려운 것이었다. 대개 신입들에게 일을 맡기면 이렇게 말한다. "이건 처음이라서요." 그럴 때마다 대표님은 이렇게 말했다.

"클라이언트들은 너희가 어떤 일을 얼마나 해보았는지, 처음인지 아닌지 알지 못해. 그 사실은 오직 자신만 알고 있을 뿐이지. 그러니 '나는 프로다.'라는 마인드로 늘 프로답게 말하고 행동해야 해. 스스로 아마추어라고 생각하면 상대도 나를 그렇게 보게 되어 있어."

대표님은 신입들에게 늘 현장에서 직접 부딪히며 몸소 배우고 느낄 수 있도록 하셨다. 나이가 어린 신입이어도 연륜이 있는 기업의 대표님과의 미팅 자리에 직접 가게 했다. 실제로 경력은 많지 않더라도 경력자답게 일해야 한다는 것이었다. 그런 말들이 사회 초년생이었던 나에게 많은 영향을 주었다. 늘 자신감을 가질 수 있었고 동기부여가 되었다.

그리고 그렇게 행동하다 보니 혹여 생기는 작은 실수에도 대담해졌다. 스스로 더 성장하기 위해 필요한 능력을 갖추려 노력했다. 맡은 일에 대한 애착심과 책임감도 더 커졌다. '나는 할 수 있다, 나는 프로다.'라는 마인드로 무장하니 자존감도 높아지기 시작했다. 나중에는 혼자서도 척척 미팅을 다녀오기도 했다. 커뮤니케이션에 자신감이 붙었고 그만큼 맡은 프로젝트도 모두 원활히 완수할 수 있었다. 무엇보다 당당함을 가지고 해내는 스스로가 뿌듯하고 대견스러웠다.

이렇듯 자신감은 자존감을 높여준다. 그리고 자존감은 다시 자신감이 된다. 자신이 스스로 부족하고 어리다고만 생각했다면 무엇이든지 어려웠을 것이다. 작은 실수에도 스스로 조바심을 느꼈을 것이다. 때로는 합리화하며 제자리걸음을 했을지도 모른다. 기업 대표님과의 일대일 미팅에서 당당히 의견을 제시하며 설득하는 일도 어려웠을 것이다. 자존감이 높아지면 불가능한 일은 가능하게, 가능한 일은 더 극대화하는 놀라운 힘이 생긴다. 자신감은 스스로 성장하게 만든다.

하지만 그랬던 나도 자존감이 바닥까지 떨어졌을 때가 있었다. 나는 학자금 대출과 늘 빠듯했던 생활비를 이유로 이직을 결심했다. 연봉도 더 높고 안정적인 중견기업의 디자인팀으로 입사했다. 회사 분위기는 이전 직장과 거의 180도 달랐다. 우선 부서별로 나누어진 파티션과 남녀 구별 없이 찍어낸 듯 똑같이 입은 유니폼만으로도 경직된 분위기가 느껴졌다. 머리가 희끗하신 50~60대 임원들도 많이 보였다. 한눈에 봐도 절제된 분위기를 느낄 수 있었다. 그야말로 드라마 〈미생〉과 같은 모습이었다. 자율적인 업무 환경에 익숙해져 있던 내가 잘 적응할 수 있을까?

생각했던 것처럼 회사 생활은 갑갑했다. 수직적인 분위기가 강했다. 2주 동안의 신입사원 교육을 받으며 회사와 각 부서에 대해 공부했다. 직급별로 체계가 명확히 잡혀 있었다. 프로젝트는 선임들의 지시에 따라 일률적으로 이루어졌다. 작은 것 하나도 문서 보고가 이루어졌다. 결제 승인 여부에 따라 일이 진행되었다. 한 시간이 훌쩍 넘는 부서 회의도 정기적으로 있었다. 누가 정해놓은 것도 아니지만 임원들 외에는 대부분 침묵하는 분위기였다. 자유롭게 의견을 이야기할 수 있는 분위기가 아니었다. 처음에는 신입다운 혈기로 의견을 제시했지만 회의가 끝나고 선임에게 은근한 제지를 받기도 했다. 그러다가 일만 많아질 수 있으니 가능하면 나서지 않는 것이 좋다는 것이었다.

아마 누구나 한 번쯤 겪어보았을 평범한 직장인의 모습이라 생각할지도 모르겠다. 하지만 나에게는 이러한 보수적인 분위기가 유독 힘들었다. 이전 직장과의 괴리감 때문에 더욱 그렇게 느꼈는지도 모르겠다. 그러다 보니 말하고 싶은 의견이 있어도 자주 입을 다물었다. 이야기를 해도 잘 받아들여지지 않았다. 그 이유는 늘 이미 오래전부터 해왔던 시스템 때문이었다. 그러다 보니 의견을 이야기하는 것에 대해 점점 더 망설여졌다. 간혹 회의 시간에 받는 상사의 질문에는 눈치껏 동의하는 것이 자연스러워졌다. 내 생각 같은 것은 묻어두는 것이 편했다.

이러한 고민은 디자인 업무에서도 크게 다르지 않았다. 아이디어, 기획, 디자인 작업 모두 임원들의 지시사항에 따라야 하는 것들이 대부분이었다. 앞뒤 전후 상황에 대한 이해는 늘 부족했다. 대부분 그저 시키는 대로 주어진 업무를 반복하는 일이 많았다. 가끔 의견을 제시하면 어설픈 초년생의 고집으로 여겨질 때도 있었다. 상사의 말을 따라야 예쁨을 받을 수 있는 듯했다.

나는 의욕이 떨어지기 시작했다. 무엇보다 스스로 못마땅해지기 시작했다. 좋은 아이디어가 있어도 이젠 의견을 말하는 것이 힘들었다. 눈치를 보게 되었다. 그러다 보니 말이 입 밖으로 나오지 않고 말도 어눌해졌다. 업무에 대한 의욕도 떨어졌다. 이전에는 전혀 없었던 사소한 실수도 잦아졌다. 어이없는 실수가 잦아지니 스스로 위축이 되고 일의 능률도 오르지 않았다. 그런 내 모습에 만족스럽지 못한 마음이 들어 자신감도 떨어졌다. 그래서 짬을 내어 동료들과 함께 이야기 나누는 것도 왠지 눈치가 보였다. 동료들과 잡담을 하느라 업무에 지장이 생긴다고 생각하게 될까 봐 염려되었기 때문이다.

그렇게 1년이 지났다. 시간이 지나 적응하면 괜찮아질 것이라 생각했다. 하지만 아니었다. 나는 점점 힘들어졌다. 당시 회사에서의 모습이 전혀 나답지 못하다고 생각했다. 이대로 있으면 내가 가진 본연의 모습과 색깔은 사라지고 틀에 맞춰진 삶을 살게 될 것이라는 압박감이 들었다. 일에도 지쳤고 팀원들과의 관계에도 싫증이 났다. 직원들과 대화하는 자리가 불편해졌고 말수도 줄어들었다. 어떤 때에는 이상하게 말도 더듬었다. 스스로 그런 내 모습이 바보 같다고 생각했다.

친한 동료나 상사에게 고민을 이야기해본 적도 있었다. 하지만 그들의 조언은 큰 효과가 없었다. 그저 상사에게 더 예쁨을 받을 수 있는 팁 정도였고 어떻게든 적응하다 보면 회사 생활이 재밌어지는 날이 올 것이라는 말이었다. 하지만 나는, 진짜 문제는 바로 내 안에 있다는 것을 알고 있었다. 지금 내가 필요한 것은 진정한 나를 찾는 것, 즉 자존감 회복이었다.

자존감이 무너지면 전부가 무너진다

자존감은 깊은 내면으로부터 나를 지탱하고 있는 중심축이다. 그러므로 자존감이 다치면 많은 부분이 어긋나기 시작한다. 타인에게 받는 칭찬이나 인정은 일시적인 위로나 안도감은 될 수 있다. 하지만 오래 지속되지는 못한다.

혹시 상황에 따라, 상대방의 말이나 행동에 따라 지나치게 자신의 감정을 맞추거나 절제하려 했던 적이 있는가? 그렇다면 나의 자존감에 대해 생각해볼 필요가 있다. 건강한 자존감을 가진 사람은 타인의 시선이나 감정에 과하게 반응하거나 눈치 보지 않는다. 어떠한 상황에서도 자신의 고유한 가치와 존재감에 대한 기준점이 흔들리지 않는다. 단지 때에 따라 그 높이를 조금 높이거나 낮추어 맞추어줄 수는 있을 뿐, 본연의 깊이와 무게에는 변함이 없다. 하지만 자존감이 낮으면 자신의 정서적 기준을 타인에게 맞추어 말하고 행동하게 된다. 자신이 진정 원하는 것은 잊은 채 이러저리 흔들리며 혼돈을 겪는다.

단단한 자존감을 가졌다고 늘 자부하던 나는 그제야 깨달았다. 상황과 대상에 따라 쉽게 움츠러들고 팽창하는 마음은 진정한 자존감이 아니라는 것을. 물론 주변 환경이 영향을 주지 않는 것은 아니다. 하지만 결국 모든 것은 내면에서 비롯된다. 환경이 내게 어떠한 영향을 주어도 더 명확한 내면의 힘이 있으면 휘둘리지 않는다. 스스로에 대한 존중과 사랑의 깊이가 내 삶을 더 주체적으로 살아가게 만들기 때문이다. 나의 자아에 대한 단단한 존중이 먼저 이뤄지지 않으면 그 위에 그 무엇도 바로 세울 수 없다.

타인에 대한 존중도 중요하지만
나 자신이 먼저여야 해요.

우리는 자신을 무조건적으로 믿고 존중해줄
누군가를 갈구해요.
하지만 이미 그런 사람은 내 안에 있는 걸요.

잊지 말아요, 건강한 자존감이
내 삶의 주도권을 지킬 수 있다는 것을!

좋은 관계의 법칙에 대한 착각

좋은 모습만 보여주는 관계가 진짜일까?

좋은 것들만 내게 주겠다는 너를 보면

좋은 노래만 추렸단 모음집이 떠올라.

예쁜 모습만 보이는 것도 나쁘진 않아.

하지만 나는 베스트 앨범은 사지 않아.

'가을방학'이라는 그룹의 「베스트 앨범은 사지 않아」라는 곡이다. 이 노래를 처음 들었을 때 나는 6년의 연애가 비로소 끝이 나 있던 무렵이었다. 가사 속에는 연애하는 동안 내가 그에게 자주 했던 말들이 고스란히 담겨 있었다. 이별 후 듣는 사랑 노래는 전부 나의 이야기 같다는 말을 다시 한

번 실감할 수 있었다. 한동안 계속 들으며 미처 다하지 못했던 말들이 넘치던 마음을 노래로 달랬다.

오랜 연애 기간 만큼이나 우리는 정말 뜨겁게 사랑했다. 처음 1년 6개월 정도를 제외하곤 늘 장거리 연애였다. 그 사이에는 눈물겹도록 애틋했던 2년간의 군화와 곰신(고무신) 시절도 있었다. 많은 시간을 함께 겪을 수 있었던 건 무엇보다 서로에 대한 두터운 믿음과 배려심 때문이었다. 남자친구는 나보다 한 살 어린 연하남이었다. 그 때문인지 오히려 누나인 나보다 더 어른스러운 모습을 보여주려 많이 노력했다. 만나는 동안 성질 한 번 제대로 낸 적이 없을 정도였으니까. 지금 생각해도 충분히 화낼 수 있었던 일에도 시종일관 웃으며 이해해주었다. 그런 모습이 고맙기도 하면서 한편으로는 불안한 마음이 들었다. 아무리 내게 천사처럼 대해준다 해도 사람이기에 일말의 감정들이 쌓이기 마련일 테니까. 언젠가는 터져버릴지도 모른다는 생각이 들었다.

"자기, 나는 무조건 좋은 말만 해달라는 게 아니야. 연인 사이에는 감정 표현에 솔직해야 해. 그러니 쌓아두지 말고 어떤 감정이든 함께 이야기 했으면 좋겠어. 그게 우리가 더 지혜롭게 사랑할 수 있는 방법이 아닐까? 부족한 부분을 알아야 함께 성장해나가지."

나는 그가 평소보다 더 과하게 이해심을 베풀어준다고 느낄 때면 이렇게 말했다. 사랑 표현에는 누구보다도 솔직하고 풍부했지만 그 반대의 감정 표현에는 늘 무언가 부족함을 느꼈기 때문이다. 하지만 나를 너무나 사랑하기에 일말의 부정적인 감정조차 생기지 않는다는 게 그의 대답이었다. 그런 감정이 잠시 생겼다가도 금세 눈 녹듯 사라진다고 했다. 참 고맙고 사랑스러운 마음인 걸 알면서도 그 말을 다 믿기에는 왠지 모를 불안한 마음도 들었다. 지금 생각해보면 이런 점들이 우리의 이별에 적지 않은 영향을 주었을 것이란 생각이 든다.

무릇 좋은 관계란 좋은 모습만 보여주는 사이가 아니다. 진정한 친구란 내가 힘들 때 옆에서 함께 울어줄 수 있는 사람이라고 했다. 기쁘고 행복한 순간에 손뼉 쳐주는 일은 그리 어렵지 않다. 하지만 내 삶의 희로애락을 곁에서 다 지켜봐주는 것은 쉬운 일이 아니다. 내가 억울한 상황에 처했을 때 조건 없이 내 편에 서서 함께 맞서 싸워줄 수 있는 친구가 몇 명이나 있는가? 가끔은 그런 친구가 진짜 친구란 생각이 든다. 물론 잘못한 일에 대해서는 따끔한 일침을 가할 수 있어야 한다. 하지만 그보다 내 감정을 먼저 공감해줄 수 있는 존재라면 더 의지가 되고 신뢰가 쌓일 수밖에 없다.

연인도 마찬가지이다. 진심으로 사랑한다면 그 사람을 '마냥 예쁘다'고만 해서는 안 된다. 긍정이든 부정이든 진짜 감정과 서로 대면할 수 있어야 한다. 만약 상대가 본인이 이해할 수 없는 말과 행동을 했다면 대화를 통해 감정을 알아가야 한다. 자기식대로 생각하거나 배려라 여기며 편한 대로 넘어가는 것은 좋지 않다. 좋은 관계란 서로 솔직할 수 있는 관계다. 못난 모습이나 아픈 모습도 들여다보며 함께 알아가고 이해해가는 관계다. 단지 좋아서 좋은 관계가 아니라 더 좋아질 수 있도록 의지를 가질 때 진짜가 되는 것이다.

한번은 이렇게까지 다툼이 없는 우리가 과연 건강한 연인이라 할 수 있는지 생각해본 적도 있었다. 오죽했으면 다른 연인들이 고래고래 소리를 지르며 다투는 모습을 잠깐 부러워한 적도 있다. 감정의 벽을 허물고 서로 한 걸음씩 더 다가가려는 모습에서 오히려 더 친밀감이 느껴졌기 때문이다. 다툰다고 서로 관심이 더 많다는 것은 아니지만 분명 더 나아지려는 의지가 있는 것임은 분명하다. 관계를 잘 형성한다는 것은 아름다운 인상만 남기는 것은 아니다.

자연스럽고 명확한 사이가 될 것

혹시 사내 연애를 해본 적이 있는가? 대부분의 경우 직장에서 연애를 하다가 헤어진 커플은 참 곤란한 상황이 된다. 나는 사내 연애는 아니었지만 비슷한 경험을 한 적이 있다. 살다 보면 특정한 조건 없이 인간적으로 끌리는 사람을 만날 때가 있다. 내게도 그런 직장 동료가 한 명 있었다. 힘든 회사 생활에서 함께 고민을 나누며 힘이 되는 존재였다. 이야기를 나누다 보면 정서적으로 서로 통한다는 느낌을 받을 때가 많았다. 온전히 이해받고 있다는 느낌에 마음이 편안해졌다. 계기는 정확히 기억나지 않지만 그렇게 자연스럽게 가까워졌다.

점심시간에 함께 산책을 하고 퇴근 후에는 이따금 맛있는 음식을 먹으러 갔다. 주말에는 취미 생활을 공유할 때도 있었다. 그와 나는 팀은 달랐지만 업무적으로 서로 도움을 주고받기도 했다. 사실 그때 나는 회사에서 슬럼프를 겪고 있던 시기였다. 여러 가지 일을 겪으며 인간관계에서도 싫증이 난 상태였고 업무적으로 고민도 가지고 있었다. 그런 내게 그는 여러 면에서 의지할 수 있는 사람이었다. 시간이 지날수록 우리 사이에 묘한 기류가 흐른다는 것을 느꼈고 나는 그에게 고백을 받게 되었다.

대답을 어떻게 할지 고민하는 몇 주 동안 나는 정말 불편한 회사 생활을 해야 했다. 먼저 마음 맞는 동료를 잃게 될 수도 있다는 생각에 난감하고 속상했다. 더구나 그때 내게는 애인이 있었다. 그래서 나는 더 그를 마음이 잘 맞는 친한 동료로만 생각하고 있던 터였다. 하지만 허물없이 친하게만 대했던 나의 행동을 생각해보니 그가 오해할 수도 있겠다는 생각이 들었다. 그래서 고백을 바로 거절하는 것은 경솔한 행동이란 생각이 들었다. 힘들 때마다 나에게 힘이 되어주었던 그에게 그것은 예의가 아닌 것 같았기 때문이다. 상처를 주는 것이 미안했다. 그렇게 나는 몇 가지 이유를 대며 그에게 대답을 미루기 시작했다. 조금이라도 더 고심하여 대답하는 모습을 보이는 것이 그에 대한 배려라고 생각했는데 나중에는 더 둘러댈 핑계가 없어졌다. 우리 사이는 조금씩 서먹해졌고 그도 감정이 조금씩 상하는 듯했다. 하지만 이미 타이밍을 몇 번 놓치니 더 어색해졌다. 결국 몇 개월이 지난 뒤에야 거절의 의사를 솔직하게 표현할 수 있었다. 그렇게 우리는 동료도 무엇도 아닌 관계로 끝이났다.

지금 생각해보면 참 미련한 행동이었다. 하지만 당시에는 상대에게 상처를 주지 않으려는 배려 차원의 행동이었다. 좀 더 솔직히 말하자면 어긋난 관계가 직장 생활에 좋지 않은 영향을 미치게 될까 봐 염려하는 마음이 컸다. 그래서 여러모로 최대한 좋은 모습으로 구색을 갖추어 거절 의사를 표하고 싶었다. 그것이 서로 좋은 관계를 유지할 수 있는 방법이라고 생각했다. 하지만 아니었다. 차라리 처음부터 그에게 더 빨리 명확한 대답을 해줘야 했다. 그렇게 했다면 이렇게까지 서로 감정이 상하며 끝나지 않았을지도 모른다. 직장 동료로서 좋은 관계를 유지할 수 있었을지도 모른다. 지금에서야 그때의 내가 조금은 이기적이었고 억지스러웠다고 느끼게 된다.

무조건 관계를 지속하는 게 좋은 관계는 아니다. 상황에 따라 적당한 타이밍에 제대로 맺고 끊을 수 있는 것도 중요하다. 우유부단하게 행동하다가 오히려 더 원하지 않는 관계가 되어버릴 수도 있다. 확실하게 선을 그어 관계를 명확히 정리하는 처사도 필요하다. 나처럼 잃을 것이 두려워 미련하게 움켜쥐려고만 한다면 더 중요한 것을 잃을지도 모른다. 관계는 자연스러워야 한다. 왜 '시절 인연'이라는 말도 있지 않은가. 지나치게 의지와 노력을 가져야만 하는 사이라면 피차 서로 득이 될 것은 없다. 어쩌면 이미 끝난 관계일지도 모른다. 다만 받아들이지 못하고 있을 뿐이지.

연인 사이에도 이별이 오기까지 그전에 이상 징후들이 있다. '우리는 지금 헤어지고 있는 중이구나.'라고 느껴지는 때가온다. 말하지 않아도 체감할 수 있고 그 느낌은 대부분 일치한다. 모든 것은 흘러가고 있기 때문이다. 자연스럽게 가까워지고 자연스럽게 서로 놓아줄 수 있을 때 좋은 사람, 좋은 관계로 기억될 수 있다. 좋은 관계의 의의미는 관계를 이어가고 있는 현재진행형일 때에만 성립하는 것은 아니다. 적절하게 끝낼 수 있었던 과거의 인연들도 지금에 와서는 좋은 인연이었다고 말할 수 있지 않은가. 그 기억 속에서 떠올리면 잠깐이라도 미소 지을 수 있는 사람인가? 그 시간들로 하여금 지금의 내가 좀 더 괜찮은 사람이 될 수 있었다고 생각하는가? 그런 존재였다면, 그런 시간으로 남아 있다면 그것도 분명 좋은 관계였다고 말할 수 있다.

어제 베란다에 놓인 귤 박스에서 상한 귤들을 골라내었다. 하얗게 짓무른 대부분의 귤들은 서로 맞닿아있는 것들이었다. 나는 아까운 마음에 하얀 부분만 도려내고 나머지 부분들을 떼어 먹었다. 옆에서 지켜보던 엄마가 그 모습을 보고 "그 정도 상태라면 나머지 반도 상했을 테니 버려."라고 말했다. 모양새나 맛은 괜찮아도 나중에 탈이 날지도 모른다는 것이었다. 그러다 문득 이런 생각이 들었다. 상자 속의 귤들이 마치 우리 모습과도 같다고.

서로 더 가까이 끌어당길수록 잦아졌던 다툼과 마음의 상처들. 많은 관계가 처음에는 서로 더 가까워지려 노력한다. 하지만 그러다 보면 어느 순간 둘 사이에 유지해야 할 적정 간격마저 무너지는 시점이 온다. 그때에 우리는 누구나 자신만의 공간을 지키고 싶어하는 방어기제를 가지게 된다. 결코 타인에게는 다 드러낼 수 없는, 드러내고 싶지 않은 고유한 세계가 있다. 더 좋은 관계로 나아갈지 그 반대가 될지는 이 지점에서 결정된다. 서로에대한 자연스러운 이해와 배려가 동반되지 않는다면 사이는 틀어지기 시작할테니까.

현명한 관계를 만들기 원한다면 있는 그대로를 인정하는 자연스러운 마음이 필요하다. 상대를 바꾸거나 되돌리기 위해 억지로 무언가를 해야 하는 것은 좋지 않다. 마음은 아프지만 그대로 인정하고 가만히 기다려주는 것도 하나의 좋은 방법이다. 어떻게 해서든 더 다가가려 하는 것이 오히려 독이 될 수도 있기 때문이다.

결국 좋은 관계란 자연스러운 관계가 아닐까. 좋은 관계를 만들려고 하는 강박관념이 오히려 자연스럽지 못한 관계를 만든다. 때로는 놓아야 더 많은 것을 잡을 수 있다. 그러니 좋은 관계가 되기 위한 필사적인 의무감 같은 것을 내려놓는 것이 좋다. 더 적절한 타이밍에 자연스럽고 명확한 자신의 기준이 필요할 뿐이다.

무엇이든 좋은 것은
자연스러움에서 나오는 것 아닐까요?

때로는 내 삶에 흐름의 긍정을 믿어도 좋아요.

의무감을 가지고 애쓰지 않아도
내게 남을 관계는 남을 것이고
떠날 관계는 어차피 떠날 테니까요.

chapter 06

미리 걱정하느라 지금을 망치면서

—
나는 어제 일어난 일은 생각하지 않는다.
내일 일어날 일을 자문하지도 않는다.
내게 중요한 것은 오늘, 이 순간에 일어나는 일이다.
— 『그리스인 조르바』 중에서

마음속 긍정 생각의 비율을 높여라

"젊은이는 생각을 너무 많이 하는군. 행동은 너무 조금 하는 대신."

『삶의 한가운데』에서 작가 루이제 린저가 한 말이다. 내게 하는 말처럼 가슴이 뜨끔했다. 생각 많기로 하면 나만 한 사람이 또 있을까. 사실 나도 내가 생각이 많은 편인 줄은 잘 몰랐다. 다른 사람들도 나와 비슷한 줄 알았다. "지희 씨는 너무 생각이 많아. 왜 나중에 생각해도 될 일을 미리 걱정하는 거지?"라는 식의 말을 자주 듣게 되기 전까지는. 확실히 생각이 많으면 행동이 느리다. 나는 어떤 일을 할 때 늘 계획이 있어야 했다. 나의 계산하에 행동으로 옮길 준비가 되었을 때 마음속 OK 사인에 따라 실행에 옮겼다. 그러다 보니 아무래도 그 반대 경우의 사람들에 비해 시간이 더 걸렸다. 둘 중 어느 하나가 더 좋거나 나쁘다는 의미는 아니다. 세상에 완전한 장점이나 단점 같은 건 존재하지 않기 때문이다. 상황이나 사람에 따라 장점이 단점이 되기도 하고 단점이 장점으로 발휘되기도 한다. 단지 어떤 유형이든 자신에게 플러스가될 수 있는 편이 더 좋다.

고등학교 때 미대 입시 시험장에서의 일이다. 시험이 시작되고 주제가 나왔을 때, 주변에서는 10분이 지나지 않아 사각사각 스케치하는 소리가 들리기 시작했다. '아니, 벌써 스케치를 들어간다고?' 나는 속으로 흠칫 놀랐다. 나는 주제에 대한 아이디어 발상과 가상 스케치를 그려보는 데 30분 이상 족히 걸렸기 때문이다. 평소 미술 학원에서도 친구들에 비해 아이디어를 기획하는 시간이 많이 걸리는 편이었다. 적어도 두 가지 이상의 아이디어 발상한 후 우선순위를 정하는 방식 때문이었다. 그리고 1순위에 초점을 맞추어 가상 스케치를 하고 본 작업에 들어갔다. 비록 시작은 늦을지 몰라도 기획이 탄탄하면 다음 단계부터 속도를 내면 되니 완성하기까지 시간문제라 생각했다. 그것이 내 방식이었다. 시험장에서 스케치를 시작한 지 5분이 지났을 때였다. 첫 번째 발상은 주제에 대한 전달력이 약할 것 같다는 생각에 두 번째 아이디어로 빠르게 바꾸어 스케치를 시작했다. 번복한 만큼 작업 시간은 촉박했지만 덕분에 효율적으로 대처할 수 있었고 제시간에 작품을 완성했다. 시험 작품을 제출하러 가면서 다른 수험생들의 작품들을 둘러보았다. 초반에 빠른 속도로 시작하던 학생들의 작품들을 살펴보았다. 그런데 막상 보니 대부분 주제에 대한 스토리보다는 색연필 묘사나 표현 기법에 좀 더 세심함을 기울인 듯했다. 곧 나는 안도의 기쁨을 느꼈다. 아무리 그림의 표현력이 좋아도 스토리가 제대로 담겨야 좋은 평가를 받는데, 내 그림은 더 명확하고 차별화된 스토리를 담고 있다는 생각이 들었기 때문이다. 그리고 결과는 합격이었다. 이처럼 시간은 더 걸릴지 몰라도 여러 가지 아이디어를 준비한 것이 결과적으로 장점으로 작용했다.

하지만 반대의 경우도 있다. 예를 들어 번지 점프를 뛸 때를 생각해보자. 숨이 턱 막히는 아찔한 높이에서 온갖 자세를 취하며 뛰어내리는 사람을 보면 대단하다는 생각이 든다. 나도 언젠가는 꼭 해봐야겠다고 마음먹고 그들에게 물어본 적이 있었다. 생각보다 대답은 너무 간단했다.

"어떻게 하면 번지 점프를 잘 할 수 있어요?"
"그냥 뛰면 돼. 생각하지 말고. 미리 걱정하거나 지레 겁먹으면 못 뛰는 거야. 한번 주춤하기 시작하면 결국엔 못하게 되더라고."

이렇게 미리 생각하기보다 행동을 먼저 할 때 더 좋은 경우도 있다. 중요한 것은 생각을 많이 하느냐 적게 하느냐, 생각을 먼저 하느냐 행동을 먼저 하느냐가 아니다. 물론 상황에 따라 적절한 행동을 취하는 것은 중요하다. 하지만 더 중요한 가치는 그 생각의 순서나 분량이 아니라 성분이다. 우리에게 영향을 미치는 것은 생각의 성분이기 때문이다.

어떤 일이나 상황에 직면했을 때 두 부류의 사람이 있다고 가정해보자. 한 사람은 마주한 상황에 설렘과 기대를 가지고 긍정적인 상상을 더 많이 한다. 또 다른 사람은 걱정과 불안과 같은 부정적인 생각을 한다. 전자의 경우는 가슴속에 해보고자 하는 원동력이 샘솟을 것이다. 즐거운 상상은 활력을 품게 하기 때문이다. 하지만 후자의 경우는 지레 겁을 먹고 위축되는 마음이 생길 수 있다. 실행으로 옮기는 데 망설이고 주춤거릴 가능성이 더 높다. 혹은 행동한다고 하여도 그 과정에서 이따금 드는 의구심으로 인해 자주 멈칫하게 될 수도 있다.

생각이 많다는 것은 신중하다는 장점이 있다. 하지만 망설이기만 하면 무엇이든 시작할 수 없다. 생각이 행동으로 이어지는 것이 중요하다. 그것을 위해서는 긍정적인 생각의 비율을 높여야 한다. 플러스의 기운은 자신을 더욱 끌어올리지만 마이너스의 기운은 아래로 가라앉게 만든다. 그러므로 미리 걱정과 불안으로 생각을 채우는 것은 앞으로 나아가지 못하게 스스로의 발목을 붙잡고 있는 것과 같다.

지금 이 순간에 집중하라

"너도 좀 피곤한 스타일이네? 뭘 그렇게 빼곡히 적어놓은 거야?"

한번은 친구가 내 다이어리를 보며 이렇게 말했다. 그러면서 어차피 계획해도 그대로 다 이루는 것도 아닌데 너무 미래에 의존하는 삶을 사는 것 아니냐고 덧붙였다. '나에게는 하나의 기쁨이자 생활의 일부인 일을 다른 사람은 피곤할 만큼 번거롭게 느낀다니….' 사실 무언가를 계획한다는 것은 모두 미래에 관한 이야기가 맞긴 하다. 그렇게만 본다면 나는 날마다 미리 당겨서 생각하는 셈이니 일리가 있는 말이기도 했다.

이 친구와 함께 1박 2일 여행을 떠났을 때의 일이다. 친구는 큰 계획 없이 목적지 정도만 검색하고 여행을 떠나는 스타일이다. 그런데 나는 목적지와의 거리 및 시간, 비용, 맛집, 축제 정보 등을 꼼꼼하게 다 계획하는 편이었다. 짐을 꾸리는 것만 해도 그렇다. 늘 최소한의 짐을 싸려고 노력해도 늘 가방은 터져나갈 듯이 빵빵했다. 심지어 여분의 보조가방까지 들어야 했다. 세면도구, 각종 옷들, 간식, 카메라 삼각대, 응급약품은 기본이고 친구가 미처 챙겨오지 못할 것 같은 물건까지 챙겼다. 이러니 가방 지퍼가 제대로 잠길 리가 없었다. 그래서 물건을 하나씩 빼내기 시작했다. 하지만 '혹시 필요할지도 모르니까.', '만약의 상황을 대비해서.'라는 생각에 결국 몇 개 덜어내지 못했다. 분명 여행 마지막 날이 되면 한 번도 쓰지 않은 물건을 보며 후회할 것이 뻔했다.

반면 친구의 가방은 정말 단출했다. 어쩌면 저리도 필요한 것만 있는지. 여행지 숙소에 도착해 가방을 풀 때 드는 생각이었다. 후다닥 짐을 풀고 씻으러 간 친구와 달리 나는 챙겨온 짐들을 며칠 묵을 숙소 곳곳에 배치해두었다. '이건 자주 사용할 것이니 손이 잘 닿는 곳에 놔둬야지.', '이건 만약 다치면 빠르게 꺼낼 수 있어야 하니깐 눈에 잘 띄면서도 안전한 곳에 두면 되겠다.' 이렇게 상황을 미리 생각하며 정리하니 시간이 꽤 걸렸다. 그러다 보니 친구와의 준비 속도는 한 템포씩 차이가 났다. 그래서 일정을 소화할 때마다 작은 다툼이 생기기도 했다. 즉흥적이고 자유로운 성격의 친구에게 나는 그저 '생각 많은 꾸물이'로 보인 것이다.

여행 일정을 정할 때에도 나는 혹시 모를 상황까지 대비했다. 하루를 아침, 점심, 저녁으로 나누어 1박 2일의 여행을 체계적으로 계획했다. 날씨 변화나 예상치 못한 일정 변경을 고려하여 두 번째 안까지 작성한 후에야 비로소 계획표는 완성되었다. 그러다 보니 작성을 다 하고 나면 마치 프레젠테이션 자료처럼 되기도 한다. 핵심 페이지만 이미지로 저장하여 메신저 대화창으로 공유해놓는다. 이렇게 하면 여행 중에 틈틈이 참고하기가 편하기 때문이다. 나의 이러한 성격을 아는 친구들은 애초에 여행 일정에 대한 세부적인 계획은 나에게 맡기기도 한다.

지금 생각해보면 나는 정말 빡빡한 사람이었다. '혹시, 만약, 설마?'라는 생각으로 굳이 하지 않아도 될 두 배의 힘을 들였다. 사실 미리 걱정한 일들이 실제로 일어났던 적은 거의 없었다. 좋게 말하면 만약을 '대비'하는 것이지만 가만 살펴보면 지레 걱정하는 '불안심리' 같은 것이었다.

옛 어른들의 말씀에 "사서 고생한다."라는 말이 있다. 이는 왜 걱정을 굳이 만들어서 하느냐는 말이다. 그 이유는 불안하기 때문이다. 불안하기 때문에 미리 걱정을 하고 준비를 한다. 이러한 불안증은 일상에서 누구나 겪을 수 있는 지극히 정상적인 정서 반응이다. 하지만 무엇이든 지나치면 좋지 않다. 과도해질 경우 일상생활에 지장을 줄 정도의 심리적 압박이나 고통을 느끼기도 한다. 일, 건강, 돈, 가족, 연애…. 지나친 걱정은 일상의 한쪽 귀퉁이부터 조금씩 갉아먹는다. 심지어 불안으로 인한 긴장상태는 잦은 실수를 일으키는데, 그 결과 회사에서는 업무 능률이 떨어지고 연인 관계에서는 집착증이 생기며 또 다른 부분에서는 강박증이 생기는 최악의 경우도 있다.

"Forever is composed of nows(영원은 지금 이 순간들로 이루어진다)." 미국의 시인 에밀리 디킨슨이 한 말이다. 우리가 잊고 살지만 이것이 사실이다. 우리에게 주어진 순간들을 걱정으로 소비하기에는 너무나 아깝지 않은가. 특히 그 걱정이 실제로 일어나지 않을 걱정이라면 더더욱 그럴 것이다. 괜히 여행 내내 한 번도 꺼내지 않았던 짐을 다시 들고 돌아오며 투덜대지 말고, 일어나지도 않을 일을 상상하며 시간과 열정을 엄한 데 낭비하지 말고, 쓸데없이 불안해하며 남의 눈치 보지 말고 삶을 무겁게 만드는 마음의 짐을 잠시 내려놓아라. 불안으로 인해 마음에 여러 갈래의 길을 만들지 마라. 단순하게 생각하면 오직 한 가지의 길만 보일 뿐이다. 그러니 조바심을 낼 필요도 없다. 지금 이 순간에 충실하다면 걱정스런 미래 따위는 오지 않는다.

지나치게 왜곡된 걱정은 습관이 되고
그 습관은 우리 삶을 그런 모습으로 바뀌게 해요.

당장의 안도감을 위해
미래에 대해 미리 걱정하는 시간 낭비는 그만!
그렇게 지금의 순간을 망치지 말자고요.

To. Myself...
_____
_____
_____

chapter 07

모든 것에 너무 애쓰지 않아도 괜찮다

–

모든 것의 값을 아는 사람들은 대부분 그 가치에 대해서는 무지하다.

– 칼릴 지브란(레바논의 작가)

정말 애써야 할, 소중한 것은 따로 있다

고등학교 2학년 때의 일이다. 우리나라의 여느 고등학생들처럼 나도 입시 경쟁에 한껏 찌들어 있었다. 영어 수행평가 시험이 다가오자 나는 매일 단어를 외우기 시작했다. 작은 수첩에 영어 단어와 숙어들을 빼곡히 옮겨 적고 틈날 때마다 보며 외웠다. 등하굣길에는 물론 쉬는 시간과 점심 식사 시간에도 열심히 했다. 그 결과 수행평가에서 만점을 받았다. 암기 과목에 자신이 있었던 나는 수행평가와 내신 성적에 주력하기로 마음먹었다. 그 후로도 수첩을 들고 다니며 공부하는 방식을 습관화했다. 그렇게 한 학기가 지나자 매일 함께 점심을 먹던 친구가 조심스럽게 내게 말했다.

"우리 하루 종일 학교에서 공부하느라 시간을 다 보내잖아. 그러니 밥 먹는 시간만이라도 서로 얼굴 보면서 이야기하고 재미있게 보내자. 응?"

"같이 이야기하고 있잖아, 얘기해. 다 듣고 있어."

나는 친구의 얼굴도 제대로 쳐다보지 않고 단어장에 시선을 고정한 채 말했다. 그때부터였던 것 같다. 친구와의 사이가 조금씩 소원해졌다. 우리는 1학년 때 같은 반이 되었고 누구보다 절친한 사이였다. 학업에 대한 이야기는 물론 서로의 가정사나 약점까지 드러내놓고 이야기를 나눌 정도였다. 그만큼 정서적으로 깊은 교감을 나눌 수 있는 소울메이트였던 것이다. 그런데 나는 문과, 친구는 이과를 선택하면서 반도 다르고 층도 달라졌다. 하지만 우리는 자주 만났고 하교 후에는 독서실에서 새벽 늦게까지 함께 공부했다.

그렇게 각별한 사이인 친구의 부탁에도 내 태도는 크게 변함이 없었다. 그때 나는 대학입시에 대한 중압감이 컸다. 친구관계는 언제든 다시 회복할 수 있다고 생각했다. 사사로운 우정보다 원하는 대학에 진학하고자 하는 목적의식이 더 강했다. 그러나 시간이 지나면서 우리 사이에는 점점 균열이 생겼다. 걷잡을 수 없는 오해도 생겼고 결국 3학년이 되면서 우리는 거의 절교에 가까운 사이가 되었다.

지금 생각해보면 나는 참 안일했다. 그렇게까지 해서 엄청난 명문대에 들어간 것도 아니고 성적이 눈부시게 달라진 것도 아니었다. 단지 성적

표에 적힌 숫자가 조금 커졌을 뿐이었다. 시간이 한참 지나고서야 알았다. 그 친구가 내게 얼마나 소중한 존재였는지. 우리는 가끔 더 중요한 가치가 무엇인지 모르고 더 소중한 것을 잃을 수 있다는 사실도 모른 채, 덜 중요한 것에 집중한다.

고등학교를 졸업하고 3년이 지난 뒤 우리는 다시 만났다. 사실 그동안 힘든 순간이 있을 때마다 나는 그 친구를 자주 떠올렸다. 늘 미안하고 그리웠다. 그래서 용기를 내어 내가 먼저 연락을 취했던 것이다. 대학생이 된 우리는 그때 일들을 이야기하며 서로의 오해를 조금이나마 풀 수 있었다. 그때 친구가 내게 말했다.

"류, 네가 항상 열정이 넘치고 열심히 사는 아이란 건 잘 알아. 그런데 너는 항상 무언가를 향해 바쁘게 쫓아가는 것 같아. 사실 그게 정확히 뭔지는 잘 모르겠어. 그래서 안타까울 때도 있어. 가끔 쉬어가도 돼. 그러다 네가 언젠가는 크게 지치는 날이 올지도 몰라."

그때 나는 그 말에 그리 공감하지는 못했다. 늘 열정을 가지고 열심히 하는 스스로의 모습에 자부심을 가지고 있었기 때문이다. 내가 컨트롤할 수 없는 힘든 날이 올 것이라고는 미처 생각하지 못했다. 하지만 친구가 내게 한 말을 실감하기까지 그리 오랜 시간이 걸리지 않았다. 게다가 그녀가 내게 얼마나 소중하고 고마운 존재인지도.

그 후로 또 3년이 지났을까. 내게 정말 힘든 시간이 찾아왔다. 나는 2년 동안 다니던 직장을 그만두었고, 3년 넘게 만난 남자친구와도 이별한 상태였다. 하루아침에 일과 사랑을 모두 잃은 것이다. 나는 일과 사랑에서 늘 완벽하기 위해 노력해왔다. 내가 조기 취업으로 첫 직장에 입사하고 사흘 뒤 남자친구는 군 입대를 했다. 그때가 사귄 지 1년 6개월 정도 되던 해였다. 우리는 주변에서 부러워할 만큼 믿음과 애정이 남다른 연인이었다. 그래서 함께 군 생활을 잘 이겨내기로 약속했다. 그 시간을 서로 더 발전하는 계기로 만들자고 다짐했다. 약속대로 우리는 그 시간을 정말 열심히 보냈다. 신입이었던 나는 매일 야근이 잦았지만 퇴근 후에는 꾸준히 자기계발을 위해 각종 교육을 수료했다. 막차를 타고 집에 돌아오면 새벽 늦게까지 공모전과 외주 작업을 했다. 주말에는 주로 남자 친구에게 보낼 선물을 준비하거나 친구와 함께 필요한 공부를 했다.

남자 친구가 그립고 생각날 때마다 더욱 자기계발에 몰입하려고 애썼다. 여유가 생기면 자꾸 생각이 났고 그러면 더욱 보고 싶어져 힘들기 때문이었다. 그립다고 그에게 어리광을 부리고 싶지는 않았다. 오히려 그 시간과 에너지를 모아 더 멋진 여자가 되기 위해 쏟았다.

또 바쁜 중에도 군대로 보내는 편지와 선물들을 게을리하지 않았다. 일과 사랑, 모두 잘 해내고 싶었기 때문이다. 회사 업무 중, 야근 중, 점심 식사 중에도 부대에서 걸려오는 전화는 놓치지 않고 받으려 주의를 기울였다. 통화할 수 있는 시간은 늘 불규칙하고 짧기 때문이었다. 틈틈이 손 편지를 써서 모아두었다가 우체국 외근이 있는 날에 함께 부쳤다. 타지 출장이 있을 때면 오가는 기차 안에서 이메일로 근황을 주고받았다. 힘들 때도 있었지만 그럴수록 스스로 더욱 다독였다. 그렇게 더욱 애틋해지는 우리를 대견하게 느끼기도 했다.

하지만 전역 날이 가까워지자 이상하게도 다툼이 잦아졌다. 바쁜 직장 생활로 나는 예민해져 있었고 그도 마찬가지였다. 여태껏 참아왔던 감정 이 조금씩 터지기 시작한 것이다. 시간이 지날수록 내가 고생한 시간들에 대한 보상심리가 생겨버린 것 같았다. 나는 이대로는 안 되겠다고 생각했 다. 그래서 전역 후 함께 계획했던 장기 여행 일정에 맞춰 조금 일찍 퇴사 를 결심했다. 때마침 이직을 고려하던 중이기도 했기 때문이다. 휴식을 가지며 일도 사랑도 새롭게 재정비하고 싶었다.

그때가 전역하기 2주 전이었다. 나는 퇴사를 했다. 그리고 운명의 장난 처럼 며칠 뒤 남자 친구에게 이별을 통보받았다. 배신감과 억울함에 마음 이 너무 아팠다. 내가 지키려고 노력했던 것이 한순간에 무너져버린 격이 었다. 그 일로 나는 불면증에 시달렸다. 겨우 잠에 들었다가도 새벽에 헛 구역질을 하며 깨어났고, 멍하니 앉아 있다가 울음을 터뜨렸다. 나는 그 렇게 며칠을 보내다가 여행을 결심했다.

힘들 때마다 내게 항상 힘이 되어주었던 그 친구가 생각이 났다. 공무 원 시험 삼수를 준비하고 있던 친구도 반복되는 일상에 지쳐 있었다. 우리는 함께 강릉으로 여행을 떠났다. 그리고 정동진의 시간 박물관이라는 곳을 방문했다. 그곳에는 미래의 우편함이 있는데, 우리는 2년 뒤 자신과 서로에게 편지를 적어 보내기로 했다. 그리고 지금 우리가 보내고 있는 힘든 시간이 훗날 이 편지를 열어볼 때면 괜찮아져 있을 것이라고 서로를 격려했다.

그리고 2년 전에 부쳤던 그 편지가 집으로 도착했다. 정확히 2019년이 되기 일주일 전이었다. 잊고 있었던 깜짝 선물에 가슴이 두근거리며 묘한 기분이 들었다. 편지는 친구가 2년 전 오늘 내게 쓴 것이었다. '스물아홉 살이 된 지희에게'라고 시작하는 글 속에는 걱정도 많고 고민도 많은 그날의 우리 마음이 고스란히 담겨 있었다. 또그럼에도 부단히 괜찮아지기 위해 애쓰던 서투른 우리의 마음도.

"바라오던 삶이 아니고 꿈꾸던 미래가 아닐지라도, 매 순간 네가 최선을 다해서 지금 그곳에 서 있다는 거 알아. 넌 그런 사람이고 미래에도 그럴 거라 난 믿어. 멋있는 지희야. 조금은 덜 무서워해도 돼. 조금은 그냥 흘러가는 것에 너를 맡겨도 돼. 사람은 언제나 자신이 할 수 있는 최선을 다하며 사는 게 아닐까? 그러니까 후회할 과거도, 돌아갈 미래도 필요하지 않은 것 같아."

편지를 읽다 보니 나는 아련하게 그 때의 내 모습이 떠올라 가슴이 먹먹해졌다. 그리고 만감이 교차했다. 얼굴에는 눈물과 미소가 묘하게 번지고 있었다. 어쩌면 친구의 말이 맞을지도 모른다는 생각 때문이다. 사실 지나온 시간만큼 좀 더 의연한 내가 되어 있을 줄 알았다. 그리고 분명한 건 그때의 나보다 지금의 나는 보다 더 성숙해졌고 원하는 일도 이뤄낸 모습이라는 사실이다. 하지만 그때나 지금이나 나는 여전히 어딘가 불안하고 또 부단히 애쓰고 있다는 것도 깨달았다. 내가 가지고 있는 것을 잃을까 봐 걱정했고 더 나은 결과를 이루지 못할까 봐 두려워하고 있었다. 그러다가 놓쳐버리는 것들에 대해서는 더 최선을 다하지 못했음을 후회하기도 했다. 그래서 더욱 애쓰며 늘 힘주고 살아왔다.

그런데 혹시 알고 있는가? 열심히 사는 것과 애쓰며 사는 것에는 약간의 차이가 있다는 것을. '열심히'는 어떤 일에 대해 온 정성을 다하는 태도이다. 그런데 '애쓴다'는 것은 무언가를 이루기 위해서 온 힘을 쏟아붓는 목표 지향적인 것이다. 어떤 과학자는 인간이 느끼는 행복 지점은 가야 할 길을 가고 있는 과정 그 자체에 있다고 말했다. 무언가를 가져서 행복한 것이 아니라 'ing' 상태일 때 행복을 느끼는 것이다.

그러니 조금은 내려놓아도 된다. 모든 것에 너무 애쓰지 않아도 괜찮다. 모든 것에 너무 애쓰지 않아도 괜찮다. 조금은 흘러가는 그대로의 모습을 충분히 즐겨도 된다. 열심히는 살되 너무 애쓰며 살지 않았으면 한다. 나도, 당신도 그러했으면 좋겠다.

내게 진짜 소중한 것이 무엇인지,

애써야하는 것이 아니라 '열심히'해야하는 일이 있다면 그것이
어떤 일인지,

이따금 생각해볼 필요가 있어요.

To. Myself...

2장

지금 나에게 필요한
To Do List

내 인생의 각본은 내가 쓰기

–

당신을 끊임없이 무언가로 바꾸려고 하는 세상에서
나다움을 유지하는 것은 가장 큰 업적이다.

– 버트런드 러셀(영국의 철학자)

마음에 적정 필터를 장착하라

"어휴, 어쩌려고? 이직할 직장은 알아봤고? 정말 걱정이다."

내가 퇴사를 할 때 선임은 세상 가련한 눈빛으로 내게 말했다. 사실 누군가를 걱정하는 마음에는 적당한 애정과 관심이 담겨 있다는 것을 나도 잘 안다. 하지만 너무 지나친 관심이나 걱정은 오히려 달갑지 않기도 하다. 그때의 상황이 그랬다. 그는 나의 결정에 대해 지나치게 걱정하며 마치 내가 잘못된 선택이라도 했다는 듯이 말했다. 처음에는 고마웠지만 나중에는 언짢게 들리기 시작했다. 한마디로 관심이 아닌 오지랖으로 느껴졌다. 그러더니 선임은 계속 말을 이어나갔다.

"나도 지희 씨 나이 때 그런 마음이 왜 안 들었겠어? 도전, 좋지. 하지만 부질없더라고. 결국엔 안정적인 직장에서 일하다가 결혼 잘하는 게 최고야. 분명히 나중에 후회하면서 다시 돌아올걸? 여기 그런 직원들 꽤 많아."

이런 식의 대화를 한 시간 넘게 한 것 같다. 대화가 아닌, 거의 훈계에 가까웠다. 한참을 듣다 보니 '왜 자신의 경험이 정답인 것처럼 이야기를 하는 것일까?'라는 생각이 들었다. 나보다 더 나이가 많은 만큼 그녀의 연륜은 인정한다. 하지만 엄연히 우리는 서로 다른 인생을 살아왔고 또 앞으로도 그럴 것이지 않은가. 보지 않아도 뻔하다는 식의 조언에 오히려 더 반감이 생겼다.

주변을 돌아보면 자신의 경험이나 생각의 잣대로 타인의 선택에 대해 왈가왈부하는 사람들이 있다. 마치 잘 아는 것처럼 섣부른 판단으로 넌지시 말을 보탠다. 물론 비슷한 길을 먼저 걸어본 선행자로서의 조언일 수도 있다. 그런 의도라면 고맙게 생각한다. 하지만 "내 지인의 지인도 그렇게 해봤는데…."라며 근거 없는 말을 끌어와 보편적 타당성을 강요한다면 정중히 거절하겠다. 그렇게 말하는 대부분의 사람에게는 '사람 사는 게 다 비슷하지 뭐.'라는 의식이 깔려 있는 듯했다. '너나 나나 인생이란 게 그다지 특별할 것 없다.'는 식의 생각을 듣고 있노라면 괜히 기운이 빠진다. 중요한 것은 자신의 관점이다. 자기 인생의 각본이 잘 짜여 있는 사람은 어떠한 상황에서도 흔들림이 없다. 다른 사람의 말에 대해 적정 필터를 장착하고 있기 때문이다. 철학자 헤겔은 "마음의 문을 여는 손잡이는 안쪽에만 달려 있다."라며 우리에게 중요한 말을 남겼다. 마음의 주인이 문을 열어주지 않으면 어느 누구도 남의 마음에 들어가지 못한다. 내 마음속에 적정 필터를 장착하는 일도 마찬가지이다. 아무리 진심 어린 충고나 조언도 내가 원하는 느낌과 일치하지 않는 요소라면 적절히 가려내야 한다. 그들이 얼마나 비슷한 경험을 해보았든, 대단한 성과를 가지고 있든간에 내 인생의 길은 내가 만들어 나가겠다.

나의 인생 곡선을 시각화하라

혹시 인생 그래프라는 것을 작성해본 적이 있는가? 나는 고등학교 재량 시간에 잠깐 배웠는데 당시 그 수업 내용이 살아가면서 많은 도움이 된다. 지금 책을 읽고 있다면 빈 종이와 연필을 가져와 따라 해보아도 좋을 것이다. 사실 인생 그래프를 그리는 방식은 다양하다. 지금부터 설명하는 방식은 내가 중요한 결정을 앞두고 있거나 생각을 정리할 때 자주 사용하는 방법이다.

1. 먼저 X축의 가로 선과 Y축의 세로 선을 교차시켜 긋는다.
2. X축: 인생을 과거, 현재, 미래까지 일정 시간 간격으로 나눈다.

3. Y축: 행복과 불행의 정도를 플러스와 마이너스로 나눈다.

4. 살면서 느꼈던 사건이나 혹은 미래에 일어날 사건에 대한 행복과 불행의 정도를 그래프 위에 점으로 찍어 표현한다.

5. 점으로 찍은 행복과 불행의 시점에 해당 사건과 그렇게 느낀 이유를 적어본다.

6. 점을 연결하여 인생 곡선으로 그려본다.

이와 같은 방식으로 과거부터 현재까지 살아온 모습을 시각화하여 정리해볼 수 있다. 그뿐만 아니라 미래에 내가 바라는 모습까지 계획하여 시각화할 수 있다. 대부분의 인생 그래프는 과거에서 현재 시점까지 정리해보는 방식이 많다. 그런데 나는 이를 응용하여 미래의 계획을 그래프로 시각화해보게 되었다. 이는 긍정적 자기 암시에 매우 효과적인 방법이 된다.

예를 들어 나의 경우 2018년 10월에 퇴사 및 금전적인 어려움을 이유로 불행 점수 −20에 점을 찍었다. 인생 그래프에서 하향곡선인 셈이다. 그리고 2019년 새해 3월에는 취업 성공이라는 점을 행복 점수 +50으로 찍었다. 4월에는 정기적 수입 발생으로 +70점에 점을 찍었다. 이 세 개의 점선을 이으면 그래프는 하향에서 상향이 된다. 즉 내 인생에 앞으로 오르막길이 펼쳐짐을 시각적으로 각인할 수 있는 것이다.

어쩌면 기대보다 시시하다고 생각할지도 모르겠다. 하지만 이처럼 특정 이미지를 시각화해두면 그것이 내면 의식까지 영향을 미치게 된다. 내면 의식에 따라 말하고 행동하게 되면서 계획했던 모습과 현실의 내 모습이 가까워지는 변화를 경험하게 되는 것이다. 이는 네빌 고다드의 의식 강의에서도 나오는 법칙이다. 다이어리를 쓰는 사람들이라면 좀 더 공감할 수 있을 것이다. 다이어리 역시 비슷한 효과를 가지기 때문이다. 일, 월, 연별로 해야 하거나 하고 싶은 리스트들을 적어놓고 꾸준히 체크하다 보면 성취 목록이 쌓여가는 것을 확인할 수 있다. 그것이 스스로에게 지속적인 동기부여가 될 수 있다.

인생 그래프 역시 다이어리처럼 생활화해보아라. 그러면 자신이 걸어온 발자취에 대한 안목이 생길 것이다. 우리가 과거와 현재를 꿰뚫어 미래의 비전을 만들기 위해 역사를 배우는 것과 같은 맥락이다. 나다운 인생 각본대로 살아가기 위해서는 나의 과거와 현재에 대한 안목을 길러야 한다. 나다운 삶을 사는 것은 내가 살아가고 있는 모양새를 살펴보는 일에서부터 시작된다.

사실 나는 사회생활 4년 차에 직장을 세 번 옮겼다. 그 이유는 지금까지의 회사에서 나답게 살고 있다는 느낌을 제대로 받지 못했기 때문이다. 내가 이직을 고민할 때 회사 동료들에게 가장 많이 들었던 말이 있었다. 누구나 직장 생활을 하다 보면 고비가 찾아온다는 것이다. 그리고 사람마다 주기는 다르지만 그 고비를 잘 참고 넘기면 직장인으로써 담담하게 생활할 수 있는 적응력이 생긴다는 것이다. 한마디로 참으면 익숙해진다는 말이었다. 만약 계속해서 평범한 직장인의 삶을 살아가고자 하는 꿈이 있다면 좋은 조언이 될 수 있겠다.

그런데 나는 "과연 그 것이 나에게 맞는 것일까?" 하는 의문이 들었다. 결국 '마음속에서 꿈틀거리는 꿈의 열정을 그때마다 억눌러 무뎌지도록 해야 한다는 말이 아닌가.'라는 생각이 들었다. 그리고 그건 자신이 원하는 것이 무엇인지 알면서도 스스로 속이는 일이라고 생각했다. 물론 저마다 가치를 두는 우선순위가 다를 수 있음은 존중한다. 불안한 꿈보다는 현실의 안정성에 좀 더 초점을 두는 사람이 있는가 하면 그 반대의 경우도 있기 때문이다.

"죽은 물고기는 물살을 거스르지 않는다."라는 말이 있다. 내 삶의 주인으로써 살아 있음을 느끼는 순간은 자신이 원하는 것을 향해 나아가는 과정에 있는 것 같다. 바람의 온도와 흐름을 느끼려면 세차게 달려야 알 수 있듯이 나다움의 행복을 맛보기 위해선 도전이라는 저항이 필요하다. 그 노력은 때에 따라 원하는 성과를 이룰 수도, 이루지 못할 수도 있다. 하지만 중요한 것은 결선 지점에서 얻은 성과로 자신의 가치를 평가받기 위함이 아니라는 것이다. 성공의 여부보다 중요한 것은 그 과정에서 스스로가 원하는 인격체를 만들어가는 것이기 때문이다. 내가 이룬 성과로부터 얻은 직위나 명예같은 타이틀을 배제시켰을 때의 나, 그런 존재 자체의 가치를 만들어가는 삶이 더 중요한 것이 아닐까? 그렇기 때문에 우리는 자신이 원하는 사람이 되기 위해 스스로가 시각화한 인생 각본대로 살아야 한다. 타인이 바라보는 나, 타인에게 보여주고 싶은 내가 아닌, 반드시 어떠한 성과에 의한 내가 아닌 내가 좋아하는 모습의 있는 만족스러운 날로 살아야하는 것이다. 있는 그대로의 나로 살아야 하는 것이다. 내가 그린 인생 그래프대로 그 흐름을 타고 나아가자. 나는 내 인생의 시나리오 작가이자 주인공이다.

주인공은

자신의 삶을 남에게 의존하지 않아요.

오로지 경험과 탐색 속에서

스스로 판단하고 결정하는 법을 익혀나갈 뿐이지.

To. Myself...

나만의 탄탄한 마음 근육 단련시키기

—

춤추는 별을 탄생시키려면 반드시 스스로의 영혼에 혼돈을 지녀야 한다.

— 프리드리히 니체(독일의 시인, 철학자)

이토록 상처받는 마음은 어떻게 할까

중학생 때 학교에 어떤 소문이 돈 적이 있었다.

"야, 들었어? 2학년 6반 애 말이야, 자살 시도했대. 손목에 자세히 보면 자해 자국도 있다던데?"

순간 섬뜩했다. 우리 나이 고작 열다섯 살. 무엇이 그리 힘들었기에 목숨까지 끊을 생각을 했던 걸까. 나는 상상도 할 수 없는 일이었고 다른 세상의 이야기처럼 들렸다. 소문으로만 돌던 일은 '설마' 했지만 사실로 밝혀졌다. 사건의 주인공은 초등학교 때부터 줄곧 따돌림을 받았고 그 이유로 여러 학교로 전학도 다녔지만 어디를 가든지 '왕따'라는 꼬리표가 늘 따라다녔다고 한다.

우리나라는 OECD 국가 중 청소년 자살률 1순위를 유지하고 있다. 이미 너무도 잘 알려져 있는 사실이다. 정말 부끄럽고 안타까운 일이다. 어린 나이에 벌써부터 마음의 병을 안고 살아가는 친구들이 이렇게나 많다니. 게다가 이러한 마음의 병을 제때 치료하지 못하고 방치하면 성인이 되어 여러 신체적 · 정신적 장애를 겪게 될 수 있다.

'수술 없이 치료되는 세상을 만들어가고 있습니다.'

신문을 보다가 어느 한의원 광고 문구가 눈에 들어왔다. 현대인의 고질병인 허리 디스크, 목 디스크를 수술 없이 치료할 수 있다는 내용이었다. 치료 원리는 근육을 복원하여 강화시키는 기술인데, 손상된 조직 자체를 재생 강화시키는 방법을 통해 그 효과를 톡톡히 볼 수 있다는 것이었다.

이처럼 눈에 보이는 것들은 수술을 하거나 재활을 통해 치유할 수 있다. 그런데 눈에 보이지도 만져지지도 않는 마음은 어떻게 하면 좋을까? 뾰족하게 날이 선 우리의 마음은 뼈를 깎아내듯 모양을 다듬을 수 없다. '마음이 찢어진다'는 표현이 있지만 바늘로 꿰매 이어 붙일 수도 없다. 오로지 스스로 단련하여 강화시키는 수밖에 없다. 바로 허리 근육을 트레이닝하듯 우리 마음의 근육 조직도 끊임없는 훈련이 필요하다.

고백하자면 나는 한때 몇 명의 직장 동료에게 은근히 따돌림을 받은 적이 있었다. 그 직장에서 일했던 한 달 동안 정말 괴롭고 힘들었다. 출근길이 지옥 같았다. 월요일이 돌아오는 주말 저녁에는 회사 갈 생각에 잠이 오지 않고 심장이 벌렁거리기까지 했다. 여직원들로만 구성된 회사였기에 처음에는 잠깐의 텃세를 부리는 것이라고 생각했다. 그런데 갈수록 회사 생활은 버거워졌다.

그때의 나는 이전 직장에서 2년 차 정도의 경력이 있었다. 하지만 이직은 처음이었기에 신입의 마음가짐으로 매사 조심스럽게 행동하며 스스로 낮추었다. 경력직인데도 겸손의 태도를 보이는 나를 동료들은 만만하게 여겼던 것이다. 그들의 날카로운 말에도 나는 그저 웃어넘기기만 했다. 그럴수록 마음속 생채기는 늘어가고 동료들의 태도는 점점 도가 지나쳐 갔다.

퇴근길 버스 안에서 그들에게 들었던 못된 말을 떠올렸다. 하지만 '그때 이렇게 대답해 줄걸.'이라고 생각하는 게 다였다. 남한테 싫은 소리를 해 본 적이 거의 없었기 때문이다. '차라리 못된 소리 한 번 듣고 흘려버리면 그만이지 뭐.'라고 생각하는 게 나았다. 자라면서 숱하게 들은 부모님의 말씀 때문인 걸까. '맞은 놈보다 때린 놈이 발 뻗고 편하게 잘 리가 없다.' 혹은 '남한테 해를 끼친 사람치고 잘 사는 사람 하나 없다.'라는 말을 떠올렸다.

선임은 내게 업무를 지시하면서 말도 안 되는 트집을 잡아서 몇 번이고 되돌이표를 시켰다. 심지어 주말까지 업무를 주며 증거사진을 찍어서 보내라고도 했다. 심지어 팀원들과 회의 중에 대표님이 지나가기라도 하면 일부러 언성을 높여 내 의견에 훈수를 두기도 했다. 마치 내가 큰 잘못을 하고 있는 것처럼 이목을 끌도록 만들었다. 이런 일들이 나에게는 모두 당황스럽고 낯선 상황이었다. 따돌림이라는 것도, 이런 유형의 사람들을 만나본 것도 모두 처음이었다. 왜 이렇게까지 된 건지, 도대체 일이 어떻게 흘러가는 것인지 혼란스러웠다.

내가 잘하면 될 거라 생각하고, 마음을 단단히 먹었다. 하지만 처음부터 꼬여버린 상황은 더욱 악화되기만 했다. 동료들에게 더욱 살갑게 다가가려 했지만 거리감은 좁혀지지 않았다. 상냥하게 대하는 내게 더 함부로 대하는 사람도 있었다. 인신공격의 말들은 물론, 업무적인 충돌도 피해갈 수 없었다. 나는 더 이상 견딜 수 없었다. 이러다가는 내 마음이 다 무너져내릴 것 같았다. 결국 한 달 만에 회사를 옮겼고 덕분에 값진 경험을 했다고 생각한다.

강철보단 스판덱스 같은 마음으로

사람의 마음은 무엇으로 측정되는 것일까? 마음이 약하고 강한 사람으로 구분 지을 수 있는 기준은 무엇일까? 나는 그것이 말과 행동에 있다고 생각한다. 그런 의미에서 '외유내강', '내유외강'이라는 말이 있는 것이 아닐까. 우리는 강하기 때문에 강한 것이 아니고 약하기 때문에 약한 것이 아닐지도 모른다. 강하게 보이는 사람이 강한 것이고 약하게 보이는 사람이 약한 것이다. 즉 말과 행동에 마음이 비친다는 것이다. 진짜 내면의 마음이 어떤 모양인지, 그 강도가 어느 정도인지 보다 겉으로 느껴지는 것으로 인식하거나 평가하기도 한다. 그러니 단단한 마음을 가지고 싶다면 먼저 말과 행동부터 그렇게 해야 한다.

그때 나에게는 더 단단한 마음이 필요했다. 내가 좀 더 의연하게, 강단 있는 모습으로 행동했다면 그들이 그렇게까지 함부로 대할 수 없었을 것이다. 나는 먼저 웃어 보이면 그들도 내 마음을 알아줄 것이라 생각했다. 하지만 그런 마음이 통하지 않는 사람도 있다는 것과 그런 이들에게는 그런 연약하나 마음을 굳이 드러낼 필요가 없다는 것을 알게 되었다. 타인의 너그러움을 약점으로 인식하고 강자가 되려는 이들에게 호의적일 필요는 결코 없는 것이다.

때에 따라 우리는 목도리도마뱀이 되어야 한다. 위기의 상황에서 목도리도마뱀은 목도리를 우산 모양으로 펼치고 동시에 몸을 일으킨다. 그리고 입을 있는 힘껏 크게 벌려 보인다. 그 작고 가녀린 동물도 그 순간만큼은 부풀은 목도리의 크기만큼이나 강단 있게 변하는 것이다. 그러면 더 덩치가 큰 적들도 부풀은 몸집을 보고 함부로 대하지 못한다.

마음의 근육은 내 마음을 지키기 위해 때에 따라 적절한 유연함을 발휘할 수 있는 것이다. 어떤 상황에서, 어떤 대상을 대하느냐에 따라 그에 맞게 자신의 마음의 온도와 크기, 밀도를 잘 조절할 수 있어야 한다. 단단한 대나무는 거센 바람에 부러지기 마련이지만 유연한 갈대는 바람결을 타고 함께 춤추지 않던가. 우리 마음도 그래야 한다.

하지만 대부분의 사람들이 부서지지 않는 강철 멘탈을 장착하기 위해 노력한다. 더 독해지고 강한 사람이 되려고 스스로 단련시킨다. 나 역시 그랬다. 상처받지 않는 사람이 되고 싶었다. 그것이 이 각박한 관계 속에서 스스로 지킬 수 있는 방법이라고 생각했다.

그러나 여러 가지 일을 겪으면서 생각이 조금씩 변해갔다. 마음이라는 조직은 짱짱한 스판 소재처럼 유들유들함에서 더욱 견고하게 작용한다. 그 탄력으로 언제든 원래의 상태로 돌아올 수 있다. 그것은 타인의 뼈 있는 농담에도 웃으며 대처할 수 있는 여유와 가슴 시린 아픔에도 금세 털고 일어날 수 있는 긍정, 인간이기에 가끔 찾아오는 외로움과 고독까지 그 자체로 즐길 수 있는 단단함이다. 마음의 근육은 그렇게 만들어지는 것이다. 때에 따라 수축하고 이완하기를 반복하면서 매 순간 부딪히는 여러 상황 가운데 융통성을 갖게 된다.

그릇 하나가 있다. 우리는 그 그릇에 물이 들어 있으면 물그릇, 밥이 들어있으면 밥그릇이라 말한다. 마찬가지로 내가 어떠한 마음을 담느냐에 따라 우리는 그에 어울리는 사람이 된다. 예를 들어 동료의 험담에 분노를 담지 말고 오히려 측은지심을 담아 보라. '다른 사람을 흉보는 데 시간을 보내다니 참 딱하구나.' 그러면 일일이 상대하지 않게 된다. 만약 상대가 나를 업신여긴다고 생각될 때에는 결코 위축되지 마라. 마음의 부피를 더 크게 부풀려 팽팽하게 만들어라. 그러면 결코 그러한 나의 당당하 말과 태도에 행동에 상대는 '아차!' 하고 당신을 다시 보게 될 것이다. 이는 처절한 내 경험담이기도 하다. 이처럼 크고 작은 근육들이 붙으면서 조금은 더 초연한 우리가 될 수 있지 않을까 생각해본다.

탄력이 없는 마음은 끊어질 수밖에 없어요.

이해관계를 떠나
보다 더 초연하고 어진 마음을 가진다면
그런 마음 자체가 당신을 따듯하게 감싸줄 거예요.

To. Myself...

_____

_____

_____

chapter 03

단 하루라도 끌리는 대로 살아보기

–

그것은 어떤 면에서는 이성 못지않게 가치가 있지만
또 어떤 면에서는 그렇지 않기도 합니다.
바로 직관과 경험의 지혜입니다.
– 스티브 잡스(미국의 기업가)

특별한 일이 일어나지 않는 이유

사실 내게는 아직까지 남들에게 근사하게 펼쳐놓을 만한 엄청난 인생의 에피소드 같은 건 없다. 내가 좋아하는 〈세바시(세상을 바꾸는 시간 15분)〉나 〈테드(TED)〉 강연을 보면 유명한 초청 강연가들 중 참 굴곡진 인생을 살아온 사람들이 많다. 그게 상향 곡선이든 하향 곡선이든 지나고 나면 웃으며 이야기할 수 있는 자산이 된다. 그들의 용기와 도전 정신이 부러웠다. 나도 저렇게 스펙터클한 삶을 살아보겠노라고 다짐도 하고 언젠가는 무대 위에서 나의 이야기를 들려줄 거라는 상상도 한다.

늘 무언가 이루기 위해 열심히 해온 것 같은데, 문득 제자리에 서서 곱씹어보면 여전히 해야할 일도 이루고 싶은 것들이 더 많다. 사람들은 특별한 삶을 살기 원하면서도 평범한 일상의 소소함에 안주한다. 그러나 그 것은 용기 없는 자들의 안일한 안식처에 불과하다. 스스로의 안전지대를 규정하고 그 궤도를 따라 평이하게 반복되기를 바란다. 그래서 막상 자유가 주어져도 그 자유를 제대로 쓸 줄 아는 사람은 그리 많지 않다. 그토록 자유를 갈망하면서도 자유에 뒤따르는 책임감이 더 크다는 것을 알기 때문이다. 선뜻 즐기지 못한다.

자유를 즐기지 못하는 또 다른 이유가 더 있다. 바로 '용기'이다. 만약 내게 '오늘 하루 마음대로 살아보라'는 특명이 주어진다면 어떤 일이 펼쳐 질까? 떠오르는 상상은 한가득이다. 마음 같아서는 영화나 드라마에서처 럼 말도 안 되는 사건들을 만들어보고 싶다. 유쾌하고 낭만적이며 심지어 엽기적인 일까지. 길거리 한복판에서 "나는 자유다!"라고 외치는 미치광 이 놀이도 해보고 싶고, 당장 가진 돈을 챙겨 비행기를 타고 세계일주도 떠나보고 싶다. 최고급 호텔에 가서 가장 비싼 와인과 추천 코스를 맛보 고 브래드 피트를 닮은 멋지고 근사한 남자와 시간을 보내고도 싶다.

이외에도 너무 많은 것이 떠오른다. 그런데 당장 실제로 할 수 있는 것 을 해보라 한다면? 아마 그중에서 가장 평범하고 현실적인 일부터 계산 해볼 것이다. 처음에 생각했던 직관적 리스트들이 아닌 이성이 판단한 리 스트대로 하고 있을 것이 분명하다.

예전에 과로로 인해 한의원을 방문한 적이 있다. 그때는 심신이 많이 지쳐 있었고 경도의 우울 증세도 있었다. 의사가 내게 물어보았다.

"주로 어떤 일을 할 때 가장 행복하세요? 평소에 회사를 가지 않을 때
는 뭐 하면서 보내요? 스트레스는 어떻게 풀어요?"

나는 스트레스를 받으면 도서관에 가서 책을 읽는다. 그리고 음악을 들
으며 산책을 하거나 운동을 한다. 취미로 미니어처 하우스를 제작하거나
자수를 놓는다. 무언가 배우기를 좋아하기에 관심사의 수업이나 세미나
를 찾아 듣는 것을 즐긴다. 친구들과 함께 시간을 보낼 때도 있지만 대부
분은 나의 온전한 시간으로 보내는 데 사용한다.

"왜 이렇게 재미없게 살아요? 아직 나이도 어린데…. 지희 씨는 무슨
낙으로 살아요? 뭔가 재미있는 일들이 없잖아요. 그런 일을 많이 만들어
야 원동력이 생기지."

사실 나는 그게 재미없게 사는 것이라 생각해본 적이 없었다. 그런데
그런 나의 취미와 일상이 누군가 보기에 더없이 무료하고 평이해 보였나
보다. 의사 말로는 내가 스스로 과하게 컨트롤하려 하기 때문에 심적으로
압박감을 받고 있다고 했다. 하고 싶은 것보다는 해야 하는 것을 더 많이
하며 살고 있다는 것이었다. 또한 그것이 내게는 스트레스가 되고 나를

누르는 무게감이 된다고 했다.

가만히 생각해보았다. 나는 끌리는 대로 무언가를 단순하게 저질러본 적이 있던가? 곧바로 '아니.'라는 답이 떠올랐다. 늘 계획에 따라 움직였고 생각에 생각을 거듭하고 옳고 그름을 판단해서 일을 실행할 때가 더 많았다. 특별한 일이 생기기만을 바랐지 특별한 일을 만들려 하지 않았던 것이다. '언젠가는, 나중에, 다음에…'라는 말들로 하고 싶은 일을 미뤄왔다. 하고 싶은 일은 이상이라고 생각했고 그것은 현실과 분리된 것이라 여겨왔던 것이다. 매년 다이어리 속 버킷리스트 목록은 늘어만 가는데 이룬 것은 몇 개 되지 않는다.

직관적 끌림은 자기 암시가 주는 신호

끌리는 대로 산다는 것은 '쉽게 사는 것, 대충 사는 것, 되는 대로 사는 것'이라는 생각도 했었다. 그렇게 살다간 인생의 어느 지점에서 큰 낭패를 보거나 또다시 돌아가야 할 일이 생길지도 모른다고 생각했다. 부단히 앞으로 나아가야 하는 것이 인생인데 그런 위험을 감수하기에 선뜻 용기가 나지 않았던 것이다. 도태되거나 멈춰 서고 싶지는 않으니까. 어쩌면 이러한 마음도 타인을 의식하는 데서 오는 것일지도 모르겠다. 친구들보다 뒤처지면 안 된다는 비교의식, 적어도 그 사람보다는 잘살아야 한다는 경쟁의식이 있던 것 같다.

그러나 우리 인생은 결코 후퇴하는 법은 없다. 오늘이 지나면 어떻게든 반드시 내일은 온다. 그것만으로도 이미 우리는 앞으로 나아가고 있는 것이다. 굳이 의지를 갖지 않아도. 설령 잠시 멈춰 선다고 해도 잠시 머물다 다시 앞으로 나아가며 모든 삶은 계속된다. 매일매일 미래의 계획대로 생산적으로만 사는 것이 꼭 잘 사는 것이라고 말할 수는 없다. 무심코 해본 뽑기에서 운 좋게 당첨된 상품권처럼, 때로는 끌리는 대로 사는 삶이 행복을 가져다줄 수도 있다. 그런 끌림은 어쩌면 내게 보내는 신호가 될지도 모른다. 우리의 삶이 좀 더 재미있고 특별해질 수 있는 기회의 신호 같은 것.

가끔은 직관의 힘이 더 정확할 때가 있지 않은가? 나 역시 끌림대로 따라갔을 때 예상치 않은 순간을 만나게 된 적이 있다. 평소와 같이 만원 버스를 타고 출근하던 길이었다. 그날따라 이상하게 버스가 덜컹거렸고 운전 실력이 조금은 거칠다고 느꼈다. 버스가 코너를 돌 때마다 승객들은 이리저리 흔들리며 손잡이를 꽉 움켜잡았다. 괜히 불안한 기운이 들었다. 옆에 앉아 계시던 할머니는 '기사 양반이 왜 이렇게 세게 운전을 하나.' 라며 혼잣말을 중얼거리셨다. 다른 승객들의 표정도 편안해 보이진 않았다. 계속에서 불안한 마음이 들었다. 결국 나는 고민 끝에 다음 정류장에서 내렸다. 며칠 전 뉴스에서 보았던 버스 사고 기사가 떠올랐기 때문이다. 혹시 모를 사고를 떠올려보니 차라리 지각을 하는 편이 낫겠다는 생각이 들었다.

그리고 잠시 후, 환승버스를 타고 가는 중에 놀라운 장면을 목격했다. 이전에 탑승했던 버스가 한쪽 도로에 세워져 있었고 승객들은 일제히 하차하는 중이었다. 바퀴에 펑크가 나는 바람에 운행이 중단되었던 것이다. 묘한 기분이 들었다. 내가 만약 지각을 피하려 그 버스를 계속 타고 갔다면 오히려 더 늦었을지도 모른다. 재수가 없었다면 더 큰 사고로 이어질 수도 있었다. 순간의 끌림이 주는 신호를 무시하지 않고 따랐기에 그 모든 위기 상황을 넘길 수 있었다.

'끌어당김의 법칙'이라는 것이 있다. 우주에는 우리가 평소에 사고하는 것이 뒤섞여 떠다니고 있다. 그리고 내가 얼마나 간절히 원하느냐에 따라 그 사고는 강렬하게 내 것으로 끌어당겨져 현실이 된다. 즉 현재 나를 끌어당기는 것은 언젠가 한 번쯤은 내가 생각하고 원했던 것 또는 내면 깊은 곳에서 갈망하는 것일 수 있다는 말이다. 그러므로 끌림은 '자기 암시가 주는 신호'라고 할 수 있다.

우리가 본능적으로 위험을 직감하듯이 언젠가 내가 꿈꾸던 이상형이거나 나도 모르게 깊은 내면에서 바라온 감각이 나를 자연스럽게 이끄는 것이다. 그러니 지금 당신이 끌리는 것이 있다면 주저하거나 두려워하지 말고 시도해보아라. 인생이 계획한 대로만 산다고 반드시 원하는 방향으로 흘러가는 것은 아니지 않던가. '끌림'은 어느 날 갑자기 툭 튀어나온 '생뚱맞음'이 아니다. 그러니 한 번쯤 또는 이따금 자신을 믿고 따라가도 손해

보는 인생은 아닐 것이다. 그런 용기를 낸 우리에게 뜻밖의 일이 찾아올지 누가 알겠는가? 우리는 잠재된 '세렌디퍼(serendipper: 운수 좋게 뜻밖의 발견을 하는 사람)'이다. 그러니 머뭇거리거나 주춤거리지 말고 지금 당장의 끌림을 믿고 도전해보라. 용기를 가져보라!

우리의 인생이

진지하지만 심각하지 않은 삶,

조금은 뜻밖이라도

방황하지 않는 날들이길 바라요.

To. Myself...

chapter 04

이제 과거의 것들과 결별하기

—

뒤에 남겨진 것에 미련을 두면 앞에 놓인 것들을 절대 볼 수 없어.

– 〈라따뚜이〉 중에서

과거와 결별하지 않으면 미래와 결별한다

나는 침대에 누워 잠이 들기 전 오늘 하루 있던 일을 돌아보곤 한다. 그러다가 아주 예전에 있었던 일들까지 하나씩 꺼내어보다 생각에 잠긴다. 그렇게 잠들지 못하고 누운 채로 한두 시간쯤이 훌쩍 지나가버린다. 어떤 때는 이런 생각이 꿈에서까지 연장될 때도 있다. 그런데 주로 과거를 회상하는 사람들에게는 현재에 만족하지 못하는 심리가 있다고 한다.

혹시 지금 만나고 있는 애인과의 데이트에서 과거의 옛 연인을 떠올린 적이 있던가? 즐거운 기억부터 서운하고 마음 아팠던 기억까지 모두 있을 것이다. 분명 '그때 그 사람은 나에게 이렇게 해주었는데….'라는 생각도 해본 적이 있을 것이다. 그런 경우는 현재 애인에 대한 서운함이나 부족함을 느끼는 마음이 옛 애인과의 비교의식으로 나타나는 것이다. "구관이 명관이다."라는 말에 동감할 만큼 과거의 기억은 더 아름답게 느껴진다. 그러다가 문득 이미 지나간 일을 지금 떠올리면 무슨 소용이겠냐고 스스로 위로하기도 한다.

나는 친구들 사이에서 늘 기억력이 좋은 편이다. 지금도 초등학교 친구들을 만나면 그들이 미처 기억하지 못하는 것까지 다 기억해낸다. 뭐 그런 것까지 다 기억하고 있냐며 신기하게 생각할 때가 많은데, 나는 그런 추억을 다 잊어버리고 사는 친구들이 이따금 안타깝게 느껴진다. 인간은 추억을 먹고 사는 동물이라는 말도 있지 않던가. 각박한 세상살이에서 무릇 추억이란 다시 일어날 수 있는 힘이고 위로가 되어주기 때문이다. 그 중에는 행복했던 일부터 가슴 아팠던 일까지 그 나름의 의미가 남아 있기에 모두 소중하다.

하지만 이런 점이 연애에 좋지 않게 작용하기도 했다. 흔히 사랑의 유효기간은 3년이라고 말한다. 시간만큼 잔인한 것은 없다고, 아무리 불타오르는 사랑도 시간이 지나면서 변하기 마련이다. 드라마 〈내 이름은 김삼순〉에 나왔던 대사가 지금까지도 잊혀지질 않는다. 남녀가 사랑에 빠지게 되면 도파민과 세로토닌이라는 사랑의 호르몬이 나온다. 세로토닌은 상대방의 결점을 인식하지 못하게 해서 사람을 눈멀게 만든다. 하지만 2~3년이 지나면 이 호르몬들의 농도가 서서히 줄어들면서 연인의 콩깍지가 서로 벗겨지는 것이다. 그래서 대부분의 연인은 이 시기쯤 권태기가 오거나 이별을 맞게 된다.

그럼에도 나는 사랑의 호르몬 따위에 내 사랑을 걸고 싶지 않았다. 시간이 흘러도 사랑은 변하지 않을 수 있다는 것을 증명하고 싶었다. 그래서 연애 기간에 힘든 순간이 있을 때 늘 우리의 처음을 생각했다. 과거의 소중했던 감정과 시간을 떠올리며 초심을 잃지 않으려 했다.

하지만 사랑이 변하는 것이 아니라 사람이 변한다. 그리고 그 과정에서 처음의 마음은 점점 흐려진다. 나는 권태기였던 시기에 과거 우리의 추억을 꺼내어 자주 이야기했다. 그리고 그도 그러하길 바랐다. 우리 서로가 초심을 잃지 않는다면 현재의 소홀해진 마음도 다시금 회복해갈 수 있다고 생각했다. 그렇지만 추억을 하나씩 꺼낼수록 현재 변해버린 부분이 더 크게 다가와 마음이 아프기도 했다. 그러다 보니 나도 모르는 사이 과거와 현재를 비교하는 말도 나오게 되었다. 우리는 조금씩 더 예민해졌고 그럴수록 의지를 가지고 더 노력하려 했다.

하지만 애석하게도 과거의 우리와 지금의 우리는 이미 많은 것이 변해 있었다. 학생에서 직장인으로, 단거리에서 장거리로, 20대 초반에서 후반으로, 그리고 본인을 꾸미는 외적인 모습까지도 자연스러운 일이지만, 사람은 환경이 변하는 만큼 내면 의식과 겉모습이 달라지게 된다. 그렇기 때문에 변해가는 흐름에 맞게 우리의 사랑법도 조금씩 맞춰가야 했다. 그러나 그때는 잘 알지 못했다. 나의 마음은 과거 행복했던 우리 모습 속에 머물러 있었기 때문이다. 그런 내게 그는 말했다.

"나는 우리의 미래를 생각하고 싶어. 왜 자꾸 옛날 얘기를 꺼내는지 잘 모르겠어. 나한테는 과거보다 현재와 미래가 더 중요해!"

지금 생각해보면 그의 말이 틀린 것은 아니었다. 하지만 과거의 우리 모습을 그리워하던 나에게는 현재와 미래에 놓인 우리가 잘 보이지 않았다. 단지 추억 속의 모습에 현재를 맞추려하고 있었다. 그 당시에는 그의 마음이 변했다는 생각에 너무 가슴이 아팠다. 배신감과 실망감마저 들었다. 세상의 변하는 모든 것에 대해 증오심을 가질 정도로 힘들었다.

하지만 시간이 지날수록 나에게도 문제가 있었다는 것을 깨달았다. 당시 나는 과거에 맞춰진 현재를 살고 있던 것이었다. 사실 과거는 더 나은 현재와 미래를 살아가기 위해 필요한 것이다.

"자기는 지금의 나보다 과거의 나를 더 사랑하고 있는 것 같아. 지금의 내 모습 그대로를 사랑해주면 안 될까?"

남그가 내게 이렇게 말했을 때에도 나는 머리로는 이해했지만 마음으로 받아들이는 것이 쉽지 않았다. 허우적거리는 동안 눈 앞에 있는 더 소중한 우리의 모습을 있는 그대로 바라보지 못했다.

물론 현재와 미래의 영속성은 과거가 존재하기에 가능한 것이다. 그 중요성을 잘 알고 있다. 하지만 내가 살아가는 시간의 기준점을 어디에 두느냐에 따라 삶의 많은 부분이 달라진다. 그것이 더 중요하다. 지난 일은 가끔 돌아볼 수 있는 딱 그 정도라면 충분하다. 그 안에 얽매여서는 안 된다. 펼쳐질 우리의 날들은 미래를 향해 현재를 충실히 사는 삶이어야 한다. 우리는 미래로 흘러가는 중이기에 과거에 머물러 있을 수는 없다. 지금 당신의 인생의 시점은 어디에 맞추어져 있는가? 나를 위한 시점을 보다 명료하게 규정지어 보아라. 흘러간 시간은 그 시간대로 남겨두고 앞으로 나아갈 수 있는 마음의 채비를 해야 한다. 과거와 결별하지 않으면 결국 미래와 결별하게 될 테니까.

내 감정의 관리자가 되어라

수년간 쌓여온 다이어리들의 맨 첫 장에는 'VD=R'이라고 적혀있다. 이지성 작가의 『꿈꾸는 다락방』을 감명 깊게 읽은 후 내 인생의 좌우명이 되었다. '현재 내가 생생하게 바라는 꿈은 곧 미래로 이루어진다.'는 메시지를 담고 있는 이 말이 난 참 좋다. 늘 부단히 앞으로 나아가는 삶을 입버릇처럼 이야기하는 내게는 행복한 자기 암시의 주문인 셈이니까. 내가 바라는 미래가 지금 이 순간에 이미 만들어진다고 생각하면 내 사고의 중심축은 오직 이 순간에만 집중하고 과거에 연연하지 않게 된다.

당신은 과거의 기억을 잊고 싶었던 적이 있는가? 그럴 때 어떻게 하였는가? 나는 고통스러울 만큼 힘들었던 이별의 아픔을 겪으며 과거의 기억과 결별하는 몇 가지 방법을 깨닫게 되었다. 첫 번째, 과거와 결별하는 가장 좋은 방법은 과거를 잊으려고 노력하는 것이 아니다. 모순적인 말로 들릴 수 있겠지만 다시 말하자면 '행복한 내일을 상상하는 것'이다. 새로운 사랑으로 옛사랑을 잊듯이 지나간 시간은 새로운 시간으로 채워야 한다. 만약 당신이 힘들었던 과거의 기억 속에서 빠져나오려 애쓰고 있다면 그것은 현명한 방법이 아닐 수 있다. 왜냐하면 잊으려 애쓰는 것 자체가 이미 온 신경이 과거로 향하는 것이기 때문이다.

두 번째, 만져지지 않는 무형의 기억을 마음의 눈으로 시각화하여 정리하는 것이다. 사람들은 저마다 마음의 창고가 있다. 나는 그 창고 안에 기억을 카테고리로 나누어 기억의 방을 만든다. 여기서 관건은 내가 이 방들의 주인이 되어야 한다는 것이다. 자신의 의지에 따라 언제든 그 방문을 자유자재로 여닫을 수 있어야 한다. 즉 열쇠의 주인이 되어야 한다는 뜻이다. 어쩌면 당연한 말처럼 들릴지 모르지만 나는 이 방법을 제대로 사용할 수 있기까지 꽤 시간이 걸렸다. 그리고 제대로 사용하기 전과 후의 마음은 크게 달라졌다.

우리는 '추억에 빠져 있다.', '회상에 잠겨 있다.'라는 말을 자주 사용한다. 여기서 이 말의 주체는 추억의 방을 관리하는 입장이 아님을 알 수 있다. 능동이 아닌 당하는 수동의 입장에 있는 것이다. 이 말을 시각화해보면 아마도 그 주체는 추억의 방에서 허우적거리는 모습일 것이다. 하지만 그렇게 해서는 안 된다. 당신은 방문의 밖에서 관리자가 되어야 한다. 그리고 그 방의 기억들을 뭉쳐서 그 자리에 고스란히 넣어두어야 한다. 그 다음 방문을 열고 유유히 밖으로 걸어 나와라. 문을 닫고 열쇠로 걸어 잠 궈라. 그리고 담담히 앞으로 걸어 나가라. 단, 여기서 중요한 것은 이러한 일련의 과정을 마음과 머리로 생생하게 시각화하며 상상해야 한다는 것이다. 기억이라는 무형의 것을 형체가 있는 것으로 간주하여 상상하여 만지고 정리하기를 이어나가야 한다.

나는 떠올리고 싶지 않은 과거의 기억이 불쑥 솟아오를 때면 이 방법을 사용한다. 그 솟아오른 기억을 한데 뭉쳐 방에다 넣어두고 문을 잠근다. 그리고 뒤도 돌아보지 않고 담담히 내가 가야 할 길을 향해 걸어간다. 그 방문이 저만큼 멀어질 때까지 오직 시선은 앞만 향한 채 계속 걸어야 한다. 이렇게 나는 그 기억들을 제대로 정리했다.

누군가는 과거의 상처는 직접 대면을 통해 치유해야 한다고 말하기도 한다. 하지만 모든 상처를 다 감싸 안을 수 없듯이 그냥 지나쳐야만 하는 기억도 있다. 그럴 때 이 방법이 하나의 좋은 대처법이 될 수 있다. 고스란히 하나의 방에 보관해두고 돌아서는 것. 중요한 것은 우리는 과거의 감정에 지배당하는 입장이 아니라 통제할 수 있는 위치가 되어야 한다는 것이다. 좋지 못한 기억의 방문은 걸어 잠글 수 있어야 한다. 반대로 기분 좋게 꺼내어 보고 싶은 기억이 있다면 언제든 열어볼 수 있어야 한다. 그 기억들이 한데 뒤엉켜 시도 때도 없이 들쑥날쑥한 감정에 치인다면 우리는 감정의 노동자가 될 뿐이다.

감정의 관리자가 되어라. 그렇다면 당신은 어쩌면 잠시 잊고 있을지도 모르는 자신의 감정과 내 의식의 주인이 바로 자신임을 생생하게 느끼게 될 것이다. 우리는 원하지 않는 과거의 것에서 벗어나 자신의 삶을 당당히 컨트롤해야 한다.

우리는 더 이상

무력한 어린아이가 아니기에

과거의 연약했던 나에게 작별을 고하고

당당히 앞으로 나아갈

스스로의 권리를 가져야 해요.

To. Myself...

chapter 05

내면아이와 함께 나아가기

—
진정한 희망은 바로 나를 신뢰하는 것이다.
행운은 거울 속의 나를 바라볼 수 있을 만큼 용기가 있는 사람을 따른다.
자신감을 잃어버리지 마라.
자신을 존중할 줄 아는 사람만이 다른 사람을 존중할 수 있다.
— 쇼펜하우어(독일의 철학자)

내 안의 어린 자아와 대면하기

영화 〈마담 프루스트의 비밀정원〉에서 최면술사 마담 프루스트는 주인공 폴에게 말한다.

"나쁜 추억은 행복의 홍수 아래에 가라앉게 해. 내가 바라는 건 그게 다야. 수도꼭지를 트는 건 네 몫이란다."

폴은 어릴 적 부모를 잃은 충격과 과거의 괴로운 기억들로 인해 실어증에 걸린 서른세살의 청년이다. 그리고 그 기억에서 벗어나지 못한 채 두 이모들의 과잉보호 속에서 살아간다. 그런 그에게 마담 프루스트는 과거의 상처로부터 자신의 삶을 컨트롤하는 법을 깨우치게 해준다.

기억은 결코 사라지지 않는다. 그것이 이로운 것이든 해로운 것이든. 그래서 '망각은 축복이다.'라는 말이 있는 것일지도 모른다. 단지 그 기억이 내게 약이 될지 독이 될지, 어디에 고이 남겨놓을지 여기저기로 부유하게 할지의 결정권은 내게 있을 뿐이다. 폴뿐만 아니라 인간은 누구나 자신의 내면에 숨겨놓은 또 다른 자아가 있다. 그리고 긍정이든 부정이든 매 순간 그 자아와 함께 살고 있다.

우리 엄마는 없는 살림의 종갓집 맏며느리였다. 스물한 살의 어린 나이에 시집을 와 1년에 10개 이상의 제사를 오롯이 감당해야 했다. 제사나 명절마다 친척들이 구름떼처럼 몰려와 매번 우글거리기 일쑤였다. 집이 비좁아서 언니와 나는 제대로 발 딛고 서 있을 자리도 마땅치 않았다. 그러면 우리 자매는 엄마가 일하고 있는 주방으로 가서 쭈뼛거리며 엄마 주위를 맴돌았다.

"여기 정신없으니까 저기 밖에 할머니 계신 아랫방에 가서 둘이 조용하게 있어."

혼자서 그 많은 제사상을 다 준비하시느라 정신이 없을 법도 했다. 게다가 상 하나 겨우 놓일 정도의 방에서 삼촌과 숙모들은 이것저것 찾았다. 그런 상황에서 엄마는 어린 우리가 더 신경이 쓰였던 것이다. 언니와 나는 눈치를 보다가 집 밖으로 조용히 밀려나와 아궁이를 떼는 아랫목의 할머니 방으로 갔다.

가끔 어른들이 우리를 찾는 소리가 들리면 잠시 주춤하며 엉덩이를 들썩였다. 친척들이 우글거리는 좁은 방으로 건너가려니 엄마가 마음 쓰일 것 같았기 때문이다. 그렇다고 가만히 들어앉아 있자니 어른들의 눈치가 보였다. 이따금 밖으로 나가 어른들께 잠시 얼굴 정도만 비추고는 다시 방으로 들어왔다. 그리고 제사가 끝나는 소리가 들리면 언니와 마당으로 나가 가시는 길을 함께 배웅해드렸다.

그렇게 한차례 집안 행사가 끝나면 아버지는 우리를 찾으셨다. 친척들과 함께 시간을 보내지 않고 보이지 않는 곳에 있었던 우리에게 언성을 높이실 때도 있었다. 그러면 엄마가 시키는 대로 한 것이라고 말하며 상황을 넘겼다. 사실 대부분 이런 식으로 명절을 보내다 보니 언젠가부터는 시키지 않아도 자연스럽게 그렇게 했다. 사람이 많은 자리, 특히 어른들이 계신 자리가 생기면 슬그머니 눈에 보이지 않는 곳으로 피신했던 것이다.

이러한 유년기 시절의 경험이 사실 지금의 내게도 영향을 주었다. 나는 다수의 사람들과 있을 때면 급격히 말수가 줄어드는 성향이 있다. 시선을 둘 곳이 불분명해지고 표정 짓는 것 하나에도 신경이 예민해지기도 한다.

반면에 소수의 사람들과 있을 때는 다르다. 오히려 먼저 말을 잘 건네고 한결 마음도 편안하다.

　그게 뭐 그리 문제냐고 말할 수도 있다. 사실 나도 어릴 때는 이런 내 모습을 대수롭지 않게 여겼다. 그저 조금 내향적인 성격이라고만 생각했다. 하지만 사회생활을 시작하면서는 개선하고 싶은 점이 되었다. 회의 시간이나 세미나와 같은 업무적인 자리에서는 큰 어려움이 없었다. 내 의견을 이야기하는 데 오히려 적극적인 편에 속했다.

　그런데 문제는 각종 동아리 활동이나 회식 자리와 같은 사교적인 모임이었다. 특히 5명 이상이 모인 다수의 자리에 있으면 나는 조금씩 경직되기 시작한다. 마음이 편하지 않고 이것저것 눈치가 보여 불편해진다. 한 번은 일부러 없는 약속을 만들어 그 자리를 회피한 적도 몇 번 있었다. 다수의 사람과 대화를 나누는 자리 자체가 부담스러웠다. 심지어 시선 처리나 장단을 맞추는 타이밍까지. 스스로 부자연스럽다고 느껴지니 말수도 적어진다. 심지어 의식적으로 짓는 표정으로 인해 얼굴에 미약한 경련이 일기도 했다. 얼른 이 자리를 벗어나 편안한 공간에서 쉬고 싶다는 생각이 든다.

　그렇게 회식 자리를 자주 빠지다 보니 나는 자연스럽게 그런 모임을 좋아하지 않는 사람이 되었다. 가끔씩 참석 의사를 밝히면 '당연히 안 갈 줄 알았는데, 웬일이냐.'라는 식의 반응이었다. 그러다 보니 동료들과 업무적 친분은 있지만 두루두루 사적인 친분을 쌓기는 힘들었다. 몇몇 동료는 내게 "일정 반경 이상 가까이 오지 못하게 하는 마음의 장벽 같은 게 있는 것 같다."라는 말을 하기도 했다. 언뜻 들어도 기분 좋은 말은 아니었다. 그러니 문제가 아닐 수 없지 않은가. 사회생활에서 업무 능력만큼이나 인간관계도 중요한 것은 두말하면 잔소리니까. 아니 오히려 더욱 중요하다 느낄 때가 더 많다. 그래서 나는 이러한 내 모습을 늘 개선해야 할 숙제로 생각하고 있었다.

그러던 어느 날 언니 역시 나와 같은 고민이 있다는 것을 알게 되었다. 사람들이 많은 자리에서는 '폐를 끼치면 안 된다.'는 생각이 들어 무엇이든 조심하게 된다는 것이었다. 그러다 보니 말과 행동이 줄어들고 가능한 얌전히 있는 것이 좋다고 생각한다는 것이다. 대화를 하면서 우리의 어릴 적 이야기가 나왔다. 그러면서 언니와 나의 성향의 근본적인 원인이 '어릴 적 경험'에 있다고 함께 공감했다.

즉 내면아이를 이야기하는 것이다. 뇌 속에 저장된 어릴 적 기억은 개인의 정서를 형성하는 중요한 경험적 자원이 된다. 한번은 내가 본래 타고난 성향이 아닐까라는 생각도 해보았다. 하지만 그렇게 생각하면 내가 개선하려는 점에 대해 의지를 가질 수 없으므로 내 안의 내면아이와 마주하여 치유하기 위해 노력하기 시작했다.

대학교 때는 학과 대표 지원과 각종 동아리 및 스터디 활동을 통해 다수의 사람과 소통할 수 있는 자리를 자주 마련했다. 그리고 지금도 취미

모임이나 관심사 활동을 계기로 자연스럽게 개선해가려고 노력 중이다. 혹자는 그래서 얼마나 좋아졌냐고 물어볼 수도 있을 것이다. 아직까지 눈부신 변화라고 할 것은 없지만 조금씩 날마다 더 좋아지고 있는 것은 분명하다. "세 살 버릇 여든까지 간다."는 말처럼 하루아침에 쉽게 변할 수는 없지 않은가.

그렇지만 우선 내 안에 이런 모습이 있다는 것을 인정하고 존중하려는 마음을 가졌다는 것이 중요하다. 그리고 내면에 잠재된 또 다른 내 모습을 억누르거나 밀어내려 하지 않는 것. 그 누구보다 오랫동안 나와 함께하는 어린 자아를 보듬고 더 성숙하게 만드는 것이 중요하다.

나와 대화하는 시간 갖기

우리는 하루에도 수많은 사람과 눈을 맞추며 이야기를 한다. 가족, 직장 동료, 친구, 심지어는 지하철 옆자리에 앉은 귀여운 꼬마와도 대화한다. 그런데 자기 자신과는 얼마만큼 대화하며 살고 있는가?

내 방에는 나와 키가 비슷한 커다란 곰인형이 하나 있다. 곰인형은 내가 잠들기 전 언제나 말 친구가 되어준다. 물론 마음속으로 이야기를 나눈다. '다 큰 성인이 곰인형? 혹시 애정결핍이나 애착증이 있는 건 아니야?'라고 생각할지도 모르겠다. 하지만 그런 것이 아니라 내가 나에게 하고 싶은 말을 하는 것이다. 곰인형의 까만 눈동자 속에 비친 나에게 내가 하는 말이다. 오늘 하루 힘들었던 일, 고민했던 일, 용기가 필요한 일이 있으면 나는 그렇게 곰인형을 매개로 스스로 대화를 나눈다. 그리고 가만히 가슴에 손을 얹고 몇 번을 토닥인다. '괜찮아, 괜찮아.', '잘했어, 잘하고 있어.', '할 수 있어. 뭘 그리 걱정하는 건데?'

그러면 내 안에서 긴장하고 있던 나, 움츠려 있던 나, 어떤 때에는 흥분하고 있던 나, 조금은 들떠 있던 나와 진심으로 교감하고 있음을 느낀다. 거짓말처럼 괜찮아지고 안정이 된다. 혹시 당신이 이 글을 읽고 있다면, 어떠한 위로의 말이 필요했다면, 지금 바로 이렇게 해보는 것은 어떨까. 가슴에 손을 살포시 얹고 눈을 감아라. 그리고 내 안에 나를 느끼며 이렇게 말해보자. '뭐가 그렇게 힘드니?', '얼마큼 힘이 들었던 거야?', '그래도 괜찮아, 넌 충분히 잘하고 있어.', '날마다 더 좋아질 거야.'

그 무엇보다 가장 좋은 치유 방법은 내 안에 있음을 잊지 말자. 애써 다른 것으로 눈을 돌려 스스로 외면하려 하지 말자. 내 안의 나에게 언제든 말을 걸어 대면해보자. 그 빈도가 더 자주일수록 좋겠다. 그리고 내 안의 '내면아이'뿐만이 아니라 '내면어른'에게도 함께 관심을 갖자. 우리는 어른이라는 이름으로 얼마나 더 많은 상처를 안고 살아가고 있는가. 또 앞으로도 그러할 것인가. 그럼에도 어른이기에 그 누구에게도 기대거나 위로받지 못할 것이다. 그러니 우리 스스로가 그런 자신, 내 안의 어른아이에게 언제까지 함께 손잡고 나아가자고, 잘 지내보자고 격려할 수 있는 영원한 말동무가 되어주자.

잊지 말아요,

내 안에 나는
언제나 당신과 함께하고 있다는 것.

To. Myself...
_____
_____
_____

chapter 06

나다운 것이 무엇인지 생각해보기

—
나는 항상 궁금했다.
왜 새는 세상 어디든지 날아갈 수 있으면서 항상 같은 곳에 머물러 있는 것인지.
그러고 나면 항상 나 자신에게도 똑같은 질문을 하게 되었다.
– 하룬 야야(터키의 작가)

나의 가능성에 걸어라

'나답게 살기'를 주제로 한 콘텐츠들이 쏟아지고 있다. 혼잡한 세상살이에 이리저리 치이다 보면 자신을 잊고 살아갈 때가 많다. 그래서 우리는 더욱 '나다움'이라는 적정선을 정해 좀 더 명료한 존재감을 갖기 원한다. 그리고 그것을, 자신을 판단하고 세상을 파악하는 기준으로 삼는다. 혹 그 선에서 벗어나는 것은 자신을 잃어버리는 것이라 생각하면서 스스로 끊임없이 컨트롤하고 다독인다.

한번은 드라마를 보다가 주인공이 "도대체 나다운 게 뭔데!"라고 외치는 장면을 본 적이 있다. 순간, '그러게, 우리가 그토록 이야기하는 나다움이란 뭐지? 굳이 나다움을 찾아야만 하는 걸까?'라는 의구심이 들었다.

왜 우리는 자신이 정한 이미지대로 맞추며 살아가려 하는 것일까? 우리가 지키고 싶어 하는 나다움이란 나를 위한 나다움일까, 타인의 시선을 위한 나다움일까?

지인들이 말하는 나의 이미지는 주로 '차분한, 바람직한, 여성스러운'이라는 단어로 표현된다. 그런데 고백하자면 나는 상황이나 상대에 따라 이미지가 다르다. 그래서 누군가 내게 "본인은 어떤 성격이에요?"라고 물었을 때, 한마디로 정의하기가 곤란할 때도 있다. 가령 상대가 가족, 친구, 연인, 회사 동료 중 누구인지에 따라 조금씩 다르게 행동하게 되기 때문이다. 사람은 상대성을 지닌 동물이다. 회사에서의 이미지가 착실하고 꼼꼼한 스타일이라면, 애인과 있을 때는 애교 많고 발랄한 모습이 된다. 친구들을 만나더라도 얼마나 친한지, 또 어떤 성격의 친구인지에 따라 조금씩 달라지기 마련이다.

한번은 회사에서의 바르고 진중한 내 이미지를 변화시켜보고 싶었던 적이 있다. 나는 평소 마음이 맞는 직원들 몇 명을 제외하곤 업무 외적인 이야기를 그리 많이 나누지는 않는 편이다. 그런데 한 회사 동료를 보고 이러한 점이 보완되어야 한다고 느꼈다. 그는 처음 보는 사람들과도 천연덕스럽게 농담도 잘하고 사적인 대화로도 자연스럽게 분위기를 끌어나갔다. 업무 능력만큼이나 소통 능력도 중요한 덕목이 아닐 수 없으니 그런 성격을 가진 동료를 보며 내심 부럽기도 했다. 마음속으로 본보기로 삼고 틈틈이 봐두었다가 기회가 되면 시도해보겠다고 마음을 먹었다.

얼마 뒤 거래처 미팅이 있는 날 실전에 적용해보기로 했다. 평소보다 좀 더 고조된 기분과 밝은 미소를 우선 장착했다. 그리고 최대한 붙임성 있게 행동하려 노력했다. 원래 같으면 업무적인 이야기가 주를 이루지만 이날은 다른 화제도 꺼내어 대화를 이어나갔다. 미팅이라는 것이 업무적인 만남이긴 하지만, 그 이전에 사람의 마음을 얻는 것이 큰 영향을 차지한다는 것을 잘 알고 있었기 때문이다. 그렇기에 능글능글한 말주변과 붙임성은 늘 내가 배우고 싶은 점이었다. 미팅이 끝나고 돌아가는 길, 함께 온 동료 오빠가 내게 말했다.

"오늘 왜 그래? 너답지 않게 오버를 하고. 무슨 일 있어?"

"아, 그랬어요? 왜요? 이상했어요?"

"응, 평소에 얘기를 잘 안 하잖아. 오늘 엄청 많이 하던데…. 뭔가 이상해."

우리는 평소 인식하고 있던 이미지에서 벗어난 모습을 보면 이상하다고 느낀다. 너답지 않다거나 하던 대로 행동하라는 말을 하기도 한다. 원래부터 어떠한 사람이어야 한다고 낙인찍어놓은 것도 아닌데 말이다. 그러나 인간은 본래 복잡한 동물이기에 명확히 정의 내릴 수 없다. 조금 전까지만 해도 밝게 웃다가 금세 안면을 바꾸고 불같이 화를 낼 수도 있는 게 우리의 모습이기도 한 것이다. 결국 이미지나 나다움이라는 것도 타인이나 스스로가 만들어놓은 틀에 불과하다.

나는 그 미팅 이후로 약간의 자신감과 깨달음을 얻었다. 사실 나는 스스로 너스레 소리는 하지 못하는 성격이라고 생각해왔다. 그래서 그런 상황에 직면하기도 전에 "저는 그런 스타일이 아니라서요."라고 사람들에게 먼저 나를 규정짓기도 했다. 하지만 그러한 행동은 자신의 한계를 미리 선 긋는 것과 같았다. 동시에 타인에게도 나에 대한 편견을 심어준다. 말하지 않았다면 몰랐을 일인데 오히려 긁어 부스럼을 만드는 격인 것이다. 하지만 내게 없다고 생각했던 모습도 처음에는 어색했지만 여러 번 하다 보니 익숙해졌다. 생각보다 나는 훨씬 더 다양한 모습을 품고 있는 사람이었다.

스스로 규정짓지 말아요

며칠 전 대구에서 서울행 고속버스를 탔다. 그리고 도착하는 3시간 반 동안 옆자리에 함께 앉은 처음 보는 아주머니와 이야기를 나누게 되었다. 아주머니는 서울에 사는 딸의 집에 손주 녀석들을 돌봐주러 가신다고 하셨다. 이런저런 이야기를 나누다 보니 문득 엄마가 떠올랐다. 엄마와 비슷한 연령대의 아주머니는 슬며시 자식들에 대한 생각도 풀어놓으셨다. '어쩌면 엄마도 이런 생각들을 하고 계시겠구나.'라는 생각에 왠지 더 친근하게 느껴졌다. 휴게소에 들러 함께 호떡도 나누어 먹었다. 비록 짧은 인연이지만 나보다 훨씬 더 나이가 많은 어르신과 자연스럽게 소통을 나누었다는 게 스스로 신기했다. 예전 같았으면 상상하지 못할 일이기 때문이다. 나에게 일어난 작은 변화가 신기하고 흥미로워서 웃음이 났다.

이렇게 자신을 모습을 규정짓지 않고 행동한다면 얼마든지 스스로 다양한 면모를 알게 될 수도 있다. 우리는 타인에게 자신이 원하는 이미지로 보이기를 바란다. 그래서 그에 맞춰 말하고 행동하려 한다. 하지만 그렇게 노력해도 내가 생각하는 것과 타인이 생각하는 내 모습은 다를 경우가 더 많다. 사람은 결국 다 자기식대로 보기 때문이다. 아무리 내가 호의적으로 한 행동이라도 사람에 따라 자기 좋을 대로 해석하면 전혀 다른 의미로 받아들일 수도 있다. 그래서 상대방이 어떤 사람인지 죽었다 깨어나도 알 수 없는 것이 사람이다. 즉 자기 자신도 어떤 사람인지 제대로 알 수 없다는 말이다. 그러니 자신을 위해서든 타인을 위해서든 본인이 정한 이미지에 맞춰 살려고 굳이 애쓸 필요가 없다.

그럼에도 요즘 들어 '나다움 학교'와 같은 인문학 프로그램이 곳곳에서 생겨나고 있다. 시간과 돈을 투자해서라도 나다움을 찾고자 하는 열기가 대단하다. 1차 진단으로 에니어그램 성격 유형 검사를 통해 자신을 분석한다. 그리고 사람들과의 소통 모습 관찰과 실전 프로젝트를 통해 최종적으로 어떤 유형의 사람인지를 알려주는 식이다.

단 몇 주 만에 그것도 타인의 힘을 빌려서까지 자신의 존재감을 찾는 것이 과연 좋은 방법인지 생각해보게 된다. 그렇게 해서 얻은 나다움의 타이틀로 살아가는 것이 과연 행복할까? 삶이란 나다움을 찾아가는 '과정'이라 했다. 그러니 과정을 제대로 즐기며 살아가기 위해서는 매 순간 다양한 시도가 필요하지 않을까? 미리 선행 학습을 마치고 수업 시간에 들어온 학생처럼 다 알고 난 다음 뻔하고 따분한 일생을 사는 것이 과연 즐거울까? 더구나 그 선행 학습이 인생을 더욱 명료하게 만들어줄 것이란 보장도 없지 않은가.

그래서 나는 나 자신에게 좀 더 무한한 가능성을 열어두기로 했다. 가능성이란 새로운 기회를 만들어주고 그런 기회들은 나를 더 다채로운 사람으로 변화시킬 것이기 때문이다. 우리가 이 상처 많고 혼미한 사회에서 나로 살아남기 위한 고군분투는 매일매일 계속될 것이다. 그렇기에 나다움이 곧 개성이라는 경쟁력으로 치부되고 있다. 하지만 그러면서도 사회는 상황에 따라 다재다능함을 요구한다. 참으로 아이러니한 일이다.

그러므로 어느 장단이든 맞출 필요가 없다. 결국 어떤 선택을 하든, 어떤 모습이 되든 나는 그 자체로 '나'인 것이다. 잘하든 못하든, 기존의 내 모습이든 새롭게 변화된 내 모습이든 괜찮다. 일정한 틀로 규정짓지 않아도 된다. 평소 내가 가던 A라는 길을 벗어나 C라는 길, D라는 길들을 마음껏 가보아도 좋다. 매 순간 내 감정과 내 선택에 충실할 수 있다면 내가 아닌 나의 삶은 없다. 그러니 염려하지 말고 조금 더 자유롭게 내가 쓴 가면으로부터 탈피해보자.

우리에게 가장 절실한 것은
누군가에게 나를 증명해 보일 명함이 아니라
그대로의 나 자신이 되는 것이에요.

To. Myself...

chapter 07

아무것도 하지 않는 날도 허락하기

–

가끔은 살려고 노력하느라 진짜 살 시간이 없는 것 같아.

– 〈달라스 바이어스 클럽〉 중에서

진짜 휴식을 가져보기

나는 여유로운 여행을 해본 기억이 거의 없다. 쉼이 필요해 떠났던 여행지에서도 부단히 일정을 소화하기에 바빴다. 즉흥적으로 여행을 떠났던 기억보다는 계획하에 떠난 여행이 대부분이었다. 늦어도 몇 주 전부터는 스케줄을 짜야 했다. 모처럼 가는 휴가를 알차게 보내고 싶은 마음 때문이었다. 하나라도 더 보고 더 맛보기 위해 정신없이 여기저기를 돌아다녔다. 하루 일정을 소화하고 숙소에서 쉬면서도 시간이 마냥 흘러가는 게 아깝게 느껴졌다. 다운받아 온 영화를 보거나 평소 취미인 미니어처 하우스를 제작하는 등 뭐라도 해야 했다. 그러다 보니 늘 고심해서 예약해놓은 예쁜 숙소에서는 잠만 자고 나오기 일쑤였다. 그것이 못내 아쉬워 다음 여행에는 예쁜 숙소에서 한가롭게 시간을 보내는 여행을 다짐했다. 하지만 결과는 같았다. 어쩌면 나는 무언가 하지 않은 시간에 대한 강박증이 있는 것일지도 모르겠다. 만약 당신에게 아무것도 하지 않을 시간이 주어진다면 어떨 것 같은가? 아무것도 하지 않는다는 것은 특별히 어떤 일을 하기 위해 애쓰지 않아도 되는 시간이다. 시간의 역 흐름을 타고 저항을 이겨내야 하는 목적성 있는 활동이 아닌 순리대로의 흐름이다. 흘러가는 대로 내 생각과 몸을 맡기는 것이다. 그렇다면 나는 그 흐름 속에서 얼마나 편안함과 자유로움을 만끽할 수 있을까.

나는 퇴사를 하고 며칠간 집에서 뒹굴었다. 평소 같았으면 매일 아침 6시 40분 알람이 울리기도 전에 먼저 눈을 떴을 것이다. 혹 출근 시간을 지나쳐버릴까 새벽에는 몇 번이고 깼다 잠들기를 반복했는지 모른다. 엄마가 차려준 아침밥을 먹는 둥 마는 둥 대충 몇 숟갈 입에 욱여넣었다. 그리고 버스 오는 시간에 맞춰 빠른 걸음으로 뛰쳐나갔다. 앉을 자리도 없이 꽉 찬 만원 버스에 몸을 비스듬히 구겨넣었고 환승정류장에 내려 다음 버스를 기다렸다. 운이 좋으면 5분 만에 갈아타기에 성공했다. 하지만 정말 운이 좋지 않은 날에는 눈앞에서 버스를 보내야 했다. 마냥 기다릴 수만은 없어 세 정류장은 더 걸어가서야 다른 버스를 갈아타는 식이었다.

이렇게 몇 년을 생활하다 보니 맘 놓고 여유를 부릴 수 없었다. 더구나 평일 낮 시간에는 더더욱 그랬다. 이전 직장의 경우 출장 한 번 없이 하루 종일 사무실 의자에 엉덩이를 붙이고 있어야 했다. 차라리 출장이 많았던 직장 생활이 그리워질 정도였다. 장시간 사무 업무를 보는 사람들은 의자에 앉아 컴퓨터만 보며 머리를 굴려야 하는 일의 고충을 이해할 것이다. 가끔 이러한 고충을 잘 모르는 다른 직종의 사람들은 부러워하기도 하지만 나는 동의하지 않는다. 뱃속에서는 가스가 차서 부글거리고, 팔다리와 허리는 늘 저리고 쑤시다. 목은 뻐근하다 못해 거북목이 되어간다. 그래서 "퇴사하면 가장 먼저 무엇을 할 것이냐?"라는 질문에 내가 가장 먼저 떠올린 것은 '집에서 팔다리 뻗고 대자로 누워 빈둥거리기'였다.

남들 일하는 대낮에 맛있는 음식을 배 터지게 먹고 늘어지게 낮잠을 자보는 것도 포함된다. 하지만 이런 여유에 따분함을 느끼기까지는 그리 오랜 시간이 걸리지 않았다. 정확히 3일 만에 온몸이 근질거리기 시작했다. 평소 같았으면 회사에서 아침 체조할 시간, 점심 먹고 동료들과 산책하며 수다 떨 시간, 주간 업무 보고 시간이라 생각하니 시간이 흘러가는 것이 아깝게 느껴졌다. 사실 바로 이직을 염두에 두고 나온 것은 아니었다. 그래서 이참에 마음 편하게 쉴 수 있는 만큼 쉬어야겠다고 생각했다. 그런데 늘 바쁘게 움직이던 습관 때문인지 아무것도 하지 않는 날들이 어쩐지 더 힘들게 느껴졌다. 회사에 있을 때는 그렇게 바랐던 날인데도 막상 하고 보니 그렇지 않았다. 어른들의 '쉬면 더 병난다'는 말을 조금은 실감할 수 있었다.

이렇듯 어쩌면 현대인들에게 '잘 쉬지 못하는 병'이 있는지도 모른다. 일할 때에는 시간이 없어서 가지 못했던 여행도 이제 시간은 있으나 바닥

나는 잔고가 무서워 떠나기 망설여졌다. 일할 때보다 집에서 놀 때에 오히려 돈을 더 많이 쓰게 된다. 그렇다고 아무것도 하지 않으면 아무 일도 일어나지 않는다. 이 달콤한 자유를 제대로 즐겨야지 싶지만 어떤 때는 도태될지도 모른다는 생각에 불안한 마음도 든다. '내가 이렇게 있을 시간에 누구는 저만큼 더 앞서갈 텐데 나만 뒤떨어져서는 안 되지.' 하는 마음이 들고 뭐라도 해야 할 것 같다는 생각이 들 때마다 마음이 편하지 않다. 그래서 재직 중 발급받았던 근로자 국가지원금 카드로 듣고 싶었던 교육을 신청했다. 매일 회사로 출근하던 리듬을 잃지 않기 위해, 게으른 백수가 되지 않기 위해 정기적인 스케줄을 만들어야겠다는 특단의 조치인 셈이었다. 수업을 들으면 수료증까지 발급받을 수 있으니 차후 이력서에 쓸 스펙이 될 수 있었다. 이렇게 종이 한 장으로라도 증명할 수 있는 성과가 남는 활동은 자타 공인 안심이 되었다. 내가 시간을 허투루 보내고 있지 않았다는 증거가 되어줄 테니까.

"요즘 뭐 하고 지내요?"

퇴사 후 오랜만에 안부를 묻는 직장 동료의 메시지가 반갑지 않을 때가 있다. 모두 그런 것은 아니지만 대개 그 말에는 여러 의미가 담겨 있다. 정말 단순하게 안부를 물어보는 말일 수도 있고 이직 여부가 궁금한 것일 수도 있다. 때론 무언가 부탁하기 위한 목적도 있다. 회사를 나가서 얼마나 행복한지를 감지하는 것처럼 꼬치꼬치 캐묻는 동료도 많았다. 그러면 왠지 그럴싸한 이야기를 늘어놓아야 할 것 같은 기분도 들었다. 예를 들어 해외여행이라든지, 더 좋은 직장으로의 이직과 같은 것들 등 뭔가 특별한 근황을 말해야 할 것 같았다. 그렇지 않으면 왠지 초라한 백수의 행색이 궁색해 보일 것도 같기 때문이었다. 어떤 때에는 더 구체적인 질문을 할까 대충 두루뭉술하게 화제를 전환하기도 했다. 분명 나의 근황이 회사 사람들의 귀에 들어가게 될 것이 분명했기 때문이다. 내가 별일 없이 편하게 쉬고 있다는 것을 굳이 알게 하고 싶진 않았다.

나는 적어도 우리나라에서 '휴식'이나 '쉼'라는 말에는 선입견이 있다고 생각하기 때문이다. 사실 쉬는 동안에도 무언가를 끊임없이 해야만 성실하고 생각 있는 사람으로 비치는 시선이 있지 않은가. 사실 이런 생각을 지양하는 나 역시도 비슷한 생각을 가진 적이 있다. 휴식 기간을 자기계발의 시간으로 활용하며 더 열심히 살고 있는 지인의 소식을 들으면 왠지 더 멋져 보이기도 했다. 한마디로 휴식 시간은 자기계발의 시간이 되어야 할 것 같았다.

그런데 언제부터인가 '여유와 휴식이 있는 삶'이라는 슬로건이 화두가 되고 있다. 쉴 새 없이 일하는 우리의 심신에 좀 더 관심을 가질 필요가 있다는 메시지다. 가까울수록 오히려 잘 보지 못하게 되는 인간의 안일한 습성 때문이다. 뇌뿐만 아니라 마음에게도 잠시 동안 비움의 시간을 주는 것, 재충전할 수 있는 시간이 필요하다. 사실 우리는 자신에게 무언가를 끊임없이 바라기만 하지 않았던가. 적절한 타이밍마다 이제는 좀 쉬어도 된다고 말한 적이 얼마나 있던가? 남들보다 더 나은 사람이 되어야 한다는 명목으로 꽤 멋있는 인간으로 인정받기 위해, 도태될지도 모른다는 불안감 때문에. 타인과 비교하고 눈치 보며 스스로 얼마나 솔직했던가. 이제 자신이 쉬어야 할 타이밍은 스스로 결정할 수 있다면 좋겠다. 쉬고 싶을 때 눈치 보지 말고 심신을 돌볼 수 있는 여유를 가져보자. 그것이 일이든 사랑이든 어느 것이든 좋다.

쉼으로 채워지는 마음

만약 당신이 오랜 연애를 하고 있다면 이렇게 해보아도 좋을 것이다. 예를 들어 일주일에 두 번 이상은 꼭 만나서 데이트를 했다면 가끔은 건너뛰는 날도 가져보는 것이다. 이따금 갖는 공백기는 오히려 애틋함을 더 가중시킬지도 모른다. 내 경험담에서 우러나온 연애 팁이기도 하다. 이는 긴장감을 좀 더 가중시켜 줄 수 있다. 연애 기간이 길어지면 오히려 잦은 만남으로 다툼이 생기는 시기가 있다. 특히 장거리 연애일 때보다 가까운 거리에서 자주 만날 때 더 그랬던 경험이 있었다. 무엇이든지 그 안에 너무 몰입되어 있으면 제대로 보지 못하는 것이 생기니, 가끔은 한 발 뒤로 물러나 지긋이 바라볼 수 있는 마음의 여유가 필요하다.

"나는 우리 사랑이 장거리 마라톤이라고 생각해. 그러니까 우리가 지금

처럼 무지 사랑스럽다가도 언젠가 주춤하게 되는 때가 올지도 몰라. 하지만 그런 시간을 의심하지 마. 너랑 다시 손잡고 나아가기 위해 잠시 쉬어가는 거니까."

이 말 덕분에 우리는 만나면서 서로 자유로울 수 있는 시간과 선택을 기꺼이 허락해줄 수 있었다. 그렇게 마음 편하게 각자의 시간을 보내는 날 속에서 믿음과 사랑은 더 커졌다. 서로 연락 없는 날, 심지어 몇 달 동안 만나지 못하는 날에도 그러했다. 매일 일에 치여 정신없고 지치지 않는 사랑을 갈망하는 우리의 마음에도 아무것도 하지 않을 휴식을 줘야 한다. 우리의 삶의 곡선에는 굽이굽이마다 쉼터가 마련돼 있어야 한다.

마음이 쉰다고 인생이 쉬는 것은 아니다. 아무것도 하지 않는 시간은 정체되는 시간도 아니다. 그 시간 속에서도 얻는 것이 분명히 있다. 그러니 불안해하지 않아도 괜찮다. 우리는 어떤 식으로든 부단히 흘러가고 있는 중이기에 애써 그 물살을 더 빠르게 재촉하지 않아도 된다.

남들의 눈치를 보며 이끌려갈 필요도 없다. 내가 원할 땐 언제든 쉬어갈 수 있는 넉넉함과 배짱도 가져보자. 지금, 오늘, 단 하루 만이라도. 아무것도 하지 않는 시간으로 내 마음에 넉넉함을 허락해주자. 고요하게 나와의 시간을 가져보자. 온갖 저항에서 벗어나 오늘만은 자연스럽게 흘러가보자.

불안하다고 무작정 열심히 하지 말아요.

거기서 오는 안도감은 금세 증발해버릴 것이고
오히려 어디에도 쓸 수 없는
어설픈 실력과 허술한 마음만 남게 될 테니까요.

To. Myself...
_____
_____
_____

chapter 08

버킷리스트를 종이에 써보기

—

의지와 상상력이 싸우면 상상력이 이긴다.
의지와 상상력이 일치하면 그 힘이 더욱 커진다.
상상력은 원하는 만큼 키울 수 있다.
— 『자기 암시』 중에서

글을 쓰는 순간 의식은 변화됩니다

'꿈꾸지 않는 자 먹지도 말라.'

우리는 밥심으로 살아가는 쌀벌레들이다. 그런데 밥보다 더 달콤한 것
이 있다면 그것은 바로 '꿈'이다. 당신이 만약 매일 밤 잠자리에 들기 전
빨리 내일이 오길 기다린다면, 오늘 할 일에 설레서 아침 일찍부터 알람
이 울리기도 전 기분 좋게 눈이 떠진다면, 끼니를 걸러도 과민해지지 않
을 만큼 열정을 쏟을 일이 있다면, 그렇다면 당신은 꿈이 있는 사람일 것
이다. 목표가 있는 삶은 즐겁다. 하루 끝에 고단함보다 뿌듯함이 남는다.
꿈을 먹고 사는 꿈 벌레는 결코 지치지 않는다.

사람들은 현실과 이상을 이분법적으로 생각한다. 현실에서는 이룰 수 없는 꿈같은 이야기를 이상이라고 여긴다. 어느 날 갑자기 달랑 배낭 하나 메고 떠나는 세계 일주 여행, 결혼한 지 30년이 넘어도 연애할 때처럼 알콩달콩한 결혼 생활, 좋아하는 일을 하면서 돈도 많이 벌 수 있는 자유롭고 풍요로운 삶 등, 이 모든 일은 현실과는 거리가 먼 꿈같은 이야기로 치부된다. 사실은 그러한 장면을 익히 꿈꾸면서도 한숨 한 번 내쉬고 바로 현실로 눈을 돌린다.

그러나 '진정한 사랑을 찾기 위해서는 감정을 믿어야 한다.'는 영화 〈블랙 발렌타인〉의 대사처럼 내가 원하는 행복한 삶을 살기 위해서는 꿈을 믿어야 한다. 그저 눈에 보이니까 믿고 따르는 현실이 아닌 내가 마음의 눈으로 그려나가는 꿈을 믿고 나가야 한다.

일찍이 꿈을 이룬 사람들은 자신이 원하는 것이 무엇인지 명확히 알아야 한다고 말한다. 그것을 위해 말이나 글로 지속적으로 표현할 수 있어야 한다. "넌 꿈이 뭐야?"라고 툭 던졌을 때 나는 망설임 없이 바로 대답할 수 있는가? 정해진 답이 있는 것도 아닌데 대부분 주춤하게 된다. 어렴풋이 잘 살고 싶다는 생각만 해왔지, 구체적으로 자신의 삶에 대해 정리해본 적이 없는 것이다. 원하는 것을 얻기 위해서는 정돈된 계획이 필요하다.

그것을 잘 도와줄 수 있는 것이 글이다. 말은 생각을 스치지만 글은 마음에 오래 머무른다. 무언가 쓰는 것을 좋아하는 사람들이 있다. 내가 그랬다. 학창 시절 나는 필기왕으로 불렸다. 특히 시험 기간이 되면 내 교과서가 반 친구들에게 참고서로 쓰일 정도였다. 수업 중 선생님의 시시콜콜한 농담까지 책 한쪽 귀퉁이에 적을 만큼 필기가 습관화되어 있었다. 친구가 내게 물었다.

"그렇게 열심히 적어놓으면 나중에 다시 들여다보긴 해?"

그럴 때도 있고 아닐 때도 있었다. 필기의 목적은 나중에 다시 펼쳐 보기 위해 적는 것이었다. 하지만 생각해보니 필기를 하는 행위 자체가 머릿속에 각인시켜주는 효과가 있었다. 글을 쓰는 것은 이해와 정리가 필요한 작업이기 때문이다. 덕분에 공부하지 못했던 부분에서 나온 시험 문제의 정답을 맞힌 적이 꽤 많았다. 수업 시간에 필기하던 기억을 더듬어 답을 찾아낼 수 있었기 때문이다.

글을 쓰는 일에는 머릿속에 각인시키는 것보다 더 중요한 것이 있다. 바로 우리의 의식을 변화시키는 것이다. 가령 다 기억하지는 못할지라도 가끔 무의식적으로 나오는 말이나 행동이 있다. 각인 효과로 인한 것들이다. 평소 머릿속에 각인되어 있던 말이나 글, 장면들이 알게 모르게 표현되는 것이다. 그렇게 각인되었던 의식이 쌓여 나 자신을 변화시키고 점점 삶의 형색을 갖추어가는 것이다.

나는 고등학교 입시 시절 '○○대학교 ○○학과 류지희'라고 모든 교재와 학용품에 나의 소망과 함께 적어넣었다. 고백하자면 이것이 내게는 일종의 의식과 같은 것이었다. 이루고 싶은 목표를 이미 이루어진 것처럼 눈에 보이게끔 글로 새기는 것이다. 이렇게 하면 '반드시 이루어질 것이다.'라는 확신이 스스로 각인되었다. 볼 때마다 동기부여가 되었고 자기 암시가 되었다. 그리고 정말 현실로 이루어지는 경우가 많았다.

각인된 의식은 자연스럽게 일상에 녹아든다. 아침에 눈을 뜨면 나는 이미 내가 바라던 모습이 되어 있는 것 같았다. 그러다 보니 마치 그런 사람이 된 것 같은 기분과 마음가짐으로 서서히 변화되었다. 마음가짐이 바뀌니 세상을 바라보는 시점이 변하고 말과 행동이 변한다. 그러니 당연히 그에 맞는 성과를 얻게 된다. 이미 이루어졌다고 결과를 확신하고 행동하니 모든 일에 자신감이 붙고 힘이 실렸다. 단순하고 명료해졌다. 두려워하거나 비교하며 망설일 궁리를 하지 않고 오로지 되는 길만 생각하는 긍정적 마음을 갖게 되었다. 그 길이 되는 길로 보였다.

마치 퍼즐을 맞출 때 약간의 꾀를 써서 풀어내는 것 같았다. 퍼즐 조각이 다 맞추어진 그림부터 생각하고 한 조각씩 끼워 맞추면 결과를 모르고 맞춰야 하는 막막함에서 벗어나 훨씬 쉽고 단순하게 풀 수 있다.

끌어당김의 법칙은 이루어진다!

종이 위에 글을 쓰는 행위도 퍼즐게임과 같은 이치이다. 또 우리가 공부를 모두 마치고 수료장을 받는 것이 아니라 스스로 먼저 수료장을 수여하고 공부를 시작하는 행위가 되는 셈이다.

가령 나의 버킷리스트가 유럽 여행이라 해보자. '나는 2020년 3월에 동유럽 2개국을 일주일 동안 여행했다.'라고 다이어리에 적었다. '-하기, -하자'와 같은 각오나 다짐이 아닌 '-했다, -한다'라고 이미 이루어졌음을 확신한 완료형으로 적어야 한다. 시간여행자가 되어 일기를 써 내려가듯이 써야 우리의 뇌가 이미 이루어졌음을 시각화하며 각인한다. 그리고 최면과도 같은 자기 암시를 시작할 것이다. 우리의 감정은 성취했을 때를 떠올리며 기쁨과 벅찬 감동을 느끼게 된다. 그리고 그 자신감과 긍정의 기운으로 차근차근 행하여 이룰 수 있게 된다.

감정은 에너지를 갖는다. 그것이 긍정이든 부정이든 우리의 사고에 파장을 일으킨다. 그 파장은 유사한 에너지를 끌어당겨 말과 행동으로 표현된다. 즐거운 상상을 하면 기분이 좋아지고 긍정적인 말과 행동을 하게 되는 것이 그런 이유이다. 즉 우리가 이미 성취했다고 목표를 인식한 순간부터 그에 맞는 길을 향해 나아가게 된다는 것이다. 이는 목적지를 검색한 내비게이션 같다. 그리고 이때 가장 중요한 것은 '내가 할 수 있을까?'가 아닌 '이미 이루어졌다!'라는 확고한 믿음이다. 종이 위에 적는 순간 정말 자신이 그 모습이 되었다고 생생하게 믿고 느껴야 한다.

새로운 시대를 열어 세상을 변화시킨 천재들이 있다. 레오나르도 다빈치, 아이작 뉴턴, 아인슈타인. 한동대학교 이재영 교수는 과학을 연구하다가 이들의 공통점을 발견하였다. 그것은 '노트 쓰기'였다. 천재들은 하나같이 노트 쓰기 광이었다. 물론 필기를 많이 해서 그들이 천재가 되었다는 비약적인 논리를 말하고 싶은 것이 아니다. 분명한 건 글쓰기가 자신의 잠재력을 깨워주며 실행 의지를 더욱 가동하는 에너지를 갖는다는 것이다. 노트에 있던 그들의 생각들은 모두 현실이 되었다. 당시 미치광이의 헛소리에 불과했던 비행기와 자동차, 전구와 같은 아이디어는 오늘날 없어선 안 될 혁신적인 발명품으로 인정받고 있다.

물론 노트에 썼다고 해서 바로 다 이루어진 것은 아니었다. 당시의 과학기술의 한계나 사상의 충돌도 있었다. 다빈치의 움직이는 로봇이나 대포로 적을 공격하는 탱크는 몇 년의 시간이 흐르고 나서야 재현된 것들 중 하나이다. 하지만 만약 이러한 생각들이 글이라는 기록으로 남지 않았다면 그들의 아이디어가 지금까지 전해질 수 있었을까. 어쩌면 그것조차 힘들었을지도 모른다. 말은 흩어지지만 글을 남는다. 그리고 글을 보며 마음으로 머리로 시각화할 수 있다. 즉 '보이는 논리로 증명'할 수 있는 것이다.

시각화된 생각 에너지들은 힘을 가진다. 머릿속에서 맴돌던 생각 에너지가 외부로 널리 퍼져나가 유사한 가능성들을 끌어당긴다. 실제로 나는 교과서에 원하는 학교를 적어 그대로 이루어냈다. 그러므로 글쓰기는 현실로 끌어당기는 힘이 있다. 내가 행동을 취할 수 있는 의지를 일으킨다.

이루고 싶은 소망이 있다면 종이 위에 적어보라. 그리고 이미 소망을 이룬 자신을 생생하게 만나보라. 종이 위에 적는 순간부터 당신은 이미 이루어진 그 지점에서 시작하게 될 것이다. 먼저 주변을 바라보는 시야가 달라질 것이다. 당신의 눈은 성취감으로 빛나고 걸음걸이에는 자신감이 묻어날 것이다. 그리고 서서히 당신의 삶도 변화할 것이다. 이러한 자발적 동기부여는 간절하게 바라고 행할수록 더 빠르게 이루어질 것이다. 이전에 내가 그러했고 지금의 나 역시 생생하게 경험하고 있는 일이다. 워런 버핏, 오프라 윈프리와 같은 많은 성공자들이 이와 같은 법칙을 활용하며 꿈을 이뤄나가고 있다.

매일 아침 다이어리의 버킷리스트 목록을 펼쳐보며 하루를 시작하라. 그리고 잠들기 전에는 꿈의 목록을 적으며 완료형의 내 모습에 취해 자라. 글쓰기 형식, 글자 크기나 모양, 맞춤법 등 세부적인 것들은 신경 쓰지 말고 그냥 쓰면 된다. 오로지 이루어졌다는 확신과 생생한 상상이 준비물이다. 그리고 눈길이 닿을 때마다 자주 읽고 느껴라. 습관처럼 적고 말하라. 그 에너지가 당신을 가까이 끌어당겨 당신은 어느새 꿈과 하나된 모습을 마주하게 될 것이다.

자,
지금 종이와 펜을 드세요!

그리고 당신이 상상하는
그 꿈의 목록들을 적어보세요.

이미 그 꿈은 이루어져 있고
당신은 즐거운 상상만으로
앞으로 나아가기만 하면 돼요.

3장

남처럼이 아닌 나처럼 사는 방법

chapter 01

독한 시련은 지독한 기회로 바꾸자

—

만약 당신이 어떤 두려움이나 부끄러움 또는 상처를 겪지 않았다면,
그것은 당신이 그 어떤 기회도 잡지 않았다는 것을 의미한다.

— 줄리아 소렐(미국의 예술가)

두려움 때문에 안주하는 마음들

"이순신은 이기고 죽었으며, 죽고 나서도 이겼다. 조선역(임진왜란) 7년 동안 책사, 변사, 문사가 많았지만 전쟁에서는 이순신 한 사람만 자랑할 수밖에 없다. 일본 수군 장수들은 이순신이 살아 있는 동안에 그들의 뜻을 펼 수 없었다. 그는 진실로 조선역(임진왜란)에서 조선의 영웅일 뿐만 아니라 3국(조선, 일본, 중국)을 통틀어 영웅이었다."

『근세일본국민사(近世日本國民史)』라는 책에 나오는 글이다. 이순신의 적이었던 일본 사람들까지도 그를 영웅으로 존경하고 있다. 2차 세계대전의 영웅이며, 미국 역사상 유일한 해군 원수인 체스트 니미츠 제독도 이

순신을 수천 년에 하나 보기도 힘든 세계 제일의 해군 영웅이라고 평가했다. 이순신의 업적은 하루아침에 이루어진 것이 아니었다. 그는 수많은 시련에도 불굴의 의지와 끊임없는 노력으로 영웅이 되었다.

그가 시련을 시련으로만 받아들이고 극복하려 하지 않았다면 지금의 역사는 없었을 것이다. 그러나 사람들은 누구나 역경보다는 순경을 원한다. 하지만 역사적 인물이나 유명한 사람들의 이야기를 보면 시련을 극복한 뒤에 성공한 사례가 많다. 그들은 시련을 고난이라고 생각하지 않고 또 다른 길로 가는 기회라고 생각했기 때문이다.

주변을 돌아보면 예상치 못한 시련과 마주했을 때 다시 일어서지 못하고 주저앉는 경우를 종종 보게 된다. 다시 일어난다고 해도 또다시 실패할 것에 대한 두려움으로 인해 현실에 안주해버리고 만다.

대학교 때 나와 함께 창업 동아리에서 활동했던 지인의 이야기이다. 그들은 세 명이 생각해둔 아이템으로 공모전을 준비했다. 그리고 예상보다 더 좋은 성과를 거두면서 수상한 아이템으로 창업을 시작하게 되었다. 대학교를 졸업하기 전인 2학년 때의 일이다. 그렇게 4년 동안 사업이 잘 되는 것 같았다. 각종 매체에서 소개하고 드라마 협찬까지 받을 정도로 성공의 길을 걷는 듯했다. 그러나 어느 순간부터는 점차 하향선을 타기 시작했고 매출도 점차 떨어졌다. 결국 맞닥뜨린 첫 시련을 극복하지 못하고 사업을 정리해야 했다.

그 후 그들과 함께한 동아리 자리에서 근황과 함께 그동안의 일들에 대해 이야기를 나누었다. 안타깝지만 사업이 실패했던 이유는 '경험 부족'이라고 이야기했다. 스물한 살인 그들의 사업적 마인드와 비즈니스 경험으로는 한계가 있었던 것이다. 그러다 보니 얼떨결에 시작하게 된 창업에 서툰 부분이 많았다. 어찌 보면 실력보다는 운으로 이룬 잠깐의 성공이었을지도 모른다고 말했다. 그리고 아이템의 가능성이 아직 유효하니 다시 제대로 시도해볼 생각이 없냐는 나의 격려에 그들은 대답했다.

"남들보다 조금 쉬웠던 시작에 비해 그 실패가 너무 크게 다가왔던 것 같아. 지금 남은 재고도 만만치 않고 적지 않은 빚도 생겨서 다시 시작하기 좀 겁이 나."

어쩌면 이들의 말처럼 실패는 생각보다 더 많은 두려움을 갖게 하는지 모른다. 왜 고소공포증을 앓는 사람들도 그렇지 않던가. 높은 곳에 올라갔다가 한 번 떨어져 본 경험이나 그 공포가 트라우마로 남아 있어 쉽게 극복하지 못하는 경우가 있다. 심지어 어떤 사람들은 평생 가기도 한다.

실패도 마찬가지이다. 누구나 겪을 수 있는 일이지만 아무나 극복할 수는 없다. 그렇기에 누구나 1인 창업에 대한 꿈을 갖지만 다 성공할 수는 없다. 직장 생활에 환멸을 느끼는 직장인에게는 본인 이름을 건 일을 해보고 싶은 욕망이 솟아오를 때가 있기 마련이다. 하지만 실제로 사업은 그리 만만한 일이 아니다. 생각보다 수많은 시련을 극복할 수 있는 용기가 필요하며 그 시련을 기회로 더 발전할 수 있는 노력도 겸비해야 한다. 직장인이 겪는 것보다 훨씬 더 큰 규모의 시련을 극복해야 하는 과정을 지속적으로 겪어야 할지도 모른다.

시련 속 기회를 찾아 나아가라

영어스쿨로 유명한 '야나두'의 창업가 김민철 대표의 성공 스토리만 보아도 잘 알 수 있다. 그는 24번에 걸친 사업 실패로 좌절을 맞았다. 그의 첫 사업은 야구 신문을 창간한 것이었다. 야구를 너무 좋아해서 시작했던 사업은 1억 원으로 시작했지만 한 푼도 벌지 못하고 오히려 3억 원에 가까운 빚만 남긴 채 실패로 끝났다. 하지만 이에 대한 교훈과 깨달음으로 그는 이후에도 쇼핑몰, 카페, 학원, 노점, 도시락 사업, 망고 수입 등 23번의 크고 작은 도전과 실패를 반복했다. 사업에 도전하면서 날린 돈만 150억 원이 넘었다. 그리고 마침내 '야나두'로 그는 27번 만에 성공을 거두었다.

그의 지칠 줄 모르는 도전에 대해 이렇게 질문하는 사람들이 있다.

"그렇게 여러 번 실패하면 또다시 도전하는 것에 익숙해지나요?"

예상과 달리 대답은 'No'였다. 그는 좌절을 겪을 때마다 더 고통스럽고 힘들다고 했다. '다시 일어서지 못하면 어떡하지?'라는 두려움과 공포가 그를 짓눌러 혼자 눈물을 흘린 적도 많았다고 했다. 하지만 그는 실패한 상황을 벗어날 수 있는 유일한 방법은 극복하는 것이라 생각했다. 그리고 그것은 실패하지 않는 법을 배우는 무엇보다 값진 기회가 되었다.

시련은 적응되지 않는다. 한 번 맞았다고 해서 두 번째 맞을 때는 덜 아프다고 생각한다면 오산이다. 인생의 쓴맛도 반복될 때마다 삼키기에 더 거북하고 주춤하게 되는 두려움이 앞설지도 모른다. 하지만 삼키지 못한다면 두려움이라는 고통은 끝내 사라지지 않는다. 오히려 점점 더 옥죄오고 피가 마르는 압박감을 느낄 것이다.

사람들은 간혹 착각한다. 시련은 인정하고 받아들이는 것과 극복하는 것의 차이가 있다. 인정하고 받아들인다는 것은 시련에 대항하지 않고 순응하겠다는 평화주의자적 마인드이다. 하지만 극복은 순응하지 않고 대응하여 정복하겠다는 의지이다. 한 단계를 넘어서 나아가겠다는 진취적인 마인드이다. 그러므로 우리는 인정하는 데서 그치면 안 된다. 그 안일함 때문에 스스로 더 나은 사람이 될 수 있는 기회를 잃어버릴 수 있기 때문이다. '시련은 행복을 가장한 불행이다.' 불행이 올 때는 반드시 그 안에 기회라는 열쇠가 있다. 우리는 그것을 찾아내야 한다.

고백하자면, 나는 이 책을 쓰기 6개월 전만 해도 인생에서 가장 힘든 시간들을 보내고 있었다. 내가 가진 능력을 인정받지 못한 채 오해만 쌓여 직장에서는 권고사직과 비슷하게 퇴사했고, 혼담을 나누던 오랜 연인은 이별을 통보했다. 게다가 그때 나는 건강 문제로 큰 수술을 받은 지 며칠 되지 않은 상태였다. 모든 것이 한 번에 휘몰아쳐 왔다. 왜 내게 이런 시련이 몰려왔는지 정신을 차릴 수 없었고 심신은 피폐해져 있었다. 유난히 다사다난한 시간 속에서 나는 모진 풍파를 고스란히 맞고 있어야 했다.

당장에 어떻게 해야 할지 생각할 힘조차 없었다. 하지만 좌절하지는 않았다. '얼마나 더 많이 행복해지려고 내게 이런 모진 고난이 찾아온 걸까.' 라고 생각했다. 마음속 깊은 곳에서 단단히 자리하고 있는 내 심지를 더욱 굳건히 했다. 그렇게 생각하니 내가 마주한 시련이 다르게 보이기 시작했다. 어쩌면 내 인생의 큰 변환점이 되어줄 것이라는 확고함이 가슴속에 채워졌다. 내가 이 시간을 통해 더 주저앉을지, 더 단단해져 멋지게 비상할지는 내게 달려 있었다. 당장 다시 일을 하고 싶은 마음도 없었고 또 다른 연애를 통해 아픈 기억을 무마시키고 싶지도 않았다. 오로지 나 자신과의 시간을 보내고 싶었다. 나를 위한 시간으로 더 괜찮은 나로 다시 태어나고 싶다는 생각뿐이었다.

그래서 오래전부터 적어왔던 버킷리스트 목록을 뒤져보기 시작했다. 100여 가지나 되는 많은 꿈들이 적혀 있었다. 그것을 하나씩 시도해보면서 오직 나 자신에게만 집중했다. 어차피 다른 것은 눈에 들일 여력도 없었다. 그러던 중 "이거야!" 하고 마음에서 섬광처럼 번쩍이는 목록이 있었다. '내 이름으로 된 책 출간하기'였다. 언젠가 나이가 들어 많은 스토리들을 풀어낼 수 있는 때가 오면 도전해보리라 다짐했던 것이었다. 작가가 되어 많은 사람들에게 꿈과 희망의 메시지를 전하는 동기부여 강연가가 되고 싶다는 꿈.

그렇게 책 쓰기를 시작했고 나는 지금 작가가 되었다. 그 과정에서 함께 응원하며 나아갈 좋은 작가들을 만나 꿈을 주제로 한 책도 집필했다. 힘들 때마다 책을 통해 위로와 격려를 받았던 내가 지금은 누군가에게 더 단단한 마음을 전하는 작가가 되어 있다. 내겐 기적과도 같은 눈부신 변화다.

무엇보다 글을 쓰면서 피폐했던 내 마음은 정화되기 시작했고 작가다운 시선으로 세상을 바라보게 되었다. 괴로웠던 지난날에서 벗어나 초연해진 내가 되었다. 앞으로 나아갈 미래에도 두려움보다는 기대감으로 가득 차 있다. 지금부터는 날마다 행복한 일이 가득 펼쳐질 것이란 것도 잘 알고 있다. 독자들과의 만남과 강연 준비로 바쁜 나날을 보내고 있다. 나는 이렇게 점점 더 괜찮아지고 있다. 아니 더 멋진 내가 되었다. 원고를 집필하고 있는 지금 이 순간에도 이런 내 마음을 글에 담을 수 있어 행복과 감사가 넘친다.

인생은 반복 속에 있다. 그 말은 즉 시련은 또다시 찾아올 수 있다는 말이다. 지금 내가 처한 고난의 상황을 극복하지 못한다면 언제든 비슷한 상황과 대면할 수 있다. 그러니 어떠한 상황에서도 긍정의 마음을 잃지 않아야 한다. 하늘은 아무리 괴롭고 힘든 일이라도 사람이 견디지 못할 만큼의 고난은 주지 않는다. 그러니 주저앉아 있지 마라. 그 자리에 머물러 있는 것은 얻어터진 곳을 또다시 때려달라고 뺨을 들이대는 것과 같다. 어리석고 바보 같은 일이다. 그 악순환의 고리를 끊고 다음 단계로 넘어가야 한다.

방법은 오직 하나, 고난 속에서 발견한 기회라는 열쇠를 들고 새로운 문을 열고 나오는 것이다. 그렇게 넘어섰을 때 더 단단하고 멋진 나를 만날 수 있다. 게임에서 더 업그레이드된 라운드로 넘어가려면 어떻게 해서든 현재 라운드의 끝판왕을 쓰러뜨려야만 한다. 우리 인생도 똑같은 것이다.

우리 인생은 지뢰밭과 같아요.

좋은 것도 있고
나쁜 것도 있죠,
언제 어떤 것을 밟느냐의 차이일 뿐이에요.

만약 지금 당신이
고난과 역경이라는 지뢰를 밟았더라도,
괜찮아요.
다음 차례는 기쁨과 행복이 기다리고 있어요.

chapter 02

내 마음에 충실함으로 길을 찾자

—

너의 열정과 재능을 따라가, 이 얼간이야!

너는 사진 찍는 것을 좋아하면서 기계랑 결혼한 거야.

만약 마이클 잭슨의 아버지가 그에게 복싱을 하라고 강요했거나

무하마드 알리의 아버지가 그에게 노래를 하라고 강요했다면

어떤 일이 벌어졌을지 상상해봐, 이해가 가니?

– 〈세 얼간이〉 중에서

보다 구체적이고 자유롭게 꿈꾸세요

중학교 때 성장 드라마 〈반올림〉에 푹 빠져 있었다. 학업에 대한 고민과 친구들 사이에서 벌어지는 에피소드들은 마치 내 이야기 같았다. 주인공 옥림이의 단짝 친구 정민이는 전교 1등을 놓친 적이 없는 모범생이다. 하지만 나이답지 않게 늘 합리적이고 똑 부러지는 성격인 정민이는 고등학생이 되어서 진로 문제로 방황을 하게 된다. 이유는 '자신이 왜 공부해야 하는지 모르겠다.'는 것이었다. 정민이는 부모님의 바람대로 학생의 본분에 맞게 늘 최선을 다해 공부했지만 자신이 진짜 원하는 것이 무엇인지 몰랐다. 한마디로 자신의 꿈과 목표를 향해 달려온 것이 아니라 부모님에게 착실한 딸로 살아온 셈이다.

드라마 속 이야기이지만 실제로도 이런 친구들은 주변에 많다. 예를 들어 장래 희망을 적어 내는 쪽지에는 선생님, 은행원, 간호사와 같은 현실적이고 안정적인 직업군이 가장 많이 적혀 있다. 그렇게 쓴 이유의 대부분은 '부모님이 원하신다.'는 것이었다. 사실 우리는 대통령이 되어 남북통일을 이루는 것을 꿈꾸고, 세계적인 과학자가 되어 획기적인 발명품을 선보이겠다는 포부도 있다. 하지만 생각만으로도 가슴 뛰는 그런 멋진 꿈은 그저 한낱 철없을 적 품은 환상으로만 남기 마련이다.

나는 언제부터인가 장래 희망을 적으면서 문득 궁금했다. 장래 희망은 모두 명사형의 직업군이라는 것이었다. 장래 희망이란 말 그대로 미래에 희망하는 것이다. 즉 내가 어떻게 살고 싶은지에 대해 생각해보는 데 의의가 있는 것으로 어떤 직업으로 돈벌이를 할 것인가 보다 더 중요한 의미가 있다는 것이다. 그런 점에서 보면 한 단어로 표현해내는 방식은 적합하지 않다. 하지만 정답이라도 되는 듯 우리는 일률적으로 적어내었다. '아마 장래 희망을 적어내는 쪽지를 오지선다형으로 만들었어도 괜찮지 않았을까?' 하는 생각이 들 정도다. 적어도 한 단어보다는 한 줄의 문장이나 스토리를 담은 글 형식으로 표현해보는 것이 낫다는 생각이 들었다. 그러면 우리는 자신의 마음을 더 충실히 들여다볼 수 있지 않았을까.

예를 들어 간호사가 꿈이라면 '세계 여행을 다니며 제 3세계의 가난한 아이들의 병을 치료해주는 간호사 되기', 신발 디자이너가 꿈이라면 '하루 종일 신고 다녀도 발이 피로하지 않는 건강한 신발을 제작하는 디자이너 되기'와 같은 형식이면 좋을 것 같다. 이렇게 좀 더 구체적으로 자신의 꿈에 대해 생각할 수 있도록 표현의 자유가 주어진다면 좋지 않을까? 왜 몬테소리 교육 방식만 보아도 그렇지 않던가. 그렇게 자유롭고 정리된 환경에서의 교육 방식은 스스로의 삶에 대한 주인 의식을 갖게 한다. 그 결과 아이들은 독립심을 가지고 지속적으로 스스로에게 동기부여하며 나아갈 수 있는 힘을 가진다.

자신의 기대에 부응하는 삶

그런데 우리가 진정으로 원하는 것들은 불안정한 이상쯤으로 치부되기도 한다. 현실적인 것에 주안점을 두는 어른들의 사고 때문이다. 그래서 부모님들은 자신들의 경험 아래에 가장 안정적이고 빠른 길로 우리를 인도하고자 한다. 자녀들의 마음의 소리에 귀 기울이기보다는 세상의 소리에 자녀들의 마음을 맞추려고 한다. 안타깝지만 그런 부모가 대부분이다. 자신이 가보았던 길에 대한 신뢰를 갖는 어른들의 마음을 이해하지 못하는 것은 아니다. 하지만 우리가 진정 원하는 것은 내가 가고 싶었던 길을 가는 것이다. 누군가에게 그럴싸해 보이는 길이 아니다.

며칠 전 아버지는 동창회 모임에서 기분 좋게 술을 한잔하고 택시를 타고 귀가하셨다. 그리고 집으로 오는 동안 택시 기사와 나누었던 이야기를 가족들에게 이야기하셨다. 택시 기사는 40대 중반의 가정으로 두 아이의 진로에 대해 걱정하고 있었다. 아내는 아이들에게 값비싼 수학, 영어 학원을 보내며 명문대에 입학할 것을 강요하고 있지만 그와는 생각이 다른 아이들과 아내의 잦은 다툼으로 중간에서 힘이 든다는 것이었다. 택시 기사는 아이들이 원하는 방향으로 갈 수 있도록 가이드를 제시해주는 것이 부모의 역할이라 생각하지만 아내는 흔히 말하는 명문대를 나와 '사'자의 직업을 가지길 설득하고 있는 상황이었다.

이 이야기를 듣고 있자니 나는 부모님께 고마운 마음이 들었다. 고백하건대 나는 자라면서 부모님이 나의 진로나 결정에 대해 왈가왈부하며 지나친 간섭을 한 적이 없다. 특히 엄마는 언니와 나의 성향을 존중하며 눈높이에 맞는 훈육법으로 대해주었다. 언니는 칭찬을 많이 받을수록 더 동기부여가 되는 스타일인 반면 나는 묵묵히 지켜봐줄 때 맡은 바를 더 잘해내는 스타일이었다. 그렇게 대하는 방식을 달리하면서 우리가 원하는 것에 대해 늘 관심을 가져주셨다. 고민이 있을 때마다 늘 우리의 생각을 잘 들어주었고 좀 더 나은 판단을 할 수 있도록 믿고 지지해주었다.

그 덕분에 나는 내가 원하는 공부를 했고 꿈꾸던 직업을 이루었다. 살아오면서 겪는 선택의 순간에 누구보다 내 마음의 소리에 집중할 수 있는 어른이 되었다. 물론 스스로 판단하기 어려워 혼란스러운 경우도 있다. 그런 때에는 부모님이 늘 길잡이가 되어주셨다. 어떠한 상황에서도 권유는 하되 강요는 하지 않는다. 좀 더 좋은 방향으로도 생각해볼 수 있도록 사고의 폭은 넓혀주시되 결과적으로 선택은 늘 나의 몫으로 남겨둔다.

그렇지만 내 마음에 충실하게 살아왔다고 해서 원하는 바를 다 이루었던 것은 아니다. 내 판단이 백 번 옳았다고 생각할 정도로 뿌듯했던 경험도 있고 아직은 많이 부족하다고 느낄 만큼 잘못된 선택을 한 적도 있다. 중요한 것은 그러한 과정 자체가 내게는 자산으로 쌓이고 있다는 것이다. 내 마음에 충실해본다는 것은 얼마든지 방황할 수 있는 용기와 믿음을 갖는 일이다. 그래서 '내 마음대로' 한다는 것이 생각보다 쉽지 않을 수도 있다. 하지만 그리 어려운 일도 아니다. 우리는 주변 환경의 지대한 영향을 받으며 살아갈 수밖에 없기 때문이다.

때론 내 삶의 방식이 사회의 많은 이해가 필요한 것일 수도 있다. 남들과 많이 차별화되어 외롭고 평탄치 않은 순간이 올지도 모른다. 그러나 분명한 것은 후회하지 않으리라는 것이다. 결과가 어떻든지 내 선택에 스스로 책임질 수 있는 힘과 노련함을 갖게 된다. 그러한 과정을 반복하다 보면 우리는 어느새 자신이 바라는 길의 모습을 만들어가고 있음을 깨닫게 될 것이다. 동시에 우리가 그토록 찾아 헤매는 길은 어딘가에 숨겨져 있는 것이 아니라 만들어가는 것임을 알게 될 것이다. 그리고 그러한 믿음이 오늘도 내 마음에 온전히 충실할 수 있는 이유이자 원동력이 된다.

우리는 누군가의 지시에 따르지 않아 겪는 불이익보다 자신에게 솔직하지 못해 느끼는 후회와 자책에 대해 훨씬 더 상처받는다. 그러므로 내 마음에 충실한 나로 마음껏 방황하고 시도해보아야 한다. 타인에게 인정받는 삶이 아니라 스스로 만족하는 삶이 중요하기 때문이다. 우리는 누군가의 기대에 부응하기 위해 태어나지 않았다. 만약 그런 기대를 할 수 있는, 유일한 존재가 있다면 그것은 나 자신뿐이다.

부모님이나 세상에게
나의 삶을 저당 잡혀 살 이유는 없잖아요.

스스로 책임을 다할 수 있다면
내 마음에 충실해지도록 해요!

To. Myself...

_____

_____

_____

chapter 03

SNS 염탐할 시간에 책을 읽자

—

인생은 한 권의 책과 같다.
어리석은 사람은 대충 책장을 넘기지만 현명한 사람은 공들여서 읽는다.
그들은 단 한 번 밖에 읽지 못하는 것을 알기 때문이다.

– 장 파울(독일의 소설가)

훔쳐보기 심리는 그만

버스나 지하철을 타면 사람들은 일제히 휴대폰을 들여다보고 있다. 카페에서 테이블에 마주 앉은 연인들도 제각기 SNS를 둘러보느라 대화가 단절된 모습이다. 우리 주변에서 심심치 않게 볼 수 있는 모습이다.

몇 해 전 아프리카TV가 급속도로 흥행했다. 누구든 BJ가 되어 시청자와 소통할 수 있는 1인 미디어로 대표적 콘텐츠는 '먹방' 프로그램이 있다. 일명 '먹는 방송'을 말하는 것이다. 라면이나 된장찌개 같은 일상적인 음식부터 처음 접하는 해외의 특이한 음식까지 소개한다. 이렇게 음식을 먹는 모습을 보여주며 시청자과 함께 소통하고 대리만족을 느낄 수 있게 한다. 심지어 온라인상에서 별 풍선이라는 금전 혜택까지 쏘아주기도 한다. 언니는 내가 퇴근하고 돌아오면 침대에 엎드려 자주 먹방을 보고 있었다. 나는 도대체 그런 것을 왜 보냐며 이해할 수 없다고 말했다. 다른 사람이 식사하는 모습을 쳐다보며 왜 시간을 낭비하는지 이해하지 못했다. '그럴 시간에 직접 맛있는 것을 먹거나 아니면 다른 취미를 즐길 수도 있을 텐데.'라고 생각했다. 하지만 다이어트 중이었던 언니에게 그것은 대리만족의 수단이었다.

어느 순간부터 우리는 타인의 사생활을 들여다보는 버라이어티 문화에 익숙해져 있다. TV프로그램들만 보아도 연예인들의 육아, 여행, 요리 등 지극히 시시콜콜한 하루 일과들에 대한 콘텐츠들이 쏟아진다. 이러한 관찰형 콘텐츠들은 거의 다큐에 가까울 정도로 제작진의 개입이 최소화되어 있다. 주제에 대해 실제로 벌어지는 상황들을 카메라에 담아 시청자에게 전달하는 것이 특징이다. 페이스북이나 인스타그램, 유튜브와 같은 SNS에도 자신의 일상 사진이나 영상을 찍어 올리고 함께 공유하는 것과 같은 맥락이다.

이와 같이 자신의 사생활을 고스란히 노출하는 관찰 예능이나 문화 콘텐츠들은 사실 우리의 '훔쳐보기' 심리를 겨냥하고 있다. 인간은 눈에 보이지 않는 자기 자신의 심리상태를 알고 싶어 한다. 누구보다 자기 자신을 잘 알고 있는 듯하면서 모르는 것이 우리 인간이다. 그러므로 타인의 삶에 대한 객관적인 시선을 통해 자신의 삶을 점검해보고자 하는 심리가 내면에 깔려 있는 것이다. 관찰 문화콘텐츠가 유행처럼 번져나가는 것도 이러한 욕망이 자리 잡고 있기 때문이다. 우리는 이를 통해 자신의 삶을 돌아보고 공감하며 일종의 힐링을 느끼기도 한다.

하지만 문제는 이러한 해소감이 일시적이라는 데 있다. 그 이유는 인간은 학습의 동물이기 때문이다. 어떤 행위 속에서 배울 것이 있어야 지속적인 행복감과 충족감을 느낀다. 그러므로 훔쳐보기를 통한 심리적 만족감에는 인간이 진정한 내적 성숙을 이룰 수 있는 장기적 배움의 요소가 부족하다. 단편적인 흥미와 웃음은 그 순간이 지나고 나면 오히려 더 공허함으로 남는 경우가 허다하기 때문이다. 그러므로 우리는 이러한 공허함을 지속적으로 충족시켜줄 무언가를 찾게 된다. 그리고 진정으로 충족된다고 여길 때 우리는 더욱 성숙해지고 진짜 행복을 느끼게 된다.

독서는 내 삶을 재정비하는 거울

내적 충족에 가장 좋은 매개체 중 하나가 바로 책이다. 사실 책과 SNS는 공통점이 있다. 그것은 바로 '간접 경험'이다. 즉 타인의 삶을 관찰자의 입장에서 바라볼 수 있다는 것이다. 우리는 흔히 필요한 정보를 얻기 위해 책을 읽는 경우가 많다. 혹은 책 속의 스토리에서 깊은 공감과 심리적 안정을 취할 때도 있다. 하지만 이것은 일차원적인 접근에 불과하다. 정말 책을 제대로 읽는 방법은 따로 있다. 바로 책 속의 상황에 자신을 대입해보는 것이다. 우리가 책 읽기를 통해 얻어야 하는 것은 단지 스토리의 전개가 아니다. 저자의 생각을 읽는 것만이 중요한 게 아니라는 의미다. 그 속에서 얻는 깨달음을 자신의 삶에 대입하여 활용해 볼 수 있어야 한다. 그것이 중요하다. 우리는 책 속의 주인공 혹은 그 상황 속 또 다른 인물로 자신을 대입해가며 스스로와의 만남을 이루어야 한다. 독서를 통해 자신을 점검해볼 수 있는 시간을 갖는 것이다.

반면에 SNS는 다르다. 타인의 삶을 통해 자신에 대한 깨달음을 얻기보다 비교의식이 더욱 팽배해질 때가 많다. 나보다 행복해 보이고, 부유해 보이며, 자유로워 보이는 그들의 모습을 통해 근거 없는 열등감에 사로잡히기 일쑤다. 심지어 나보다 못한 사람들을 통해 자신의 존재감을 확인하게 되는 경우도 적지 않다. 즉 타인의 삶이 자기 삶의 행복의 척도로 작용하게 되는 것이다.

이처럼 우리는 책과 SNS를 통해 훔쳐보기의 심리로 충족감을 느낀다. 그러나 어떤 매체를 접하느냐에 따라 현저히 그 심리적 만족감과 성숙도가 달라진다. SNS에서도 물론 좋은 정보들을 얻을 수는 있다. 하지만 그에 못지않게 근거 없는 정보나 값비싼 브랜드 제품에 대한 과시, 의미 없는 사생활 노출과 같은 것도 많다. 한번은 SNS에서 금수저 자제들로 보이는 유저의 콘텐츠를 본 적이 있다. 나보다도 어린 나이에 럭셔리한 카페를 오픈하고 고급 외제차를 선물로 받았다는 내용이었다. 그러다 보니 정신없이 회사에서 일하고 있는 나의 처지에 괜한 회의감을 느끼기도 했다.

하지만 독서는 다르다. 책 속에서는 나보다 더 멋지고 현명하게 살아온 사람들이 이야기가 수두룩하다. 그럼에도 오히려 그들의 이야기를 통해 긍정적인 자극을 받게 된다. 반성하고 깨닫게 되어 '나도 그렇게 해봐야 겠다.'라는 다짐을 하게 된다. 독서에는 그러한 힘이 있는 것이다. 고요하게 바라보면 그 속에 자신이 나아가야 할 길이 보인다. 그것이 나 자신에게 내면의 길이 되어주기도 한다.

　지속적인 정서적 안정과 내면의 성숙을 원하는가? 그렇다면 출퇴근길 버스 안에서 독서를 해보자. 특히 출근길 아침을 독서로 시작하면 그날 하루가 더 상쾌하고 의미 있게 느껴질 것이다. 나는 회사 업무가 많거나 매일 반복되는 일상이 무료하게 느껴지면 훌쩍 여행을 떠나고 싶은 충동을 느낄 때가 있다. 그럴 때 여행 대신 여행 에세이집을 읽는다. 비록 지금 당장 떠나지는 못하지만 책 속에 그들은 눈과 발을 빌려 어디든 자유롭게 발길을 내딛을 수 있다. 눈 덮인 히말라야 산도 올라가 보고 석양이 지는 노을을 배경 삼아 열기구를 타고 하늘도 난다. 낯설지만 아기자기한 유럽 골목 곳곳을 누비며 여러 사람과 마주하고 동네 주민들의 인생담도 듣는다. 그렇게 그들의 삶에 나를 대입하여 위로을 받고 힘을 얻는다. 내가 경험하는 일처럼 생생하게 상상하고 느끼면 거짓말처럼 기분이 좋아지기도 한다. 그런가 하면 퇴근길에는 자기계발서를 많이 읽는다. 특히 직장 내 상사나 동료들과의 인간관계로 지친 하루를 토닥여주는 데 좋다. 예를 들어, 원만한 인간관계를 유지하는 기술에 대한 자기계발서를 읽으며 오늘 하루 있었던 상황을 떠올려 본다. 그러다 보면 좀 더 상황을 객관적으로 보게 되는 안목도 생긴다. 상대방이 잘못했다고 느껴서 얼굴 붉혔던 일이 알고 보니 내 과실이 더 많음을 깨달을 때가 있다. 반대로 내가 잘한 일이라 생각했는데 상대방에게는 실례가 되는 행동이었음을 알게 되기도 한다. 이렇게 상황을 객관적으로 바라보게 된다. 이러한 점은 나 자신을 더 성숙하게 발전할 수 있도록 해준다. 그래서 실제 상황에서 좀 더 현명하게 대처할 수 있는 지혜를 갖게 된다.

만약 내가 휴대폰을 붙들고 친구들과 수다를 떨며 오늘 일을 푸념하는 데 그쳤다면 어땠을까? 일시적인 해소감은 들었을지 몰라도 다음, 또 그다음에도 내 모습은 크게 달라지지 않을 것이다. 독서를 통해 얻는 정보를 실생활에도 적용하여 내 것으로 만드는 것이 중요하다. 한 권의 책을 다 읽고 나서 덮을 때 들어야 하는 생각은 '다음엔 무슨 책을 읽을까?'가 아니다. '그래서 나는 어떻게 살아갈 것인가?'이다. 즉 자신의 삶에 대입해보며 나의 삶의 모습을 그려볼 수 있는 시간과 계기로 만들어야 하는 것이다. 당신은 오늘도 타인의 SNS 사진을 훑어보며 쓴 웃음을 짓거나 생각없이 히죽대고 있지는 않은가? SNS를 염탐할 시간에 책을 읽어라! 책 속에서 자신의 삶의 모습을 비춰보자. 지금부터라도 금쪽같은 내 시간을 나를 위해 활용해보자.

SNS 중독도 하나의 질병이에요.
세계에서 가장 빠른 인터넷 속도를 자랑하는 한국,
하지만 그 이면에는
스트레스를 해소할 곳이 그것밖에 없는,
안타까운 우리의 모습이 있죠.

당신이 해야 할 일은
대안 없는 비교의식이나 대리만족이 아니라
메마르지 않게 나를 가꾸는 습관이에요.
따로 시간을 내어 나를 돌아보려 하지 말고
남들을 훔쳐보는 시간에 자신을 들여다봐요.

chapter 04

내가 그린 인생 그래프대로 살자

—

당신이 하는 것, 꿈꾸는 것은 모두 이룰 수 있으니 시작하라.
대담함에는 천재성과 힘과 마력이 들어 있다.
–요한 괴테(독일의 시인, 정치가)

어느 삶이나 이유가 있는 법

『그리스인 조르바』의 저자 니코스 카잔차키스는 이렇게 말했다.

"현실을 바꿀 수는 없지만 현실을 보는 눈은 바꿀 수 있다."

동전의 양면처럼 모든 것에는 이면이 있다. 현실을 바라보는 시야를 어느 면에 두느냐에 따라 많은 부분에서 현저히 달라진다. 쉬는 시간에 독서를 할 때 선배가 내게 이런 말을 한 적이 있다.

"돈도 안 되는 책은 읽어서 뭐 해?"

책을 읽는 건 실질적으로 남는 것이 없다고 생각했던 선배는 부질없다는 듯 말했다. 하지만 내가 책을 읽는 이유는 무언가를 남기기 위함이 아니다. 깨닫고 변화하기 위함이다. 앉은 자리에서 저자의 경험에 발을 들일 수 있다는 것 자체만으로 내 삶에는 변화가 있는 것이다. 당장 변화를 못 느낄 수도 있다. 주변 사람들을 만족시킬 만한 놀라운 성과도 없다. 그러나 중요한 것은 깨달음을 통해 매일 조금씩 시도하고 변화하고 있다는 것을 자신은 알고 있다는 것이다. 그리고 그렇게 조금씩 이루어가고 있다.

반복되는 일상이 지겨울 땐 여행집을 읽고, 기분이 울적할 땐 만화책을 뒤적이며, 감정이 통제하기 힘들 땐 심리에 대한 책을 읽는다. 내가 마주한 현실을 인정하는 것과 안주하는 것은 다르다. 충분히 컨트롤할 의지가 있다면 당장의 결과는 없을지라도 상황을 바라보는 시야를 새롭게 할 수 있다. 안주하는 시야는 편협한 사고를 하게 만든다. 바라보는 시점을 바꾸면 사고가 새롭게 열리고 스스로 변한다. 내가 바꾸고 싶은 현실이 있다면 내 사고의 시점부터 달리해야 한다.

나는 행동보다는 생각이 앞서고, 다수보다는 소수의 사람들과 진정성 있게 교류하는 것을 좋아하는 나란 사람을 인정한다. 그리고 그런 내게 독서는 다양한 인간을 만날 수 있는 흥미로운 장이 된다. 책 속에서는 얼마든지 내 식대로 관계를 맺어갈 수 있다. 시작하고 멈추고 끝까지 갈 수 있다. 그들의 삶 속에 발을 들여 내가 주인 행세도 할 수 있다. 하지만 그

뿐이지, 그들의 인생에 참견할 수는 없다.

하지만 우리는 종종 다른 사람의 삶에 자신의 인생 잣대를 들이댄다. 저마다의 기준점이 제각각이란 것을 알면서도 괜히 너스레도 떨어본다. 보통 사람들과 다른 것이 안타까움의 시선을 받아야 할 일이 되기도 한다. 물론 응원의 메시지를 건네는 고마운 사람들도 있다. 그들은 특별한 이유 없이도 무조건적인 긍정으로 앞날에 축복을 빌어준다. 그러나 대부분은 그 다름에 대해 존중해주지만 이해할 수 없다는 반응을 보인다. 겉으로 드러나게 티를 내지는 않아도 그 속은 그렇지 않은 경우가 많다. 그리고 눈에 보이는 결과에 따라 평가를 내린다.

우리가 무언가를 택할 때는 성취가 유일한 목적은 아니다. 별 이유 없이 마음이 이끄는 대로 택한 것일 수도 있고 친구를 따라 얼떨결에 한 것일 수도 있다. 실패할 줄 알면서도 좋은 경험을 쌓고 싶어 도전하는 사람도 있고 또 다른 목적을 위해 잠시 거쳐가는 수단으로 택하는 상황도 있을 수 있다. 우리가 직업을 가지고 일하는 것이 꼭 성공하기 위해서가 아니듯 어떤 삶이나 들여다보면 다 그럴 만한 이유가 있는 것이다.

내 인생의 오답 노트를 가질 것

나는 항상 좋아하는 일을 하고 싶다는 열망에 사로잡혀 있다. 그래서 일을 하며 번 돈으로 화장품을 고르고 예쁜 옷을 사서 치장하지 않더라도 꿈에 투자하는 것은 아까워하지 않았다. 직장에서의 일은 생계유지를 위한 능력은 올려주지만 본질적인 행복을 느끼기에는 채워지지 않는 무언가가 있었다. 그래서 내가 하고 싶은 일을 찾아 내 인생의 두 번째 패를 갖고자 노력해왔다. 문화예술교육 지도사, 가죽공예 지도사, 캘리그래피 지도사, 그리고 지금은 작가가 되었다. 어느 것 하나도 내게 소중하지 않은 것이 없다.

나는 시커먼 파티션에 갇혀 일하는 직장인으로서 내 모습을 상상해본 적은 없었다. 늘 따스한 햇살이 들어오는 작업실에서 좋아하는 일을 하며 돈을 벌고 시간에 구애받지 않는 자유로운 삶을 사는 모습을 상상해왔다. 그러니 내가 직장에 다니면서도 다양한 배움을 멈출 수 없었던 것이다. 나는 내가 가진 직업들을 사랑한다. 그리고 내가 진정 하고 싶은 일이 분명히 있고 무언가를 배우고 싶은 열망도 많다. 그래서 내가 상상해온 모습을 이루기 위해 많은 것을 도전하며 익히고 이뤄가고 있다.

누군가는 이런 내게 '금손'이라 부르며 다재다능함을 부러워한다. 또 다른 이는 관심사가 너무 많다며 과도한 욕심이라 말한다. 그러나 나는 이러한 내 삶의 점들이 모여 하나의 선이 되고 내가 그린 인생 그래프의 한 조각이 될 것임을 알고 있다. 그들이 뭐라고 하든 나는 내 길을 갈 것이다. 이탈리아의 화가이자 조각가이며 건축가 미켈란젤로는 이렇게 말했다.

"목표를 지나치게 높이 잡아 그 목표를 달성하지 않는 것보다, 목표를 지나치게 낮게 잡아 무난히 달성하는 것이 더 위험한 법이다."

그리고 고등학교 윤리 선생님은 수업 시간에 자주 이렇게 말했다.

"펜을 들었다면 호랑이 정도는 그리려고 설쳐야 호랑이를 닮은 고양이라도 그릴 수 있어."

누군가에게는 무모해 보이는 일도 자신이 온전히 마주할 자세가 되어 있다면 문제 될 것이 없다. 그래프의 하향에 점이 찍혀야만 비로소 상향으로 오름 곡선을 그릴 수 있다. 이리저리 방황하고 분주해 보이는 삶도, 잔잔한 호수처럼 파동 없는 밋밋한 인생도 자신만의 인생 그래프가 있기 때문이다.

얼마전 나의 공동저서인 『보물지도 16』이 출간되었다. 기적을 보길 원하는 13명의 작가님들과 함께 나의 꿈을 담았다. 나는 종이 위에 적으면 꿈이 이루어진다는 기적을 믿는다. 책에는 내가 그린 인생 그래프에서 큰 자리를 차지하는 세 개의 점이 수록되어 있다. 출간 후 제일 먼저 가장 친한 친구에게 선물했을 때 친구의 반응은 현실적이었다.

"와, 멋지긴 한데… 이렇게 책에 꿈을 이루겠다고 공표했는데, 혹시 못 이루면 어떡하려고? 혹시 모를 인터뷰 요청에는 뭐라고 대답할 거야?"

고백하자면 나 역시 설렘과 기대감으로 책을 썼지만 그런 걱정을 한 번도 해보지 않은 것은 아니다. 하지만 원고를 작성하면서 이미 나는 그 꿈들을 이룬 사람으로 둔갑해 있었고 멀지 않은 미래에 정말로 꿈과 하나 된 모습으로 책을 펼쳐볼 것이라 다짐했다. 사실 출간되기 전까지만 해도 나 스스로를 위한 책에 가까웠다. 힘들었던 시기의 나 자신을 위한 도전이었고 위로였으며 응원이었다. 그러나 지금은 더 큰 의미가 더해졌다. 이 책을 읽고 단 한 사람이라도 인생의 가장 큰 꿈은 무엇인지, 원하는 인생 그래프는 어떤 모습인지 생각해볼 수 있기를 바란다. 만약 잊고 있었다면 '나도 꿈이 있었다.'는 사실을 깨닫고 자신의 삶의 모습에 대해 한 번 더 생각해보는 계기가 될 수 있다면 좋겠다.

스스로에게 내린 선포를 이룰 수 있는 삶은 정말 멋지고 대견한 일이다. 그러나 이루지 못할까 봐 미리 겁먹고 주저하지는 않아야 한다. 언제나 인생에는 예상치 못한 변수들이 발생한다. 그때마다 당황하지 않고 차분히 다음 길을 모색하는 것이 중요하다.

세상이 말하는 방식대로 사는 것이 정답은 아니다. 그리고 어쩌면 인생 그래프대로 사는 것이 정답이라고만 할 수 없을지도 모른다. 하지만 내가 그린 인생의 곡선들은 매 순간 단단한 나의 길잡이가 되어줄 것이라는 데는 의심의 여지가 없다. 안타깝지만 간혹 자신이 나아가는 길에 대해 확신을 갖지 못하는 사람들이 있다. 이 길이 맞는 길인지 아닌지, 잘하고 있는 것인지 도무지 감이 잡히지 않아 불안해한다. 그럴수록 남들과 비교하고 대수롭지 않은 말 한마디에도 흔들리게 된다.

하지만 우리가 견주어봐야 할 것은 타인과의 경주가 아니다. 내가 그린 인생 곡선에서의 현 위치와 오차 범위이다. 언제 어디서 얼마만큼 오차가 발생할지 우리가 완벽히 컨트롤할 수는 없다. 하지만 자신의 인생 곡선에 대한 오답노트는 계속해서 자신을 다듬어갈 수 있는 지표가 된다. 우리에게 필요한 건 바로 그것이다. 그 누군가의 입김이 아닌 내가 다듬어가는 후회 없을 내 삶의 아름다운 S라인이다.

결승선에서의 모습이 어떠하든지,
우리는 저마다의 레이스를 달릴 권리가 있어요.

열심히 사는 것도,
쓸모를 다하지 못할 무언가를 배우는 일도
누구도 내 삶을 모욕할 수는 없는 거예요.

To. Myself...
_____
_____
_____

chapter 05

집단 심리의 틀에 갇히지 말자

—

너에게 더플코트를 빌려 집을 나섰지.

주머니 속엔 마른 모래, 3월의 기차표. 거리는 이제 가을의 문턱. 코트 차림은 나밖에 없지.

뭐 어때 난 추운 게 싫은 것뿐. 도시는 온통 새 옷을 권해. 난 눈길도 주지 않지.

— 가을방학의 노래 「3월의 마른 모래」 중에서

사회생활이란 이런 것?

"오늘 점심은 밖에서 먹을 건데, 먹고 싶은 메뉴 있어?"

"다른 분들은 뭐 드시겠어요?"

"중국집에서 짜장면 먹자고 하던데, 어때?"

"아, 그래요? 그럼 저도 짜장면 먹을게요."

또 짜장면? 사실 나는 기름진 음식을 좋아하는 편이 아니어서 중국집만은 피하고 싶었다. 하루 종일 앉아서 일하다 보면 소화불량이 될 때가 많다. 그래서 점심 식사는 최대한 건강한 메뉴로 적당량을 섭취하려고 노력한다. 그런데 늘 메뉴 선택은 다수의 의견을 따르다 보니 속으로는 썩

내키지 않지만 그렇게 해야 할 때가 많다. 더구나 나는 식사 속도가 느린 편이라 외출해서 식사를 하면 늘 급하게 먹어야 했다. 시간에 쫓기면서 먹다 보면 정신도 없고 산책할 시간도 모자랐다. 그래서 나는 사내 식당에서 점심을 먹는 것을 더 선호했다. 하지만 동료들과의 점심 식사는 친목을 위한 시간이기도 하기에 자주 빠질 수는 없는 노릇이었다.

그러다 보니 속쓰림과 더부룩함과 같은 위장질환은 이미 생활화된 지 오래였다. 조금 쑥스럽지만 장에 가스가 채여 응급실 신세를 지기도 했고, 변비 때문에 몇 번이나 관장을 한 적도 있다. 사회생활을 하다 보면 내 의견보다는 다수의 의견에 맞춰야 하는 일이 다반사이다. 아니, 묻혀 가는 것이 가장 편한 일이며 길게 살아남는 법이라고도 한다. 점심 식사는 직장인들에게 회사에서의 시간 중 유일한 낙이라 할 만큼 중요하다. 그럼에도 그 시간마저 내 뜻대로 먹고 싶은 음식을 골라 먹고 여유롭게 산책할 시간을 갖기 힘들다는 것이 가끔 권태롭게 느껴지기도 한다. 그래도 점심 메뉴의 통일 정도는 단체 생활의 매너쯤으로 이해해줄 수 있다.

'여유토강(茹柔吐剛)'이라는 말이 있다. 부드러우면 삼키고 딱딱하면 뱉는다는 의미이다. 우리는 자신보다 강해 보이는 사람에게는 몸을 낮추고 약해 보이는 사람에게는 부풀리는 경향이 있다. 같은 부서에 34세의 남자 직원이 있었다. 그는 나이에 비해 체구도 많이 왜소하고 외모도 어려 보였다. 깡마른 몸과 새하얀 피부에 걸음걸이까지 특이했다. 게다가 어릴 적 일본에서 7년 정도 유학 생활을 한 터라 한국어도 조금 서툰 부분이 있었다. 그래서 서류 업무 처리나 업무 지시 사항을 이해하는 데 상사들에게 잦은 지적을 받았다. 그러다 보니 다른 직원들은 그를 은근히 무시하는 말과 행동을 했다. 앞에서 직접 표현하는 일은 거의 없었다. 하지만 그가 보이지 않는 곳에서는 은근히 험담을 하고 걸음걸이를 흉내 내며 비아냥거렸다. 심지어 나이가 더 어린 직원들도 그에게 퉁명스럽게 말하고 업무 지시를 내리는 등 함부로 대하는 것이 느껴졌다.

사실 그는 내가 회사에 들어온 첫날 가장 먼저 살갑게 말을 걸어준 사람 중 한 명이었다. 스스럼없이 웃으며 다가와 탕비실 사용법과 부서의 전반적인 분위기에 대해 친절하게 알려주었다. 그랬던 그가 다른 직원들에게 좋지 않은 평판을 받고 있는 것이 안타까웠다. 그러던 중 그와 함께 같은 프로젝트를 진행하게 되었다. 각자 분담한 일은 달랐지만 업무를 일찍 끝냈을 때에는 그의 일을 도와주기도 했다.

그러자 다른 직원들이 그를 도와주는 것에 대해 좋지 않은 내색을 비쳤다. 내게 귓속말로 조심스럽게 말했다. "그냥 내버려 둬요, 평소 맡은 일도 제대로 하지 않는데, 본인의 월급 값은 해야 할 것 아냐." 처음에는 함께 일하는 동료끼리 그렇게까지 해야 하는지에 대해 의문이 들었다. 그러나 대다수의 사람이 그의 업무 능력과 태도를 불쾌하게 여긴다는 것을 알고 있기에 동조했다. 그러자 나도 조금씩 그의 장점보다 단점이 눈에 보이기 시작했다. 다른 동료들이 그와 어울리기를 꺼리는 것을 알게 되자 나도 그와 가깝게 지내는 것을 꺼리게 되었다. 그와 함께 어울렸다가는 다른 직원들과의 관계가 소원해질 거라고 느꼈기 때문이다.

다른 직원들이 보는 곳에서는 업무적인 이야기 외에는 최대한 대화를 짧게 나누었다. 하지만 탕비실에서 마주치거나 함께 프로젝트를 수행할 일이 있을 때는 편안하게 이야기를 나누었다. 사실 나는 사람들이 이야기하는 것만큼 그에게 반감을 갖고 있지 않았다. 그러나 인간관계에서는 누군가 한 사람에게 좋지 않게 정평이 나면 주변 사람들도 그를 색안경을 끼고 본다. 그런 분위기를 주도하는 사람이 평소 꽤 많은 이들에게 호감을 사는 사람이라면 그 파급 효과는 더욱 컸다.

사람과의 관계 속에서 힘들고 지치는 경우가 있다. 그중에서도 누군가에게 미움을 받는 것만큼 힘든 일은 '미워하는 일'이다. 모든 사람에게 사랑을 받을 수 없듯이 나 역시 모든 사람을 사랑하는 박애주의자는 될 수 없다. 하지만 평등한 사랑을 실천하지는 못해도 누군가 특별히 미워하고 싶지는 않다. 그러나 상황에 따라 내 감정과는 달리 특정 대상을 미워하는 척이라도 해야 하는 경우가 생긴다.

가치판단 기준의 1순위는 나

우리는 살아남기 위해 타인을 짓눌러 올라서야만 하는 경쟁사회 속에 살고 있다. 물론 타인을 낮추는 것이 아닌 나 스스로와의 경쟁을 통해 자신을 높여가는 것이 더 멋진 방법이라는 것을 알고 있다. 서로 '윈윈(win-win)'하며 나아갈 수 있는 길이라면 더욱 좋겠다. 그러나 이 무한 이기주의와 경쟁심리가 팽배한 오늘날에는 타인을 깔고 자신을 돋보이게 하려는 자들이 훨씬 더 많다. 그것이 안타깝지만 사실이다. 심지어 그것이 본인의 의지라기보다 어쩔 수 없는 상황과 또 집단 심리에 의한 장단 맞추기일 때가 많다.

하지만 이러한 집단 심리를 나쁘다고만 할 수는 없다. 어쩌면 서로 닮아가려는 모방은 인간이 살아남기 위한 원초적인 생존 도구일지도 모른다. 사회 속에서 사람들과 교감하며 공존하기 위한 사회적인 생존 도구이기도 하다. 카멜레온이 몸 색깔을 바꾸며 살아가듯, 우리도 그렇게 세상을 살아가는 것은 아닐까?

그럼에도 우리가 살아가는 데 가치는 중요하다. 내가 머물러 있는 장소와 사람들이 어떠한 가치관을 가지고 있느냐에 따라 내 삶의 질은 현저히 달라지기 때문이다. 그렇기 때문에 내가 집단 심리를 따르든 그렇지 않든 가치에 대한 자신의 관점을 명확히 할 필요가 있다. 자신이 원치 않는 가치관을 따르면서까지 집단에 소속되려 애쓰는 것은 어리석은 짓이다. 그것이 과연 무엇을 위한 것인지, 내 삶에 어떠한 무늬를 만들어줄지를 생각해보아야 한다.

예를 들어 무시를 당하는 그 동료가 사람들이 생각하는 것보다 훨씬 더 괜찮은 사람일지도 모른다. 게다가 지금 당장은 아닐지라도 아직 발현되지 않은 잠재 능력을 갖고 있을 수도 있는 일이다. 그러나 사람들은 당장 눈에 보이지 않는 가치에 대해서는 간과하는 경우가 많다. 그러니 그가 가지고 있는 가치 같은 것보다 지금 당장에 주변 환경과 분위기에 맞춰 상대를 대우하는 것이다. 우리는 어떤 점에 대해 '이건 아니다.'라는 생각을 품으면서도 다수의 의견을 따라가게 되는 경우가 많다. 아무리 부당한 일이라도 다수가 옳다고 하면 그렇게 흘러가버리게 된다. 타인의 눈치를 보며 최대한 튀지 않는 사람, 무난한 사람이 되려 하는 것은 참으로 안타까운 집단 심리의 폐해이다.

그러나 우리는 때에 따라 'No' 혹은 'Yes'라고 과감하게 외칠 수 있어야 한다. 다수의 사람에게 잘 보이기 위해 좋은 사람이 되려고 할 필요는 없다. 자신이 가진 정당한 소리를 낼 줄도 알아야 한다. 만약 나의 요구와 거절로 인해 일어날 불협화음이 염려되는가? 타인이 받을 상처가 걱정되어 자신이 감내하는 것인가? 당신의 다름을 인정하지 않고 지나치게 불편한 감정을 드러내거나 적대심으로 대하는 사람이라면 그것은 그 사람의 잘못이다. 옳지 않은 타인의 감정까지 내가 지나치게 돌볼 이유는 없다.

그러니 다수가 내뿜는 편파적인 흐름에 갇혀 자신의 정당함을 잃지는 않았으면 좋겠다. 눈치 보지 말고 당당하게 제 몫을 다할 수 있기를 바란다. 다수에게는 약자, 특정 소수에게는 강자가 되어 스스로 떳떳하지 못한 모습으로 살지 않았으면 좋겠다. 내가 지켜야 할 참 의미나 본질에 대해 흐려지지 않는 순간을 만들어가기를 바란다.

그 속에 속해 자신이 감당해야 할 불편함과 양심적 가책이 더욱 크다면 기꺼이 다른 길을 가는 사람이 되는 편이 낫다. 그런 소속감은 언젠가는 사라질 '빛 좋은 개살구'에 불과하다. 자신이 가진 몫과 가치를 지키면서도 충분히 어울릴 수 있는 환경이 있다. 자신이 가진 가치와 소신대로 살지 못하는 삶은 인생이라는 바다 위에서 표류하는 부표와 같을 뿐이다. 세상이 만든 그럴싸한 상념들에 이끌려 다니지 말자. 언제나 우리 자신이 판단 기준의 1순위라는 것을 기억하자.

깐깐하고 계산적인 사람이 되는 것과
자신이 가진 가치와 정당함을 지키는 것은
다른 일이에요.

나의 거절에 쉽게 기분 상하거나
등을 돌릴 사람이라면
애초에 지키기 힘든 관계가 아니었을까.

chapter 06

나를 위해 용서하는 법을 배우자

—

이번에도 상처를 입었다가 아물었으니
상처 자국이 새삼스럽게 보이지는 않는 거지요.
내 몸은 상처가 아문 자리 투성이지요.
그래서 내가 제법 잘 견디어 내는지 모릅니다.
—『그리스인 조르바』 중에서

미움이 마음을 병들게 만든다

"용서는 어떤 관계에서도 사랑의 최고 형태다. 미안하다고 말하는 사람은 강한 사람이며, 용서하는 사람은 더욱더 강한 사람이다."

미국의 사회자이자 모델인 욜란다 하디드는 이렇게 말했다. 어릴 때는 용서하는 사람이 강한 사람이라는 말을 이해하지 못했다. 놀이터에서 친구와 놀다가 장난감을 서로 차지하기 위해 다투었던 적이 있다. 그 친구가 먼저 내 것을 빼앗아간 상황이었는데도 엄마는 양보해주라고 했다. 지는 게 이기는 것이라 했다. 당시 나는 상대가 잘못한 일인데도 지는 쪽으로 용서해주는 것이 어떻게 더 좋은 일인지 이해할 수 없었다. 당장 싸움을 중재시키려 한 말에 불과하다고 생각했다.

우리는 배려하고, 인내하고, 내가 손해를 보더라도 남에게 해를 끼치지 말아야 한다는 정서가 배어 있다. 참고 넘어가는 것이 용서하는 것이라 생각한다. 하지만 참으면 병이 된다. 그러니 우리 민족을 '한의 민족'이라고 하는 것 아니겠는가. 참고 넘어가는 것이 용서하는 것이라 착각하면 안 된다.

나는 가슴 깊은 사랑을 통해 진정한 용서가 무엇인지 알게 되었다. 정확히 말하자면 이별이 나를 성숙시킨 셈이다. 사실 처음에는 좋아하는 상대에게 잘 보이고 싶어서 더 이해심을 발휘하여 말하고 행동했다. 실제로는 속상하고 화나는 일도 겉으로는 더 이해해주고 용서를 베풀었다. 그렇게 하다 보니 정말 마음이 더 넓어지는 것도 같았다. 하지만 사랑이 끝난 후 찾아온 이별은 상처와 함께 배신감을 가져왔다. 헤어질 때에는 아프고 슬픈 감정이 너무 지배적이라 잘 알지 못했지만 시간이 지날수록 나를 덮치는 분노 때문에 잠조차 잘 이룰 수 없었다. 어떻게 그럴 수 있는지 혼자 분노하다가도 그럴 수밖에 없었을 거라며 합리화하기를 반복했다. 틈날 때마다 불쑥 불쑥 화가 치밀었다. 때로는 저주도 퍼부었다.

하지만 그럴수록 내 마음은 더 힘들어졌다. 미워하고 분노하는 마음은 피해 의식으로 변해갔다. 그제야 알았다. 누군가를 저주하고 미워하는 마음은 그 사람에게 닿는 것이 아니라 나 자신의 마음을 물들인다는 것, 미움을 받는 것보다 미워하는 마음을 품는 게 더 괴롭다는 것을 깨달았다. 그래서 나는 스스로를 위해 모든 걸 용서해야겠다고 마음먹었다. 그 누구의 탓도 아니라고, 그럴 수밖에 없는 일이었다고, 내가 이해되지 않는 것만큼 그 사람도 분명 이해할 수 없는 점이 있을 것이라고, 어쩌면 그럴 수밖에 없는 운명이었다고 받아들였다.

그렇게 생각하고 나니 마음은 한결 편안해졌다. 이성적으로 생각했을 때 당연한 듯한 일도 감정적으로 변하면 통제하기가 힘들다. 하지만 그럴 때 용서는 그 감정을 컨트롤하는 데 가장 효과적인 치료제가 된다. 시간이 흐를수록 더욱 느끼게 되는 점이다. 용서는 잘못한 사람을 위해 아량을 베푸는 것이라고만 생각했다. 그런데 진짜 우리가 용서를 해야 하는 이유는 나 자신을 위한 것임을 알고 있다. 그렇게 나는 가슴 아픈 배신감으로부터 용서를 하기로 했다. 다른 누구도 아닌 나를 위한 것이었다. 그렇지 않으면 생활이 되지 않았으니까.

생각할수록 괘씸해서 잠 못 이루는 날들은 계속되었을 것이고, 그러다가 전화를 걸어 후회할 말들을 했을지도 모른다. 하지만 그런다고 달라질 것은 없지 않은가. 오히려 자신을 더 깎아내리는 것밖에 되지 않는다. 그것은 지나고 나서 자신을 더 비참하게 만드는 일이다.

용서, 더 나은 내 미래를 위해서

한번은 뉴스에서 이해할 수 없는 기사를 본 적이 있었다. 자신의 딸을 무참하게 성폭행한 강간범을 용서하겠다는 한 아버지의 사연이었다. 또한 청년은 묻지 마 테러로 인해 극적으로 목숨은 건졌지만 온몸에 큰 상처를 입었다. 하지만 그가 테러범을 용서하겠다는 인터뷰 기사도 보았다. 상식적으로는 잘 이해가 되지 않는 내용이었다. 기사에는 엄청난 댓글이 달렸다.

그런 범죄자들은 사형을 시켜도 시원치 않다, 용서를 하다니 제정신이냐, 도무지 이해할 수 없다는 내용의 댓글이 대부분이었다. 나 역시 '듣는 것만으로도 화가 나는데 그 피해자들의 마음은 오죽할까.'라는 생각이 들었다. 하지만 테러를 당한 청년은 인터뷰에서 이렇게 말했다.

"당신들은 악마 같은 일을 저질렀다. 무고한 사람들을 죽이고 의미 있는 생명을 앗아갔다. 나 역시 그날의 상처를 여전히 안고 살아가고 있다. 하지만 나는 당신들을 용서하기로 했다. 용서는 오롯이 우리의 몫이라는 점을 배웠다. 두려움 속에 살지 않고 하루하루를 감사히 여기며 살아 나가겠다."

인터뷰 글 옆에는 온몸에 흰 붕대를 칭칭 감고 눈만 간신히 내어 놓은 청년의 사진도 함께 보였다. 도대체 천사가 아니고서야 이렇게 처참한 상황에서 어떻게 '용서'라는 단어가 나올 수 있을까 싶었다. 더욱 놀라운 것은 이후 청년은 병원 치료와 재활을 거쳐 건강을 회복했고 한 권의 책도

펴냈다. 자신이 겪은 이야기들과 함께 행복한 근황을 공개하며 힘든 시간을 겪고 있을 또 다른 누군가에게 희망의 메시지를 전했다. 그리고 그 테러범들에게도.

"당신들(테러범)을 용서하고 과거를 극복해 나는 더욱 강한 사람이 되었다. 어제를 이겨내어서 힘겨운 순간이 우리 삶을 좌우하도록 놔두지 않겠다."

그는 용서를 통해 지금의 더 멋진 자신이 될 수 있었다고 말했다. 만약 그가 과거의 아픔과 분노에 가득 찬 날들만을 보냈다면 지금 어떤 모습이었을까? 아마도 지금과는 많이 다른 모습일 것이다.

하버드 의대 조지 베일런트는 용서와 구분해야 할 몇 가지 사항이 있다고 말했다.

하나, 용서는 범죄에 대한 관용을 의미하지 않는다.
둘, 용서는 망각을 의미하지 않는다.
셋, 용서는 지나간 고통을 제거하지 않는다.
넷, 용서는 가해자를 너그러이 봐주는 것을 의미하지 않는다.

지독한 고통과 배신감을 겪으면서도 우리가 용서를 하는 이유는 바로 '더 나은 미래를 향하는 마음' 때문이다. 상대방에 대한 이해와 공감, 혹은 자기 연민에 빠져 언제까지 과거에 얽매일 수는 없다. 그러므로 우리가 용서를 하기 위해서는 미래를 그릴 줄 아는 능력과 용기가 필요하다. 간혹 이성을 잃고 복수의 칼날을 가는 경우도 있다. 그러나 복수는 악순환을 반복할 뿐이다. 그럼에도 인간이기에 이성과는 달리 감정을 잘 주체하지 못할 수 있다.

　늘 용서하라는 것은 아니다. 그렇게 할 수도 없다. 중요한 것은 자신을 위한 길이 무엇인지 생각하여 결정을 내리는 것이다. 누군가를 향한 악감정은 그 사람을 위해 시간과 노력, 내 인생을 쏟는 일이다. 그럴 시간에 자신을 위해 고민하고 노력해야 한다. 기억이 결코 사라지지 않듯이 고통에도 완전한 치유는 없다. 하지만 개선할 수는 있다. 그것만으로도 우리에겐 희망이 있고 더 나은 미래가 있는 것이다. 어떠한 순간에도 우리는 자신을 위한 선택과 삶을 살아가야 한다.

우리가 누군가에게 베푸는 선의도
알고 보면 결국 다 자신을 위한 것이에요.

때로는 이러한 이기심 덕분에
세상은 충분히 어우러져 살 만한 곳이 되는 것이죠.
그러니 당신을 언제나 진심으로 응원해요.

To. Myself...

chapter 07

생각보다는 행동으로 해답을 찾자

—

춤을 추는 거야….

왜 춤추느냐 생각해서는 안 돼. 의미 같은 것도 생각해선 안 돼.

의미 같은 건 애당초 없는 거야. 그런 걸 생각하기 시작하면 발이 멎어.

– 『댄스 댄스 댄스』 중에서

생각이 많으면 발목이 잡힌다

내가 늘 마음속으로 되뇌는 말이 있다. '생각보다 행동하는 사람이 되자!' 나뿐만이 아닌 많은 사람들이 이 명언을 모토로 삼고 살아간다. 사람들은 저마다 타고난 기질이 있다. 여기 사람을 세 가지 유형으로 나누는 한 가지 이론이 있다. 가슴형 인간, 머리형 인간, 행동형 인간으로 나누는 것이다. 가슴형 인간은 감성적인 사람이다. 풍부한 감성으로 직감과 느낌이 이끌리는 대로 행하게 되는 기분파들이 많다. 반면 머리형은 논리적이고 합리적이어서 스스로가 납득할 수 있는 계획에 따라 어떤 일을 진행하는 편이다. 그렇다면 우리가 가장 본받고 싶어 하는 행동형은 어떨까? 그들은 생각이나 감정보다는 먼저 몸이 반응한다. 빠른 결단력으로 실행에

옮긴다. 그 후 생각이 뒤따라가는 경우이다.

당신은 어떤 유형에 가까운가? 나의 경우 감성형과 머리형 인간에 가까운 듯하다. 상황에 따라 다르긴 하지만 행동형과는 조금 거리가 있다. 평소 주변에서 듣는 말이나 내 생활 패턴만 보아도 알 수 있다. 나는 어떤 일을 시작하고 끝내는 데 매우 신중을 기하는 편이기 때문이다. 그렇기에 고심하고 내린 결정인 만큼 한번 내린 결정에 대해서는 최선을 다하려 노력한다. 이러한 점이 장점이라면 단점도 있다. 스스로 정해놓은 규칙과 계획들을 따르는 삶을 살다 보면 의도치 않게 시야가 좁아질 우려도 있다. 좀 더 폭넓고 다채로운 경험을 시도해보는 데 합당한 설득이 필요하다.

생각해 보면 나는 그러한 모험적이고 도전적인 삶을 살기를 동경해왔다. 하지만 직접 현실에서 대면하면 주춤하는 경우가 많았다. 도전이라고 하면 어느 정도의 즉흥성과 행동력이 요구된다. 하지만 머리형에 가까운 나는 생각이 먼저 앞서는 경우가 대부분이었다. 그래서 즉흥적으로 행동하게 되는 경우가 거의 없었다. 나는 다이어리에 정해놓은 일정에 따라 생활을 해야 마음이 편하다. 심지어 사이가 좋지 못한 친구에 대해서는 혹시 모를 다툼의 상황을 대비해 미리 할 말을 생각해두기도 했다. 나에게 계획 없는 행동은 너무 조심스러웠다.

하지만 나는 이런 내 모습을 단점이라기보다 장점이라고 생각했다. 하지만 생각 때문에 행동하지 못하는 경우가 생기면 '후회를 하더라도 시도해볼 걸.'이라는 생각이 들었다. 그리고 다음을 기약했다. 신중한 것은 좋지만 그로 인해 좋은 기회를 잃었다고 생각할 때는 마음이 아팠다.

한때 예능 프로그램에서 번지 점프가 유행했던 적이 있다. 보기만 해도 아찔한 높이에서 과감히 뛰어내리는 모습을 보며 나도 버킷리스트로 꿈꿨다. 그런데 뛰어내릴 듯 망설이다가 결국 못 뛰어내리는 사람도 있었다. 그때 당시에는 타고난 담력이나 용기의 차이라고 생각했다. 그런데 번지 점프 성공자와 지도요원에게 들어보니 다른 이유가 있었다. 번지 점프를 할 때는 생각을 하면 안 된다는 것이다. 대부분 번지 점프를 뛰기 전 생각이 많아진다. 긴장되다 보니 아무 말이나 떠들며 망설이는 사람들이 있다. "많이 무섭죠? 정말 안전한 것 맞나요? 어떻게 뛰어내리면 돼요? 괜히 한다고 한 것 같아요." 시작 전에 이렇게 말이 많거나 한번 망설이기 시작하는 도전자는 결국 시간만 지체하다가 뛰어내리지 못한다고 한다.

사람은 생각이 많아지면 부정적인 에너지를 끌어오는 경향이 있기 때문이다. 처음에는 '해보자!'라는 긍정적인 생각으로 시작한다. 그런데 시간이 지나면서 걱정과 두려움이라는 부정적인 생각들로 자기합리화에 이르게 되는 것이다. 반면 번지 점프에 멋지게 성공하는 사람들은 생각보다 행동을 먼저 취한다. 번지 점프 출발선에서는 머릿속을 비워야만 뛰어내릴 수 있다. '뛰어내린다'는 오직 한 가지 생각만 한다. 이런저런 생각이 들 틈도 없이 일단은 뛰어내리고 보는 것이다. 그 순간만 넘기면 새로운 세상이 펼쳐진다. 그리고 그 후에 성공자들은 뿌듯하게 성공담을 풀어놓는다. 처음 한 번이 어려웠지, 두세 번째는 '이번에는 어떤 자세로 뛰어내릴까?' 하는 여유까지 부리면서 점점 더 쉽게 뛰어내릴 수 있게 된다.

시도 자체로도 의미가 있지!

생각만 하는 사람이기보다 행동하는 사람이 되어야 하는 이유가 바로 여기에 있다. 행동은 곧 경험이 되기 때문이다. 생각은 우리가 원하는 길을 그려낼 수는 있지만 만들어낼 수는 없다. 하지만 경험은 내가 원하는 길을 만들어낼 수 있다. 그것이 중요한 것이다. 우리는 더 나은 내가 되기 위해, 더 좋은 환경을 누리며 살기 위해 지금과는 다른 변화를 꿈꾼다. 그리고 그러한 모습은 오직 경험을 통해 이룰 수 있다. 크고 작은 행동이 쌓여 자신이 원하는 방향의 삶의 모습을 갖추게 되는 것이다. 단지 생각만으로는 변화시킬 수 없다. 기껏해야 기분 좋은 상상을 맛보는 짧은 행복감 정도일 것이다.

그런데 우리가 바로 행동으로 옮기지 못하는 이유는 무엇일까? 나는 일상에서 내가 마주하게 되는 크고 작은 도전에 대해 생각해보았다. 누군가 갑자기 발표를 시켰을 때, 평소에 내가 해보지 않은 일을 지시받았을 때, 심지어 내가 좋아하는 일에 대해 더 큰 성과를 얻기 위한 도전을 할 때 긴장감과 막연한 걱정이 들기 시작했던 것 같다. '혹시 실수하면 어쩌지?, 어떻게 해야 잘할 수 있지?'와 같은 마음이었다. 그런데 이러한 생각에는 '잘해야만 한다'는 강박관념이 깔려 있다. 실수하면 안 되고 좋은 모습을 보여줘야 한다는 생각에 더욱 긴장하게 되고 주춤하게 되는 것이었다.

하지만 누구나 모든 것을 다 잘할 수는 없다. 왜 도전에는 늘 무언가 이루거나 성취가 따라야 한다고 생각하는 것일까? 그러한 부담감이 오히려 우리의 생각을 경직시키고 발목을 잡게 되는 것이다. 때에 따라 도전은 성공할 수도 있고 실패할 수도 있다. 하지만 결과든 과정이든 다양한 가능성을 내포하고 있기에 더욱 가슴 뛰고 기대되는 것이 도전 아니던가. 그러니 단순히 시도해보는 도전 자체로 의미가 있다. 그러한 부담감은 좀 내려두어도 좋다. 출발하기도 전에 결과부터 걱정하면 어떤 것도 시작할 수가 없다.

사실 이렇게 이야기하는 나조차도 무엇이든지 잘하려고 하는 완벽주의 성향이 있다. 그래서 행동력이 좋은 친구들과 롤 모델을 따라 해볼 때도 많다. 그들의 '심플한 사고방식'을 통해 군더더기를 빼고 좀 더 담백하게 행동하려고 노력한다. 그러면서 생각을 많이 한다고 해서 최상의 해결책이나 최고의 결과를 내는 것은 아니라는 생각을 하게 됐다. 그런데도 우리는 실수하지 않고 최상의 선택을 하기 위해 늘 고군분투한다.

하지만 실수해도 좋고 실패해도 괜찮다. 때로는 시도 자체에 의의를 두는 것이다. 생각보다 행동부터 했을 때 그 해답이 쉽게 보이는 경우가 더 많다. 만약 당신이 복잡한 선택의 기로에 서 있다면 단순함이 해결책일 수도 있다. 시작하고 보면 그다음 길은 보이게 되어 있다. 크고 작은 시도들이 모여 참 괜찮은 내가 만들어질 것이다. 생각만으로 다듬어놓은 길이 아니라 울퉁불퉁한 길들을 가보는 것도 꽤 유쾌한 일이 될 수 있다. 행동하라. 행동하지 않으면 아무것도 바뀌지 않는다. 그리고 시도를 통해 계속 다듬어 나가보자. 매일 평범한 마음으로 행동에 옮기는 것이 비범한 것이다!

의심하고 주춤거리는 사람에게는
결코 만족할 만한 성과는 없어요.

망설이면 시작되지 않으니까요.

진짜 해결책은
최고의 아이디어가 아니라
해결을 위해 발을 내딛는 것이에요.

chapter 08

탓하지 말자, 척하지 말자

–

만약 그것이 당신에게 매우 중요한 일이라면, 당신은 길을 찾을 것이다.
만약 그렇지 않다면, 당신은 변명거리를 찾을 것이다.

– 토머스 풀러(영국의 종교인, 역사학자)

솔직함이 약점이 되는 세상살이

사람들은 솔직한 사람을 좋아한다. 가식 없고 진솔한 사람에게 호감을
느낀다. 하지만 사회생활에서 사람이 솔직하다면 얼마나 솔직할 수 있을
까. 괜히 솔직했다가 불이익을 당해본 경험은 혹시 없었는가? 나는 정말
솔직하게 대답한 것인데 순진한 척한다고 오해를 받았던 적이 있다. 모
두가 '아니요'라고 말할 때 '예'라고 말했다가 사회생활을 못한다는 소리를
들은 적도 있다. 그렇게 한두 차례씩 이런 일들을 겪다 보니 점점 솔직해
지는 일이 쉽지 않게 된다. 그러다 보면 진짜 내 진심은 무엇인지 가끔 나
조차 헷갈릴 때도 있다.

상사의 재미없는 농담에 활짝 웃어야 하는 것은 가식일까, 매너일까?

웃으며 뼈 있는 말들을 아무렇지 않게 뱉어 내는 동료에게 마음과는 달리 호의적으로 행동하게 되는 나는 착한 것일까, 바보같은 것일까? 가끔은 이런 게 사회생활이지 싶다가도 혼란스러워 지치고 힘들 때가 있다. 도대체 어느 장단에 맞춰 춤을 추라는 것인지 답답하고 짜증스러운 맘도 든다. 하지만 그랬던 나도 점점 아무렇지 않은 듯 그러한 상황에 맞춰가고 있다고 느낄 때면 왠지 모를 쓸쓸한 마음도 든다.

슬퍼도 슬프지 않은 척, 아파도 아프지 않은 척, 외로워도 외롭지 않은 척을하며 살아간다. 우리는 각박하게 얽히고설킨 사회에서 자신을 보호하기 위해 한없이 괜찮은 척하고 있지 않은가. 그러면서 나도 모르는 사이 많은 것을 탓하며 살고 있지 않은가.

인터넷 서핑을 하다가 어느 작가의 일러스트 그림을 본 적이 있다. 현대인의 출근 전 모습을 묘사하는 있는 그림이었다. '오늘은 어떤 가면을 쓰고 나가볼까?'라는 문구와 함께 한 남자가 고민하고 있었다. 남자는 방 한쪽 벽에 걸려 있는 여러 개의 표정 가면을 고르고 있었다. 이 얼마나 웃기고도 슬픈 풍자인가? 나도 모르게 이미지를 캡처하고 있었다. 누구보다 공감하고 있다는 사실을 느끼며 피식 실소가 새어 나왔다.

이렇게 우리는 서로에게 깊은 진심은 숨긴 채 저마다의 가면을 쓰고 살아가고 있다. 슬픔과 외로움은 부정적인 요소라 치부한 채 꽁꽁 숨겨둔다. 어떤 때는 오히려 누구보다 괜찮은 척, 심지어 행복한 척하며 SNS를 통해 과시하기도 한다. 강한 긍정은 부정이라는 말처럼. 하지만 때로 진실된 모습은 누군가에게 약점이 되기도 한다. 그래서 우리는 선뜻 드러내지 못한다.

나는 고민이 있으면 최대한 스스로 해결하려 노력한다. 친구들에게 푸념을 하며 스스로 핑계를 만드는 내 모습이 싫기 때문이다. 다만 내 선에서 해결할 수 없거나 도저히 누군가에게 이야기하지 않고서는 못 견딜 마음일 때는 이야기를 꺼내게 된다. 예전에 나는 집안 문제로 힘들어하던 시기가 있었다. 그때 혼자서 고민하던 끝에 용기를 내어 친구에게 이야기를 풀어놓았다. 그런데 나중에 시간이 지나 그 친구는 그때 일을 비아냥거리듯 가볍게 들춰내었다.

나는 그 이야기가 나올 때마다 마음이 불편하고 기분이 좋지 않았다. 스스로 치부를 드러내고 다닌 것 같아 낯이 뜨거웠고 말한 것을 후회했다. 그것이 나의 약점이라고 여긴 적은 없었지만 이상하게 약점이 되어 돌아온 듯한 느낌이 들었다. 그 사건 이후로 나는 다른 사람에게 나의 이야기를 드러내는 일을 더욱 꺼리게 되었다. 누군가 내게 자세한 근황을 물어볼 때에도 즐겁고 행복한 이야기만 나누려고 했다. 나는 늘 행복한 사람, 잘 지내고 있는 사람이어야 했다.

약점을 인정해야 발전할 수 있다

과연 자신이 부족하다고 여기는 점을 숨기기만 하는 것이 과연 좋은 방법일까? 한때 입사 동기였던 직장 동료가 있었다. 나보다 두 살 많은 그녀는 서른 살에 첫 입사를 한 늦깎이 신입이었다. 그녀는 대학교 시절 대부분을 놀면서 보냈다고 했다. 남들처럼 취업을 위해 학점 관리에 열심이거나 열심히 스펙 쌓기를 한 것도 아니라고 했다. 그렇게 졸업을 하고 본인의 전공과는 전혀 다른 업종의 아르바이트로 생계를 유지했다. 그러다 뒤늦게 정신을 차리고 전공을 살려 일을 시작한 것이다. 이런 그녀의 스토리는 사실 당당하게 자랑할 만한 이야기는 아니다. 그런데도 스스럼없이 자신의 지난 일에 대해 이야기하고 다녔다.

한참 지나고 나서야 알게 되었는데 이런 그녀의 태도에 동료들은 꽤나 당황했다고 한다. 어쩌면 자신에게 마이너스가 되는 이력을 스스로 어필하고 다니는 격이었기 때문이다. 그뿐만 아니라 보고서 작성 실력이나 기본적인 문서를 다루는 스킬에서도 부족함이 드러났다. 그러다 보니 동료들 사이에서 업무 처리 능력에 대해 걱정하는 말이 나오기도 했다.

그럼에도 그녀는 자신의 부족함을 당당히 드러냈다. 그것이 시간이 갈수록 오히려 매력으로 보이기 시작했다. 처음에 그녀는 프로그램을 다루는 기본적인 상식과 문서를 작성하는 요령들까지 여기저기 물어보고 다녔다. 그런 모습에 상사는, 직장은 학원이 아니라 돈을 버는 일터임을 기억하라고 일침을 가하기도 했다. 그런 말을 들으면서도 그녀는 자신의 부족함에 대해 부끄러워하거나 움츠러들지 않았다. 작은 것 하나까지도 자주 질문하는 것에 대해 지적을 받았지만 어떻게 해서든 배우려는 태도로 임했다. 모르는 것을 당당히 모른다고 말하고 배워나갔다. 그런 모습이 피해가 갈까 미안했는지 동료들에게도 더욱 살갑게 대하려고 노력했다.

시간이 흐르면서 그녀는 업무 처리에 능숙해졌다. 동료들 사이에서도 처음에 우려했던 이미지와는 달리 신뢰감이 생기기 시작했다. 솔직하고 자신감 있는 그녀의 태도는 팀원들에게 분위기 메이커 역할까지 했다. 어떠한 상황에서도 자신의 기분이나 의견을 솔직하게 표현했다. 때론 실수를 하거나 혼날 때도 있고 확실히 부족하고 서툴러 보였지만 인간적인 모습이 장점으로 느껴졌다.

사람은 자신의 불완전한 부분이나 약점을 숨기고 싶어 한다. 어떤 때에는 오히려 과하게 포장하여 거짓으로 덮으려고도 한다. 자신의 치부를 들킬까 봐 두려워 때론 누군가를 탓하거나 이용하기도 한다. 그러나 원만한 대인 관계나 좋은 이미지로 평가받는 사람들은 대부분 완벽한 사람들이 아니다. 오히려 실수나 미숙함에서 오는 인간적인 면모를 가지고 있다. 하지만 그들에게는 자신의 부족한 점을 기꺼이 드러내고 개선하려는 당당함과 긍정적인 태도가 있다. 그러한 모습에 우리가 더욱 호감을 느끼고 다가가게 되는 것이다.

이렇듯 우리는 자신의 부족한 부분을 드러내 보이며 진심으로 다가갈 때 신뢰감을 높일 수 있다. 누군가에게 꼭 좋은 사람이 되기 위해서가 아니라 좀 더 당당하고 자신감 있는 내가 되기 위해 솔직함이 필요하다. 그러므로 가끔은 먼저 실수하는 모습을 보여주는 것도 좋다. 그래야 스스로가 쓴 가면에서 벗어나 좀 더 자유로운 마음도 가질 수 있다. 또 상대도 경계심을 늦추고 내게 좀 더 친근하게 다가올 수 있을 것이다.

내가 받고 싶은 대로 먼저 행하라고 하지 않던가? 잘하는 척, 괜찮은 척, 즐거운 척하는 사람들보다는 있는 그대로의 당신의 모습을 보여줄 때에 스스로에게도 당당한 내가 될 수 있다. 자신을 속이는 데는 한계가 있다. 언젠가는 본모습이 조금씩 드러날 수밖에 없다.

자신의 장점이든 단점이든 과장되게 꾸미거나 거짓으로 덮지 말고 먼저 인정해보자. 인정하면 스스로는 물론 나의 상황까지 있는 그대로 받아들일 수 있는 여유가 생긴다. 그렇게 되면 척하거나 탓하지 않게 된다. 숨기려 급급한 모습이 아닌 더 나은 모습을 만들기 위한 해결책에 초점을 맞추게 된다. 그러한 태도는 나 자신을 더욱 당당하게 만들어 더욱 멋진 사람으로 보이게 만들어줄 것이다. 우리의 진심은 진심끼리 통하며 완벽한 사람은 동경의 대상이 될 뿐, 결국 불완전한 모습의 우리가 서로 사랑한다는 것을 잊지 말자.

자신의 부족한 부분을
감추려고만 하는 마음으로는
앞으로 더 나아가지 못해요.

스스로 당당해져야 해요.

다른 사람을
함부로 우습게 여기는 사람들이
가장 우스운 존재예요.

4장

———

불친절한 세상에서
나로 살아남는 기술

chapter 01

겸손함의 적정선을 지킨다

—

그러나 나는 당신의 성품이 걱정됩니다. 당신은 인정이 너무 많아요.
— 윌리엄 셰익스피어(영국의 극작가)

스스로 호구가 되지 말 것

겸손한 것과 착한 것은 다르다. 언젠가 사회적으로 인정받는 유명인으로부터 이런 말을 들었던 적이 있다. "감사 인사는 세 번 이상은 하지 말라." 세 번 이상 고맙다고 말하는 것은 겸손함이 아니라 자신의 가치를 낮추는 일이라고 했다. 과한 인사는 겸손함의 적정선을 넘어 자신의 격을 떨어뜨린다.

고백하건대 나는 감사함이나 미안함에 대해 여러 번 표현하는 경향이 있다. 그러다 보니 어떤 때에는 '내가 왜 이렇게까지 하는 거지?'라고 느낄 때도 있었다. 하지만 이미 몇 번이고 인사를 하고 난 후였다. 생각해보면 그렇게까지 감사 인사나 사과를 받을 일이 아니었는데도 지나치게 표현했다. 이럴 경우 상대의 반응은 두 가지로 나뉜다. 그런 내게 더 호감을 보이며 친절하게 대하는 경우와 조금은 으스대며 나를 만만하게 대하는 경우이다.

만약 내가 상대였다면 전자에 속한다. 별것 아닌 일에도 지나친 인사를 표하는 사람들에게는 겸손함과 인간미를 느끼게 되기 때문이다. 그래서 다음에도 기회가 된다면 좀 더 잘 챙겨주고 싶은 마음까지 생긴다. 그러나 상대가 후자의 경우와 같다면 '아차' 싶은 마음에 후회가 밀려오기도 한다. '내가 저런 사람에게 스스로 나를 너무 낮춰 보였구나.' 하는 생각이 든다. 그런데 그런 상황에서 가장 속상했던 것은 상대가 아닌 나 자신이었다.

그런 존대를 받을 만한 사람이 아니었는데 나는 끝까지 웃으며 대응했기 때문이다. 그가 내게 베푼 한 번의 호의만으로 나는 기분 나쁜 내색 한 번 하지 못했다. '호의가 계속되면 둘리인 줄 안다.'라는 말은 정말 사실이었다.

나와는 다른 성향의 직장 동료와 함께 어울려 다닌 적이 있었다. 내가 내향적인 편이라면 그 동료는 매우 외향적이었다. 그녀가 아무 생각 없이 하는 직설적인 표현들에 속으로 상처받을 때도 종종 있었다. 겉으로는 표현하지 않았지만 퇴근길 버스 안에서 혹은 잠들기 전 문득 떠오를 때마다 욱하는 마음이 불쑥 들기도 했다.

　그녀는 자신보다 어린 나를 회사에서도 동생처럼 대할 때가 많았다. 평소 내 머리를 헝클이거나 꿀밤을 때리는 장난을 자주 쳤다. 또 치마를 입고 오는 날에는 속옷이 다 보일 정도로 치마를 뒤집어버리기도 했다. 처음에는 친근감을 나타내는 애정 표현에 내가 너무 과민하게 반응하는 것은 아닌가 생각했다. 그래서 어떠한 경우에도 웃으며 받아주었지만 가끔 심하다고 생각할 때에는 기분이 좋지 않은 내색을 했다. 고작해야 평소보다 웃음기를 좀 더 빼고 몇 마디 하는 정도였지만.

　그렇게 지내다 보니 언젠가부터 나를 만만하게 대하고 있다는 느낌이 들기 시작했다. 직원들이 한 주마다 돌아가면서 하는 탕비실 청소 당번을 상의도 없이 멋대로 바꾸고 통보했다. 함께 점심 식사를 하거나 산책을 할 때에도 일방적으로 자신의 속도에 맞췄다. 나이를 떠나서 회사 동료로서 어떠한 존중이나 배려도 느끼지 못했다. 그러다 보니 더 이상 친근함의 표현이라고 느끼기 어려웠다. 그 사람의 인격에 대해서도 회의감이 들기 시작했다. 나는 조금씩 거리를 두게 되었고 우리는 점점 어색한 사이가 되었다.

　사람은 상대성을 가진 동물이다. 친절함이나 겸손함의 정도도 상대방에 따라 달라져야 한다. 나의 겸손함을 가볍게 여기며 존중하지 않는 사람들에게까지 친절에 대한 의무를 가질 필요는 없다. 그것은 겸손한 것도 착한 것도 아니라 어리석은 것이다. 타인이 자신을 함부로 대해도 적절한 방어를 하지 못한다는 것은 스스로 자신을 존중하지 않는 것을 보여주는 것이다. 감사나 사과의 표현도 받을 만한 자격이 있는 사람에게나 그 의미가 제대로 전달된다.

표현을 주고받는 과정에서 그 사람의 인격이 드러난다. 그 말은 인사를 받는 사람 못지않게 하는 사람의 태도도 중요하다는 뜻이다. 어떤 말과 행동을 하느냐에 따라 그 사람의 자존감과 자기애도 고스란히 느껴진다. 그러니 친절이나 겸손도 상황과 사람에 따라 적정선을 지켜 그에 맞는 격을 스스로 갖추어야 한다. 상대의 태도를 탓하기 전에 자신이 먼저 어떻게 행동했는지에 대해서도 생각해볼 필요도 있다. 지나친 친절로 스스로를 호구로 만들고 있는 것일지도 모른다.

겸손함의 정도가 나의 품격

우리나라 사람들은 칭찬에 인색하다. 타인을 칭찬하는 것은 물론 칭찬받는 것에 대해서도 어색함을 느낄 때가 많다. 흔히 낯간지럽다고도 표현한다. 적어도 두 번 이상은 사양할 줄 아는 겸손을 미덕으로 여긴다. 우리 부모님은 어릴 적부터 칭찬을 많이 해주시는 편이셨다. 대단한 일이 아닌 지극히 사소한 일에서도 '너무 잘하는데.', '정말 대단한 걸.', '역시 엄마 딸이야.'와 같은 말을 아끼지 않으셨다. 하지만 이렇게 칭찬에 많이 노출되어 자라온 나도 타인으로부터 칭찬을 들으면 머쓱하고 쑥스러울 때가 많다. "아니에요, 제가 뭘요."라는 말이 자동으로 튀어나온다.

그런데 그중에는 칭찬에 대해 넙죽 잘 받아들이는 친구들도 있다. 누군가 자신에게 "너 오늘 예쁘다, 화장 잘 먹었네?"라고 말하면 "정말? 그치, 내가 생각해도 그래. 그래서 기분이 너무 좋아."라고 대답한다. 만약 나였다면 아마도 이렇게 대답했을 것이다. "정말? 아닌데. 평소랑 똑같은데?" 사실 별것 아닌 말 같지만 이 둘 사이에는 큰 차이가 있다. 칭찬을 해준 사람의 입장에서는 친구처럼 대답했을 때 더 기분이 좋지 않았을까? 자신의 칭찬에 대해 기분 좋은 반응이 돌아왔으니 아마 칭찬을 한 보람도 느꼈을 것이다. 게다가 칭찬받기를 쑥스러워하지 않고 발랄하게 받아들이는 친구의 모습에서 자기애마저 느껴진다.

어쩌면 우리는 자신을 특별하게 생각하고 대우하는 방법을 잘 배우지 못했을지도 모른다. 생각해보면 오히려 타인의 생각과 감정에 더욱 주의를 기울이도록 교육받지 않았던가. 더구나 개인보다는 집단을 중요시하는 관계지향적인 문화 속에서 살아왔다. 그래서 한 번의 겸손도 없이 무턱대고 칭찬을 받아들였다가 잘못하면 '재수 없다'라거나 '눈치 없다'는 소리를 듣게 된다. 그러지 않기 위해서 우리는 가끔은 주눅이 들었다고 여길 만큼 자신을 낮추며 타인을 존중하고 있는지도 모른다.

그러나 이러한 문화도 조금씩 변하고 있다. 예전에 〈비정상회담〉이라는 TV프로그램에서 이탈리아인 알베르토는 "한국에는 세계적으로 충분히 경쟁력을 가질 수 있는 맛있는 음식들이 많은데 마케팅을 잘 못하는 것 같다."라고 말했다. 실제로 상품이 가진 가치에 비해 많이 알려지지 않은 것이 너무 안타깝다고 했다. 그의 말처럼 우리나라는 문화적으로 좋은 콘텐츠를 많이 가지고 있다. 그럼에도 세계 무대에서 그 경쟁력을 인정받는 상품은 몇 개 되지 않는다. 이웃나라 일본만 해도 애니메이션과 스시를 비롯해 세계인에게 인정받고 있는 상품들이 많다. 이러한 점들 역시 우리에게 깔려 있는 겸손의 정서에서 비롯된 것 같다. 마케팅은 자신을 잘 드러내고 알리는 일이기 때문이다. 타인을 배려하고 존중하는 데 익숙해져 있는 우리에게 자신의 존재감을 어필하고 자랑하는 일은 익숙하지 않다.

오늘날과 같은 자기 어필 시대에서는 겸손의 마인드를 잘못 사용하면 오히려 자신에게 마이너스가 될 수 있음을 알아야 한다. 뒤로 빼는 시대는 지났다. 지금은 들이대고 드러내며 알려야 하는 시대이다. 상황에 맞는 적정한 예의 정도면 충분하다. 그러니 착한 사람이 되기 위해 부적절한 대우를 감수하면서까지 미안해할 필요도, 비굴해보일 만큼 감사해할 필요도 없다. 정도에 맞는 적정한 겸손함이면 충분하다. 당신의 겸손함의 정도에서 자존감과 자기애가 드러난다. 겸손하면서도 대우받을 수 있는 당신이 되어야 한다.

자신의 가치를 떨어뜨리면서까지
타인을 세워줄 필요는 없어요.

스스로를 지켜내는 건
나의 책임이자 몫이라는 걸
기억해요!

To. Myself...

chapter 02

꼰대의 조언에 안주하지 않는다

_

너한테 도와달라고 할 만큼 나나 우리 가게가 허약하지는 않아.

그러니까 쓸데없는 생각 말고 한 번 더 목숨 걸고 해봐. 도쿄에 가서 열심히 싸워보라고.

그 결과, 싸움에 패한다면 그건 그것대로 괜찮아. 어떻든 너만의 발자취를 남기고 와.

– 『나미야 잡화점의 기적』 중에서

스스로 결정하고 책임지는 습관

나는 회사를 다니지 않는다. 그 좋은 직장을 왜 그만두냐고 주변에서 만류하기도 했다. 하지만 이미 내 결심은 서 있었다. 머리와 가슴이 따로 놀 때가 있다. 그런데 그 두 가지가 일치하는 일이라면 고민할 필요는 없다. 나는 회사 생활이 나를 옥죄는 숨 막힘이 싫었고 이대로 견뎌도 더 이상 나아질 것이 없다고 생각했다.

주변 친구들은 취업이나 이직, 퇴사를 하기 전에 부모님과 먼저 상의를 한다. 그리고 부모님의 조언에 따라 선택하는 경우도 많다. 그러나 나는 부모님께 내 선택을 맡겨본 적이 없다. 회사에 취업을 할 때에도 퇴사를 할 때에도 내가 충분히 고민하고 결정한 후 결론을 말씀드리는 식이었다.

내가 잘나거나 제멋대로여서가 아니다. 생각해보면 부모님의 양육방식이 크게 작용한 것 같다.

자라면서 나는 부모님의 잔소리를 들어본 적이 거의 없다. 특정 선택에 대해 강요를 받은 적도 없다. 늘 스스로 선택할 수 있도록 도와주셨다. 물론 더 나은 선택을 위한 조언을 해주지만 결국 선택은 나의 몫이었다. 그래서 그 결과에 대한 책임도 자연스럽게 스스로 감당해야 한다고 생각했다.

나는 회사를 나와 6개월 동안 쉬었다. 모아둔 돈으로 가고 싶은 곳으로 여행을 떠났고 배우고 싶었던 것을 공부했으며, 관심사의 취미들도 즐겼다. 가끔은 친구들을 만나러 다녔고 어떤 때는 하루 종일 집에서 그림만 그리기도 했다. 하지만 그때에도 눈치 한 번 주신 적이 없었다. 오히려 눈치를 주지 않는 게 눈치가 보일 정도였으니까. "사람이 쉴 때도 있어야지. 열심히 했으니까 지겨울 만큼 실컷 쉬다가 다시 일하면 돼."라고 말해주셨다.

그 덕분에 당시 편하게 쉴 수 있고 더 좋은 직장으로 이직도 했다. 합격 소식을 전해드렸을 때 부모님은 그저 기쁜 마음으로 축하해주셨다. 앞으로 더 좋은 일만 생길 것이며 모든 것이 더 잘 될 것이라고 격려도 덧붙이셨다. 그러다 보니 나는 스스로 결정을 내리는 것에 익숙했다. 물론 다 만족할 만한 결과만 있었던 것은 아니다. 원치 않은 결과를 얻을 때에는 내게 넌지시 "사실 엄마는 네가 다른 선택을 하길 바랐는데. 그래도 이번 일을 통해서 하나 배웠다고 생각해. 알겠지?"라고 말씀하셨다. 나무라는 일은 거의 없었다. 오로지 내 선택과 책임을 믿고 응원해주셨다. 덕분에 스스로 깨달을 수 있는 것이 많았다. 이러한 습관들로 인해 나는 일찍 내 삶에 대해 주체적인 자세를 가질 수 있었던 같다. 그러한 점이 늘 감사하다.

모범답안은 나에게 있다!

중학교 때 친구를 따라 공부방을 다닌 적이 있다. 가정집 한편에 마련된 공부방에는 50대 후반의 할머니와 아주머니 사이로 보이는 한 분이 있었다. 수학 선생님이었다. 수업 첫날 우리는 각자의 실력에 맞는 공부 방법을 알아내기 위해 학습 능력 평가 시험을 보았다. 그리고 다음 날 저녁, 부모님은 조금은 격양된 목소리로 나를 부르셨다. 어제 본 수학 학습 능력 시험 결과에 대해 공부방 선생님과 통화를 하신 모양이었다.

"도대체 어제 공부방에서 무슨 일이 있었는데 선생님이 이렇게 말씀을 하시는 거야? 수학이 완전히 개판이래, 개판!"

나는 깜짝 놀랐다. 평소 50점대의 점수로 수학을 잘하는 편은 아니었다. 그렇지만 이제 막 배우려고 찾아간 학생에게 표현이 너무 심하다는 생각이 들었다. 게다가 선생님은 내가 수학에 가망이 없을 정도라고까지 판단했다. 더구나 수학은 이해력과 응용력이 생명인데 나의 경우 암기식으로 접근하는 것이 문제라고 했다. 모든 가능성을 꺾는 듯한 혹평에 나는 기분이 좋지 않았다. 아니, 상처를 받았다. 그까짓 수학 때문에 내가 이런 모욕을 받아야 한다니 울컥하는 마음에 눈물이 흘렀다. 처음에는 나를 혼내시던 부모님도 나중에는 그 공부방 선생님에게 배우는 걸 반대하셨다.

그날 이후로 나는 오기가 생겼다. 어떻게 해서든지 수학 점수를 올리고야 말겠다고 다짐했다. 물론 나는 기본기가 부족했기 때문에 점수를 올리는 것이 쉽지는 않았다. 수학에 그다지 흥미를 가지던 것도 아니었다. 하지만 나의 가능성을 무시하던 선생님께 보란 듯이 보여주고 싶었다. 쉬는 시간에 교무실로 찾아가 선생님께 모르는 문제를 물어보았다. 공부를 잘하는 친구들에게도 틈틈이 물어가며 배웠다. 나의 기초 부족은 계속 걸림돌이 되었다. 가르쳐주는 사람도 배우는 사람도 답답한 것은 마찬가지였다. 하지만 이대로 수학에서 실패자가 되고 싶지는 않았다. 선생님의 평가가 잘못되었다는 것을 직접 증명하고 싶었다.

나는 응용 문제에 가장 취약했다. 반면 암기하는 것에 자신이 있었다. 그래서 나에게 맞는 방식을 찾아 공부하기 시작했다. 중요한 공식과 매번 비슷하게 출제되는 문제 유형을 파악해서 외우는 것이었다. '이가 없다면 잇몸으로'라는 마음으로 임했다. 기출 예상 문제집을 반복적으로 풀어보며 문제의 패턴을 파악했다. 그러다 보니 조금씩 수학에 재미와 자신감이 붙었다. 그리고 마침내 중간고사에서는 64점, 기말고사에서는 내 인생 최고의 수학 점수인 89점을 맞게 되었다.

사실 내가 생각해도 기적 같은 일이었다. 나의 수학 점수라고는 믿기지 않을 정도로 놀라운 변화였기 때문이다. 나는 공부방을 다니는 친구를 따라 선생님을 만나러 갔다. 그리고 시험 성적을 보여드리며 자랑스럽게 웃어 보였다. 그때 놀란 선생님의 표정이 아직도 어렴풋이 기억난다.

우리는 자신보다 나이가 많거나 경험이 많은 사람들의 조언을 신뢰하고 참고한다. 쌓아온 시간과 경험의 전문성을 인정하는 것이다. 하지만 그들이 마땅히 타당하다고 여기는 그 사고에는 어느 정도의 권위와 거품이 녹아 있다는 것을 알아야 한다. 이는 나이 차가 많이 날수록, 더 오래된 전문지식을 갖고 있을수록 더욱 그렇다. "우리 때는 말이야, 나라고 그렇게 안 해 봤겠어, 내 말이 맞아, 아니야?"와 같은 말들에는 이미 자신의 말이 정답이라는 뉘앙스가 깔려 있다. 물론 끝까지 들어보면 틀린 말이 아닌 경우가 많다. 처음에는 '또 시작이다.' 싶지만 마지막에는 '하긴 그렇긴 하지.'로 끝날 때도 있다.

그러나 그 이야기 속의 주인공은 본인들 자신이지 우리가 아니다. 그들의 실패담에 우리가 똑같은 이유로 실패하리란 보장은 없다. 또 그들이 걸어온 성공 길이 반드시 우리의 행복을 인도해줄 보험도 아니다. 우리에게 누군가의 조언은 선택에 대한 약간의 확신만 필요할 뿐, 그들의 인생 레시피를 빌려서 실패하지 않는 황금 레시피만을 맛보기 위한 요량은 아니란 것이다.

그러니 꼰대가 하는 말에, 그들이 쌓아온 노하우에 안주하는 것은 위험한 일일 수 있다. 그들의 연륜만 믿고 본인의 인생에도 어슴푸레 적용될 것이라고 착각하지 말자. 자신의 삶에 대한 통제권은 타인의 경험에 대한 신뢰가 아닌 자기 자신에게 있어야 한다. 그리고 죽이 되든 밥이 되든 그렇게 쌓인 결과들이 모여 탄탄하고 주체적인 삶을 형성할 수 있다. 스스로의 선택이 아닌 다른 사람의 오답 노트에 의존한 선택은 그 책임에도 떳떳할 수 없다. 꼰대들이 만들어놓은 세상의 획일화된 기준을 이상적인 모범 답안이라 속지 마라. 설령 그 상대가 형제나 부모님이라도 우리가 그 기대에 부응하기 위해 애써야 할 필요는 없다.

오직 자신의 경험에 의한 오답 노트를 기꺼이 받아들고 내면의 GPS를 작동시켜라. 그리고 나만의 절대적인 위치 감각을 익혀나가라. 어떤 길로 가든 주체성을 잃지 않는다면 그 모든 선택은 정당하다. 세상에 그럴싸한 정답은 없다. 오직 다른 길만 있을 뿐이다.

선택과 책임에 대해
감당할 자신이 없을 때
다른 사람들의 정답에 기대려 해요.

자신의 뜻이 아니라면
그 어떠한 결과에도 떳떳할 수 없어요.

좀 더 자신을 믿고 따라보세요.

주체적인 삶의 태도야말로
우리 인생의 모범 답안이니까요!

chapter 03

내 위치는 내가 만들어간다

—

20대의 당신의 얼굴은 자연이 준 것이지만,
50대의 당신의 얼굴은 스스로 가치를 만들어야 한다.
– 가브리엘 코코 샤넬(프랑스의 패션디자이너)

내가 하는 만큼 대우받는다

"고객님, 기름은 얼마나 넣어드릴까요?"

"3만 원!"

우리 주변에는 어른답지 못한 어른들이 많다. 한눈에도 어려 보이는 주유소 아르바이트생에게 거만하게 카드를 내밀면서 반말을 날린다. 오죽하면 아르바이트생들이 받는 고충을 풍자적으로 담은 CF까지 등장했겠는가. 또한 외모가 다르다는 이유로 장애인들을 함부로 무시하거나 차별하기도 한다. 아직까지 이렇게 미성숙한 시민 의식을 가지고 있다는 것이 부끄러울 따름이다.

더 웃긴 것은 그러면서도 자신들은 마땅히 대우받기를 원한다는 것이다. 자신보다 어리고 약해 보이는 사람에게 대하는 행동을 보면 그 사람의 인격이 드러난다고 했다. 즉 자신의 말이나 행동이 곧 그 사람의 인격이다. 옛말에도 이런 말이 있다. "자신이 대우받고 싶은 대로 먼저 대우하라." 누군가를 함부로 대하는 것은 본인에게도 함부로 대해도 된다는 것과 같다. 결코 우월함을 보여주는 것이 아니다.

우리는 도덕 시간에 '역할 기대'와 '역할 수행'에 대해 배운 적이 있다. 역할 기대란 역할에 대한 타인의 요구나 기대감이다. 예를 들면 학생이라는 역할에 대해 선생님과 부모님은 공부를 열심히 하기를 바라는 것이다. 반면 역할 수행은 스스로가 역할에 대해 인식하고 있어 주변의 역할 기대대로 행동하는 것을 말한다. 학생으로서 자신의 본분은 공부를 하는 것이라고 생각하고 열심히 실천하는 경우가 여기에 해당한다.

집단 속에서 관계를 맺으며 살아가는 우리는 필수적으로 그러한 사회적 역할이나 구실을 갖추어야 한다. 더구나 사람들은 그 기대가 충족되지 않으면 실망하거나 그 사람의 능력을 의심하게 된다. 하지만 오늘날 우리는 너무나도 다양한 역할에 속하게 됨으로써 그 기대를 충족시키기가 쉽지 않다.

가정에서는 자랑스러운 아들딸로, 회사에서는 성실하고 유능한 인재로, 친구에게는 언제든 위로할 수 있는 존재로, 그리고 사랑하는 연인에게는 늘 곁에서 든든한 버팀목이 되어줄 수 있어야 한다. 그러나 우리는 그 기대감의 무게로 인해 종종 정서적 혼란을 겪는다. 내가 원하는 나와 타인이 원하는 내 모습이 충돌하기 때문이다. 그때 우리는 대부분 타인이 원하는 기대치에 부응하기 위해 자신을 바꾸거나 잠시 내려놓기도 한다. 하지만 인간의 욕심은 끝도 없어서 이런 개인의 노력을 알아채지 못하고 그 이상의 것을 더욱 요구하기도 한다.

30대 후반의 대리님은 상사들의 지시라면 곧잘 따르는 스타일이었다. 그것이 그녀가 10여 년을 넘게 사회생활을 하면서 터득한 방식이라고 했다. 신입 때는 지시한 업무에 대해 반론도 제시하고 다른 방식으로도 제안해가며 맞서보았다고 한다. 하지만 결과는 어차피 상사의 컨펌이 떨어져야만 하는 '답정녀'일 때가 많았다. 결국 이런 반복에 지쳐 상사의 지시에 고분고분 순응하는 것이 현명한 길이라고 생각하게 된 것이다.

그러다 보니 본인이 굳이 하지 않아도 될 업무 지시까지 요청받는 일이 많았다. 게다가 하루에 참석해야 하는 회의가 점점 늘어나서 본 업무는 야근을 하면서 해야 했다. 심지어 그 회의에서 본인은 그저 고위 간부들의 의견을 경청하는 정도의 머릿수 채우기에 불과했다.

이러한 대리님의 업무 스타일은 직속 부하직원들에게도 영향을 미쳤다. 업무가 늘어날수록 부하 직원들이 처리해야 하는 일도 늘어났다. 대리님의 '예스맨' 업무 스타일과 잘 맞지 않는 직원들과는 종종 트러블도

겪어야 했다. 어떻게 해서든 참고 해보려던 대리님도 어느 순간 한계점에 이르는 날이 왔다. 우리는 빈 회의실에서 눈물을 흘리며 동료 직원에게 하소연하는 대리님의 모습을 보게 되었다.

어디든 '예스맨'은 존재한다. 처음에는 배려라고 생각하던 일이 언젠가부터 주변 사람들에게는 당연한 호의가 된다. 그러다 보면 그 사람들의 기대에 부응하기 위해 호의를 끊어내기가 점점 힘들어진다. 사람들은 9번의 NO를 외치던 사람이 어느 날 1번의 YES를 외치면 매우 의외라고 생각하면서도 고마움을 느낀다. 하지만 그 반대의 경우는 다르다. 오히려 실망을 하게 되는 경우가 더 많다. 지금까지 받았던 배려보다는 그 한 번의 거절에 의한 충격에 더 민감하게 반응한다.

하지만 가만히 들여다보면 스스로 무덤을 판 격일 때가 많다. 누구도 자신에게 그렇게 예스맨이 되기를 요구하거나 강요했던 적은 없었다. 단지 본인이 반복한 말과 행동이 자신의 이미지가 되어버린 것이다. 마찬가지로 만약 누군가가 나를 무시하는 경우가 있다면 스스로 한번 되돌아보자. 그 사람에게 무시당할 만한 행동이나 모습을 보였기 때문일 수 있다. 아니면 알게 모르게 내가 먼저 무시했을 수도 있다. 반면 주변 사람들이 편하게 다가가지 못하고 거리감을 느끼는 사람이 있다면? 그들은 그러한 눈빛과 표정으로 자신을 무장하고 있기 때문일 가능성이 높다. 마찬가지로 연인 사이에서 한결같은 사랑과 신뢰를 받는 여자는 사랑받을 만한 자격을 스스로 갖추고 있는 것이다.

　상대나 상황에 따라 적절한 이미지를 갖추는 것은 본인의 몫이다. 자신이 설 자리는 스스로 구축해가야 한다. 그것이 이 사회에서 자신을 지킬 수 있는 현명한 방법이다. 더구나 한번 굳혀진 이미지는 변화시키기 어렵다. 타인의 의식을 변화시키는 일뿐만 아니라 자신이 먼저 변화하는 것도 쉽지는 않다. 따라서 첫 단추를 잘 꿰는 일뿐만 아니라 일관성 있는 모습을 유지하는 것이 중요하다

기회는 평소 이미지에서 결정된다

　이미지는 곧 내가 설자리를 만들어준다. 즉 자신이 원하는 형태의 대우를 받기를 원한다면 자신이 그런 이미지를 가꾸어야 한다. 왜냐하면 사람들은 눈으로 보이는 것에서 그 사람의 가능성을 판단하고 신뢰를 갖기 때문이다. 너무 편파적인 이야기 같지만 사실이 그렇다. 지금까지의 경험에 비롯하였을 때 나 역시 비슷한 일들을 겪었던 적이 있다.

　나는 왜소한 체구와 이미지 때문에 사람들이 어리게 보는 경향이 있다. 그래서 신뢰를 얻어야 하는 미팅 자리나 프레젠테이션을 맡게 되면 그 무엇보다 이미지 트레이닝에 신경을 쓰게 된다. 평소보다 목소리 톤을 더 낮추고 몸짓에 무게감을 싣는 연습을 한다. 좀 더 어른스럽고 성숙해 보

일 수 있도록 노력하는 것이다. 아무리 발표 내용이 논리적이어도 겉으로 드러나는 모습에서 신뢰감을 주지 못하면 전반적인 기대치가 충족되지 못할 수 있기 때문이다. 애석하지만 이는 내가 다수의 경험을 통해 느낀 것이기도 하다.

우리의 생각보다 남들은 나에게 그리 관대하지 않다. 가령 솔직함은 많은 사람들에게 호감을 사며 때에 따라 신뢰를 주는 것은 사실이다. 하지만 그렇다고 해서 그 솔직함으로 모든 것을 이해하고 받아들일 사람은 없다. 오히려 말하는 순간 나에 대해 색안경을 쓰게 되는 경우도 있다. 긁어 부스럼일 때도 있는 것이다.

그러므로 타인에게 자신이 원하는 이미지를 이따금 쉽게 얻을 수 있다고 착각하지 않는 것이 좋다. 상대는 이미 일상에서 우리가 짓는 표정, 눈빛, 말투, 목소리 톤과 크기, 행동을 통해 분석 데이터가 가동 중이다. 그리고 그 판단은 중요한 순간에 우리가 있는 기준이 된다. 이는 회사에서의 직위뿐만이 아니라 친구나 연인, 모든 인간관계에서 마찬가지이다.

평소 두터운 친분을 맺고 있는 직장 동료가 있다고 해보자. 그런데 정작 중요한 기회가 주어졌을 때 내가 아닌 다른 동료를 추천하는 경우 본 적이 있을 것이다. '맛있는 것을 함께 나눠먹고 힘들 때 위로해주며 친하게 지낼 때는 언제고 어떻게 나에게 이럴 수 있지?'라는 배신감이 들 수 있다. 하지만 생각보다 이런 경우는 적지 않다. 왜 이런 말도 있지 않은가. '연애할 사람 따로 있고 결혼할 사람 따로 있다.' 적절한 표현인지는 모르겠지만 비슷한 맥락인 셈이다.

그러니 나는 그 동료에게 딱 그 정도의 이미지 효용성을 가지고 있었던 것이다. 친분이나 감정적 교류가 주는 호감도와 이성적인 판단은 다르게 작용할 수 있다는 것을 보여준다. '그 사람이 나를 왜 그렇게 생각하지? 내게 왜 그런 일을 하라고 시켰지?'라는 의문에 대한 답은 평소 나의 행동이나 모습에 있다. 스스로 자신의 위치를 잘 만들어가고 있는지를 생각해 볼 필요가 있다. 사람들은 내가 행동하고 보여준 만큼 나를 대하려고 한다는 것을 잊지 말자.

주변을 둘러보면 본인의 몫을 살뜰하게도 잘 챙기는 사람이 있다. 일명 '실속형'이라고 하는 이들이다. 우리는 그들에게 이기적이고 속물적이라며 혀를 내두를 때도 있다. 하지만 자신의 몫을 잘 챙기는 것과 이기적인 것은 엄연히 다른 말이다. 타인을 배려하느라 혹은 스스로에게 충분한 관심을 갖지 못해 챙길 수 있는 몫도 놓치는 것은 어리석은 것이다. 그러니 굳이 남들에게 잘 보이려 과도하게 비빌 필요도, 꼼수를 쓸 필요도 없다. 내 위치는 평소 내가 하는 행실에 달려 있다. 결국 내가 하는 만큼 돌아오게 되어 있는 것이다. 즉 내가 설 자리는 내가 만들어가야 한다.

알고 보면 누구도 당신에게
지나친 배려나 특정 이미지를 강요한 적은 없어요.

결국 타인이 나를 보는 시선이나 대우는
모두 나로부터 만들어진 것임을 알아야 해요.

To. Myself...

_____

_____

_____

chapter 04

어떠한 순간에도 자신을 사랑한다

—
'나는 왜 프랭크가 될 수 없지?'라는 생각이 들 거야.
'나도 프랭크가 될 거야.'라든지.
하지만 프랭크는 세상에 단 한 명밖에 없어.
– 〈프랭크〉 중에서

가까운 사람들에게 상처받는 우리

언제부터인가 명절에 어른들과 함께 있는 자리가 불편해졌다. 매년 물어오는 나이와 직장, 결혼 이야기가 부담스러웠다. 더구나 나는 올해 백수가 되어 집에서 글을 쓰고 있었기 때문에 더 그랬다. 어른들이 근황에 대해 물어 올 것을 생각하니 마음이 껄끄러웠다. 게다가 머리가 굵어진 사촌 동생들은 철없이 용돈을 달라는 이야기를 꺼낼 것이 불 보듯 뻔했다.

언니는 대학병원 간호사로 일한다. 안정적이고 높은 연봉에 가족들까지도 의료 혜택을 받을 수 있어 어른들이 칭찬을 많이 하신다. 반면 내가 하는 디자인에 대해서는 잘 알지 못하신다. 고작해야 미술과 관련된 일,

예술 분야 정도로만 알고 계신 정도다. 병원은 우리 생활의 밀착형 공간이기 때문에 더 친근하게 느끼지만 그에 비해 디자인이라는 분야는 관심사가 아닌 이상 조금 접근성이 낮은 편이다.

예전에 내가 이직 준비를 할 때 어른들께 근황을 말씀드린 적이 있다. 그랬더니 "언니가 돈을 잘 버는데 뭐 하러 일해? 언니한테 용돈 받아쓰면 되지."라고 농담처럼 이야기를 던지셨다. 나는 그 말에 1초의 망설임도 없이 대답했다. "저도 돈 잘 벌어요." 친척의 말이 마음속 무언가를 툭 건드린 것 같은 기분이 들었다. 어른들의 말씀에 악의가 없었다는 것은 잘 알고 있었다. 더구나 농담으로 한 말이란 것도 알고 있다. 그런데 나는 기분이 좋지 않았다. 가끔 이런 식의 비교의식을 종종 느낀 적이 있기 때문이다. 괜한 자격지심이 있는 것일까? 그럴 수도 있다. 하지만 분명한 것은 어른들은 나와 언니의 직업에 대한 비교의식을 가지고 있다는 것이다.

아무리 세상이 많이 변했다지만 어른들은 여전히 공무원이나 '사'자가 붙은 직업군을 좋아한다. 당사자의 행복이나 만족도보단 해당 직업군의 평균 수입이나 인지도에 더 관심이 있다. 그리고 자신들이 가진 보편적인 사회적 관념에 따라 상대를 가늠하고 평가해버린다. 그래서 '누구네 자식이 대기업에 들어갔대, 그 집 딸이 공무원인데 같은 공무원 동료랑 결혼을 했대.'와 같은 일이 자랑거리가 되기도 한다. 세상이 정해놓은 기준이나 기성세대들에게 만연한 관념이 마치 가장 최상의 모범 답안인 것 같다. 그런 대화를 듣고 있다 보면 어쩐지 모르게 승부욕이 더 불끈 솟는다. 그렇게 생각하는 이들에게 보란 듯이 제대로 된 성과물을 만들어 보여주고 싶어진다. 하지만 우리는 누군가에게 인정받기 위해 직업을 선택하고 열심히 노력하여 성과를 내는 것은 아니다. 이렇듯 가족과의 자리에서 오가는 성취주의적 사회 관념이 달갑지 않을 때도 많다. 하지만 결국 중요한 것은 내가 느끼는 행복과 만족감이라 생각하며 마음을 다잡는다.

우리는 생판 모르는 남들뿐 아니라 가까운 친인척들에게도 상처를 받으며 살아간다. 아니 어쩌면 가족에게 알게 모르게 상처를 받을 때가 더 많다. 그리고 그 상처는 오래 더 깊은 내면에 자리하게 된다. 심리학자 알프레드 아들러는 "스스로 낮게 평가하는 사람은 끊임없이 다른 사람과 비교하고, 이를 통해 자신이 더 형편없다고 느끼게 된다."라고 말했다. 그리고 이러한 자아존중감은 어린 시절의 환경이나 학습 방법에 의해 형성되어 자리를 잡게 된다. 즉 지속적으로 접하는 가까운 관계에서 많은 영향을 받는다는 것이다. 그러므로 가족과의 화목한 유대관계 형성은 자신을 더 깊이 이해하고 제대로 사랑하는 데 매우 중요하다.

나의 어떠한 모습도 인정할 것

사회생활을 하면서 특정한 계기로 인해 원하지 않는 트라우마가 생기는 경우가 있다. 그 트라우마가 마음속에 남아 지속적으로 자아에게 면박을 가하기도 한다. 비슷한 상황이나 문제가 발생하면 '네가 그렇지 뭐, 너 때문에 못 살아, 넌 참 한심하다, 도대체 언제 철들래, 모든 게 다 내 탓이야.'와 같은 부정의 말을 스스로 퍼붓게 된다.

언젠가 회사 상사에게 들었던 '네 월급 값은 해야 될 것 아냐.'라든지 친구가 비꼬며 했던 '네가 하는 일이 원래 다 그렇지.'와 같은 말들이 뇌리에 박혀 있었던 것이다. 그리고 그 말들을 이제는 스스로에게 자연스럽게 하게 된다. 그것이 무서운 것이다. 외부에서 받은 상처를 제대로 치유하지 못하면 자신에게 악순환으로 돌아오게 되기 때문이다.

사실 내게도 트라우마는 아니지만 징크스가 하나 있다. 혹시 만나기로 한 상대에게 약속을 바람맞아 본 경험이 있는가? 나는 약속 시간보다 미리 준비를 하거나 먼저 도착해서 기다리면 바람을 맞는 특이한 징크스가 있다.

평소 약속을 잡으면 제시간보다 늘 먼저 도착해서 기다리는 친구가 있었다. 오랜만에 약속이라 나는 들뜬 마음으로 제시간보다 20분 정도 먼저 출발하였다. 약속 장소로 가는 중 틈틈이 친구에게 메시지를 보냈다. 그런데 이상하게도 도착 후 약속시간이 다 되어가는데도 답장이 없는 것이었다. 왠지 모를 기운을 느끼고 친구에게 전화를 걸었다. 그런데 전화기는 꺼져 있었다. 그리고는 약속 장소에 도착해 이유도 알지 못한 채 한참을 기다리다가 집으로 돌아와야 했다. 사흘쯤이 지나자 미안하다는 말과 함께 집안 사정이 있어 그랬다는 메시지를 받았다. 조금 당황스럽기도 했지만 별일이 없어서 다행이라 생각했다.

그리고 얼마 뒤 다시 약속을 잡았다. 그날도 나는 약속 장소에 먼저 도착해 기다리고 있었다. 그런데 또다시 그전과 같은 상황이 반복되었고 나는 그 친구에게 한 번 더 바람을 맞고 말았다. 당시에는 정말 화가 나서 그 친구를 다시는 보지 말아야겠다고 생각했다. 그런데 곰곰이 생각해보니 신기하게도 이것이 내 징크스라는 것을 깨닫게 되었다. 그 일이 있기 전에도 비슷한 경험이 꽤 많았기 때문이다. 제시간보다 미리 준비하고 있거나 먼저 도착해서 기다리면 이상하게 약속이 취소되는 일들이 일어났다. 그것도 약속시간 몇 분 혹은 몇 시간 전에 갑자기.

처음에는 징크스라고 생각하지 않았다. 계속 이런 일이 일어났을 때 상대방의 예의나 인격을 탓하기도 했다. 약속을 가볍게 여긴다는 생각에 마음이 상했다. 그러다 나중에는 그 화살을 스스로에게 돌렸다. '네가 얼마나 만만하게 보였으면 사람들이 약속을 이렇게 우습게 여기겠어?' 내가 평소 뭔가 무시당할 만한 태도를 취하거나 말을 한 것은 아닌지, 왜 내게만 자주 일어나는 것인지 스스로를 돌아보며 주눅 들기도 했다.

그러나 인정하기 힘들지만 내가 가진 특별한 현상이라고 생각하니 한결 마음이 편안해졌다. 과학적으로 증명된 일은 아니지만 내가 가진 징크스라고 받아들이니 조금씩 자연스럽게 느껴졌다. 어쩌면 우리가 가지고 있는 자격지심이나 트라우마도 이러한 것이 아닐까? 물론 그 시작은 외부적 요인이었을 것이다. 그렇지만 그것을 탓하거나 안고 있다고 해서 근본적인 해결을 할 수는 없다. 오히려 내면으로 더 파고 들어가 자신을 더 위축시킬 수도 있다. 중요한 것은 스스로 받아들이는 태도에 달려 있다는 것이다.

어떠한 순간에도 먼저 자신을 이해하고 받아들여야 한다. 타인이 나의 모든 부분을 이해해줄 수 없듯이 우리 자신도 스스로를 잘 모를 때가 많다. 하지만 그렇다고 해서 나 자신을 겨냥하여 더 몰아세울 필요는 없다.

같은 자극에 대해 내가 느끼는 것과 타인이 느끼는 어려움의 크기는 다를 수 있다. 즉 남들이 내게 "뭐 그런 것 가지고 신경 쓰느냐."라고 말할 때가 있다. 나를 이해해주지 못하는 타인에게 서운함을 느낄 수도 있을 것이다. 남들은 괜찮은데 나만 유별난 사람인 것만 같아 그런 자신에게 실망하거나 자책하는 마음이 들지도 모른다. 하지만 누구나 체감 온도는 각기 다르다. 따라서 내게는 충분히 민감하게 반응할 만한 일이었을 수 있다.

우리들 모두는 저마다 본연의 고유함을 가지고 있다. 그러니 서로 다름을 인정해야 한다. 남들 보다 민감한 나, 남들보다 태연한 나, 그게 어떤 모습이든 있는 그대로의 자신을 먼저 인정하고 받아들이는 태도에서 많은 부분이 시작된다. 남들과 다르다고 해서, 이해받지 못한다고 해서 내가 잘못된 사람은 아니다. 내가 유독 엄살을 떠는 사람이거나 그들보다 부족한 사람이기 때문도 아니다. 어떠한 순간에서도 '지금 이대로 참 괜찮아, 나는 널 이해해.'라고 말해주는 영원한 내 편이 있어야 한다. 그리고 그것은 바로 우리 자신이 되어야 한다.

그렇다고 자기 연민에 빠져 옳지 않은 부분까지 거짓 인정을 하라는 것이 아니다. 단지 불필요한 자책이나 합리화로 자신을 더 궁지로 몰아넣지 않아야 한다는 것이다. '트라우마'나 '징크스'와 같은 현상을 부정적으로만 생각하고 벗어나려고 애쓰는 것도 좋은 방법은 아닐 수 있다. 오히려 인정하고 받아들일 때에 천천히 자연스럽게 해결책이 보이기 시작한다. 상처를 아물게 하는 방법은 회피하는 것이 아니다. 아프더라도 그 상처와 마주하여 살갗 위에 약을 발라주는 것이다. 나의 일부로 받아들이고 감싸주는 것이다. 지울 수 없는 상처라면 안고 있지만 말고 대면해보자. 곪은 곳을 터뜨려 치유해야 한다. 그것이 진짜 나를 아끼고 사랑하는 방법이다.

나를 사랑하는 방법은 내 안의 모든 긍정과 부정 모두를 대면하는 것에서부터 시작한다. 회피하지 말고 질책하지도 말고 있는 그대로의 나를 인정하고 마주해야 한다. 웃고 있는 나뿐 아니라 울고 있는 나, 두려워하는 나, 극도로 긴장하고 있는 나까지 모두. 나는 나에게 어떠한 순간에도 등 돌리지 않을 내 편이 되어 주어야 한다.

내가 나를 사랑하지 않으면
그 무엇에도 믿음을 가질 수 없어요.

비교의식이나 열등감도
결국 자신이 느낀 부족함을
인정하지 못할 때 생기는 거예요.

자신에 대한 믿음과 사랑이 있어야
이 불친절한 세상에서
더 당당함을 가질 수 있어요.

chapter 05

흔들리지 않는 자기 철학을 가진다

—

그날 새벽, 나는 나에게 선언했다.

세상 사람들이 미쳤다고 말하더라도 신경 쓰지 말자.

멈추지 않고 계속 가는 것이다. 어떤 일이 닥치더라도 멈추지 말자.

– 『슈독』 중에서

마음의 중심을 잃으면 인생을 잃는다

고민 많은 '아홉 번째 스무 살'을 맞았다. 서른이 되면 세상이 달라 보인다고들 말한다. 지금껏 걸어온 발자취에 대한 회의감과 앞으로의 계획에 대한 막막함이 함께 몰려온다는 것이다. 자신이 알고 있던 것과 믿고 있던 통념이 무너지고 새롭게 지어지는 시기라고도 한다. 어떻게 해서든 인생을 재정비하는 변환점이 될 것은 분명해 보인다. 그런데 나는 아직 다가오지 않은 서른을 벌써부터 겪고 있는 것일까. 말할 수 없이 머릿속은 복잡하고 나 자신에 대한 본질적 목적을 찾고 싶다는 마음이 커져 있다. 지금까지 살아온 내 모습과는 조금은 다른 내가 되기를 바라기도 한다. 좀 더 괜찮은 나, 나다운 내가 되기 위해 고군분투 중이다.

지난해는 참 혼란스러운 한 해였다. 당시에는 왜 나에게 이런 일이 연이어 닥치는지 낙담하기도 했다. 일과 사랑, 건강 모두 내 맘과는 다르게 뒤엉키고 꼬여서 정신을 차릴 수가 없었기 때문이다. 그렇게 허우적거리다 보니 어떻게든 시간이 지났고 새해를 맞이하게 되었다. 그런데 지나고 보니 일어났던 모든 일은 나로부터 시작된 것이었다. 어디서부터 잘못된 것인지 콕 집어서 말할 수는 없다. 하지만 분명한 것은 나의 순간의 선택이 모여 지금의 나를 만들었다는 것이다. 그리고 그 선택에서 나는 매우 모호한 기준점을 갖고 있었다. 그러다 보니 이리저리 휘둘렸고 머리와 가슴이 제 방향을 잃고 따로 놀았다. 나도 내가 무엇을 원하는지 혼란스러울 정도로 우유부단한 시간이었다.

자신의 신념과 철학들이 모호해지면 얼마나 삶이 흔들릴 수 있는지, 원치 않는 자신의 모습이 되어버리는지 톡톡히 경험할 수 있었다. 내가 자라면서 가장 많이 들었던 말들 중 하나가 '주관이 뚜렷하다, 주장이 강하다.'와 같은 말이다. 그래서 좀 더 유연한 사람이 되고 싶었다. 나는 단점이라 생각한 적이 없지만 지인들은 내게 고쳐야 할 점처럼 말했기 때문이다. 그러나 타고난 성향은 쉽게 바뀌지 않는다. 그래서인지 나는 어쭙잖게 그런 모습이 되려다가 오히려 이도 저도 아닌 우유부단함 때문에 더 혼란스러웠다. 무엇이든지 어설프게 하는 것은 안 하느니만 못하다고 하지 않았던가.

주관을 가지는 것은 '나를 좋은 품질의 원석'으로 만드는 시작이다. 칸

트는 "철학을 배우지 말고 철학하는 것을 배우라."고 했다. 즉 잡은 물고기를 먹기보다 물고기를 잡는 법을 배워야 한다는 말과 같다. 잡아놓은 물고기는 언젠가 고갈되기 마련이다. 그러나 해결 방법을 잘 배워놓으면 스스로의 행복에 대한 영속성을 가질 수 있다. 자신의 철학을 갖는 것도 그런 의미이다. 스스로의 의지와 이성으로 생각하고 판단하고 행동할 수 있는 '자기 철학'을 가질 때에 자신이 정한 행복 가치에 더 가까워질 수 있기 때문이다. 그것이 내 삶의 끊임없는 길잡이가 되어줄 수 있다. 그리고 그러한 과정에서 내가 원하는 삶을 이루어가게 된다.

그러므로 우리는 자신의 소신에 따라 살아가야 한다. 소신이 강한 사람은 유리 멘탈이 아닌 강철 멘탈을 장착하는 것과 같다. 가령 SNS 상에서 도포되는 악성 댓글에 상처를 받고 힘들어하는 이들이 있다. 또한 누군가는 타인이 올린 행복한 일상 포스팅에 가식 떨지 말라며 비난을 퍼붓는가 하면, 어려운 처지에 있어 도움이 필요한 이들에게 비아냥거림을 일삼기도 한다. 하지만 제대로 알지도 못하면서 함부로 떠들기를 좋아하는 그들의 말에 우리가 일일이 대꾸할 필요가 있을까?

소신이 강한 사람이라면 수렴할 부분과 걸러내야 할 부분을 명확히 구분할 수 있는 분별력이 있다. 즉 쉽게 흔들리거나 상처받지 않는다는 것이다. 그들과 나는 생각이 다를 뿐 특별한 근거 없이 내가 비난받아야 할 이유는 어디에도 없다. 단지 그 비난에 대한 진실성을 우선 판단해봐야 한다. 그때 만약 어느 정도 일리가 있다면 자신을 보완하는 계기로 삼는 것도 나쁘지는 않다.

중요한 것은 타인의 말이나 행동에 대한 자신만의 필터링을 가동할 수 있어야 한다는 것이다. 오늘 다르고 내일 또 달라질 수 있는 것이 형체 없는 사람의 마음이기 때문이다. 그러므로 스스로 중심을 잘 잡지 않으면 그 변덕스러움에 상처받고 혼란스러울 수밖에 없다.

소신대로의 삶을 만들어라

나는 디자인을 하면서 다양한 클라이언트를 만난다. 그리고 프로젝트가 끝날 때마다 느끼는 것이 있다. 유능한 디자이너는 '설득'을 잘해야 한다는 것이다. 그리고 설득을 잘하기 위해서는 어떠한 상황이나 논리에 대해서도 자신의 소신대로 이끌어갈 수 있는 뚜렷한 철학이 있어야 한다. 그런데 함께 일했던 동료들 중에는 클라이언트와의 미팅에서 늘 그들의 요구 사항에 따라 끌려다니는 경우가 있었다. 잘 모르고 보면 원만한 관계와 서비스 정신을 가진 것이라 생각할지도 모른다. 하지만 이런 경우의 결말은 대부분 좋지 못할 때가 많다. 그들의 장단에 이리저리 휘둘리다가 끝내 만족스럽지 못한 결과가 나오기 때문이다.

안타까운 말이지만 클라이언트들은 자신의 요구대로 순순히 따라주는 디자이너에게 그리 높은 신뢰감을 갖지 않는다. 오히려 아닌 것은 아니라고 말하며 프로다운 주장을 펼치는 이들에게 더욱 믿음을 갖는다. 처음에는 까다롭게 보일 수 있으나 끝내는 좋은 성과를 위한 일이었음을 알게 되기 때문이다.

물론 고객의 요구 사항을 적절히 반영하는 것은 당연한 일이다. 그런데 우리에게 용역을 맡겼다는 것은 전문가적인 지식과 기술이 필요했기 때문이다. 그럼에도 전문가의 견해보다 지나치게 자신의 주장을 어필하거나 얕은 지식으로 고집을 부리는 경우가 있다. 그때 못 이기는 척 그들의 말을 따랐다가는 원치 않는 결과물을 얻을 확률이 높다. 그리고 그 결과물에 대한 책임은 전적으로 담당 디자이너의 몫이다. 클라이언트는 상황과 결과에 따라 그들이 갑이라는 이유로 얼마든지 말을 바꿀 수 있다는 점을 감안해야 한다.

그렇기 때문에 전문가로서 옳다고 생각한 방향이 있다면 자신의 소신을 믿고 프로젝트를 끌어갈 수 있어야 한다. 디자이너가 만족시켜야 하는 대상은 우리의 클라이언트가 아니다. 본질적인 진짜 타깃은 클라이언트의 클라이언트이다. 즉 클라이언트사의 고객에게 매력적인 디자인으로 매출을 증대시키고 성과를 극대화할 수 있어야 한다는 말이다. 주관이 뚜렷한 디자이너는 자칫 고집이 세다는 이야기를 들을 수도 있다. 하지만 일관성을 가지면 그것이 곧 자신의 색깔로 인정받게 될 수 있다. 그렇지만 자신의 주관이 없이 상대의 입맛만 고려하는 디자이너는 결국 성과도, 고객의 마음도 얻지 못하고 무능하다고 평가받는다. 나는 현장에서 이러한 일을 수없이 봐왔다.

흔들리지 않는 자기 철학을 가진다는 것은 무조건 내 말이 맞다는 식의 만용이 아니다. 물론 내가 맞다고 여긴 생각이 틀릴 수도 있다. 혹은 다수의 사람에게 인정받지 못하는 것일 수도 있다. 그러나 자신의 생각대로 해봐야 그 결과도 떳떳하게 받아들일 수 있다. 타인의 말에 따라 행동하고 말하여 얻은 결과에 대해서는 좋으면 덕이 되지만 좋지 않다면 탓이 될 수 있다. 우리는 과정을 통해 자신을 단련하고 결과를 통해 재정비한다. 그러므로 내 판단에 따라 힘껏 달려본 다음에 자신을 충분히 다듬어 나가야 한다. 남의 탓이나 하며 후회하지 말고, 운이 좋았다고 자만하지도 말고, 스스로의 선택으로 떳떳해지자.

가끔은 나 자신도 나를 잘 모를 때가 많아 헷갈릴 때도 있다. 하지만 그렇다고 남이 나를 잘 안다는 듯이 단정하는 말에 가로막히지 마라. 별생각 없이 한 말에 사로잡혀 판단이 흐려지지 않기를 바란다. 누군가 하는 말에 이상하게 그와는 다른 길을 향해 더 열심히 달려보고 싶다면 그렇게 해도 좋다. 흔들리지 않는 자기 철학이 있다면 결과와 상관없이 그게 바로 진짜 나를 만날 수 있는 길이 될 것이다. 또한 그것이 나를 좋은 품질의 원석으로 만들어가는 방법일 것이다.

내 삶에 일어나는 모든 일의 책임은
나에게 있어요.

다른 사람의 말에 흔들리는 삶은
그 누구도 책임져주지 않아요.

내 마음에 확고한 중심이 없다면
삶은 휘청이다가 끝날 뿐이죠.

초심과 열정을 잃지 않는다

—
사람들은 다른 사람의 열정에 끌리게 되어 있어.
자신이 잊은 걸 상기시켜주니까.
– 〈라라랜드〉 중에서

열정은 나에게 깊어지는 일

"산다는 건 인내와 지혜란다."

엄마가 자주 하시는 말씀이다. 인내심이 없으면 이 험하고 긴 인생을
살 수 없다는 것이 엄마의 지론이다. 삶의 매 순간이 선택으로 이루어져
있다면 그 선택에 대한 책임은 인내에 있다. 아무리 좋은 선택을 했더라
도 성실과 노력을 기울이지 않으면 그 기회는 내 것이 되지 못한다.

당신에게 3년 차마다 어김없이 찾아오는 직장인의 권태기도 끝내 견디
지 못하면, 매번 갱신한 새 포트폴리오를 들고 이직 자리를 찾아다녀야
할 것이다. 늘 비슷한 시기마다 극복하지 못하고 이별하는 연애 놀이를

하고 있다면, 그렇게 계속 연애 불량품으로 남게 될 것이다.

세상에 공짜는 없듯이 쉽게 얻은 것은 쉽게 잃는다. 아니면 애초에 쉽게 얻을 수 있었던 만큼 그 정도의 가치만 갖는 것일지도 모른다. 그러므로 인고의 열매는 달콤할 수밖에 없으며 우리는 그 열매를 위해 늘 최소한의 열정은 유지하는 삶을 살아야 한다.

미국 작가 말콤 글래드웰은 『아웃라이어』라는 책에서 '1만 시간의 법칙'에 대해 이야기했다. "고도의 전문성을 확보하려면 1만 시간의 지속적이고 반복적인 노력을 투입해야 한다." 이 말의 핵심은 타고난 재능보다 노력이 더 중요하다는 것을 말해준다. 그렇기 때문에 한 분야에서 성공하려면 집중과 반복을 통해 자신의 한계를 넘어서야 한다. 이는 거의 모든 스포츠 스타를 비롯한 유명 인사들이 공통으로 인정하는 내용이기도 하다.

한국 축구의 간판스타 박지성은 어릴 적 '특별함'이라고는 없는 지극히 평범한 선수였다. 하지만 세계 최고의 선수들과 어깨를 나란히 겨루며 그 실력을 인정받았다. 그런 그의 성공 비결은 다름 아닌 '끈기'와 '투지'이다. 어린 시절 박지성은 크리스티아누 호날두와 같은 천부적인 골 감각이 있는 것도 아니고, 리오넬 메시처럼 전투적인 축구 천재의 DNA를 가진 것도 아니었다. 오히려 키 175cm에 몸무게 70kg로 운동선수로는 다소 왜소한 체격과 평발이라는 최대의 단점을 가지고 있었다.

하지만 그가 가진 최대의 강점은 성실함이었다. 박지성에게는 그라운드를 쉴 새 없이 누비는 강철 체력과 남다른 성실성 외에는 내세울 것이 없었다. 그는 교실과 축구장밖에 모르는 연습벌레였다. 게다가 단지 축구장에서 공만 차는 선수가 아니었다. 그날 배운 훈련을 꼼꼼하게 정리하여 자신의 어떤 점이 부족한지, 어떻게 해야 더 잘할 수 있는지를 고민하고 연구하며 빼곡하게 적었다. 그의 머릿속에는 오로지 '축구'라는 한 단어만 존재할 만큼 열정으로 가득 차 있었던 것이다.

우리는 천부적인 재능을 탓하며 일찍이 자신의 가능성을 포기하거나 낮게 평가하기도 한다. '작심삼일'이라는 말로 "약속이란 원래 지키지 못하라고 있는 것"이라며 스스로를 합리화하는 우스갯소리도 한다. 하지만 처음의 다짐을 잃지 않는 열정과 끈기가 있다면 자신이 가진 최악의 한계마저 뛰어넘을 수 있는 무한한 에너지를 발휘할 수 있다. 그리고 그것을 위해서는 스스로 지속성을 유지할 수 있는 원동력을 잃지 않는 것이 중요하다.

무언가에 열정적으로 빠져본 경험이 있는가? 그것이 일이든, 취미든, 사람이든 관계없이 그 시간 동안 우리는 신비로운 경험을 하게 된다. 열정적이라는 말은 한순간에 타오르는 불꽃같은 에너지가 아니다. 진정한 열정은 끝까지 오랫동안 유지해나가는 마음이다. 그리고 그 몰입감이 지속될 때 우리는 그 대상을 넘어 자기 자신에게로 깊어지는 일체감을 느끼게 된다. 우리가 간과하고 있을지도 모르나 어떠한 것에 집중한다는 것은 결국에는 그 대상을 너머 스스로에게 한 단계씩 가까워지고 확장되는 일이다.

우리가 가장 열정적인 순간인 '사랑에 빠지는 순간'을 예로 들어보자. 혹자는 사랑에 대해 이렇게 말한다.

"사람들은 상대가 내게 주는 사랑 때문에 행복을 느낀다고 생각한다. 하지만 그렇지 않다. 우리는 누군가를 사랑하고 있는 자기 자신의 모습을 사랑하기 때문에 행복한 것이다."

여기서 '사랑'이라는 단어를 '열정'이나 '몰입'이라는 말로 살짝 바꾸면 어떨까?

"사람들은 나를 몰입하게 만드는 대상 때문에 행복을 느낀다고 생각한다. 하지만 그렇지 않다. 우리는 무언가에 열정을 다해 몰입하고 있는 자기 자신의 모습에서 희열과 행복을 느끼는 것이다."

우리가 사랑하는 사람과 헤어졌을 때를 생각해보면 이 말이 좀 더 와닿을 것이다. 연애가 끝날 때 우리가 그토록 슬프게 우는 이유는 그 사람을 잃어서가 아니라 그 사람을 열렬히 사랑하던 내 마음을 잃었기 때문일 것이다. 그토록 뜨겁던 시간들이 연기처럼 다 사라져버렸으니까. 또한 사랑을 잃는 것은 열정을 잃는 것이며 자신감을 잃는 것이기에 그토록 아픈 것일지도 모른다. 그만큼 열정이란 우리 삶에 목표와 행복의 의식을 갖게 해준다.

자발적 동기부여를 가질 것

사랑의 열정을 이어간다는 것은 처음의 마음을 기억하는 일이다. 그리고 그 마음에 대한 열정을 잃지 않는 것이다. 처음의 마음을 끝까지 갖고 가기란 쉬운 일이 아니다. 자신을 움직이게 했던 초심이 흐려지면 서서히 그 동기부여를 상대에게 찾게 된다. 즉 누가 시키지 않아도 상대를 채워주고자 했던 마음이 이제는 상대가 내게 채워주길 바라게 되는 것이다. 하지만 상대에게 동기를 찾는 사랑에는 한계가 있다. 물론 서로의 노력이 필요한 것은 분명하다. 하지만 결국 동기부여는 자신의 내면에서부터 이루어질 때 지속성을 가질 수 있다.

대부분 헤어지는 연인들은 '상대의 태도가 변해서' 혹은 '상대가 나를 변하게 만들어서'와 같은 이유를 늘어놓는다. 미안하지만 그것은 진정한 이유가 될 수 없다. 모든 것은 상대를 바라보는 자신에게 달려 있기 때문이다. 아무리 상대가 내게 미운 짓을 하고 서운하게 해도 내 마음에 의지가 있다면 어떻게든 노력하게 되는 것이 사람이다. 즉 본인이 더 이상 상대에게 의지를 가질 수 없는 마음이 되었기 때문에 이별을 택한 것이다. 비로소 내 안에 열정이 다했기 때문이라 할 수 있다. 마찬가지로 살아가는데 무언가 열정을 가진다는 것은 끊임없는 내적 동기를 가져야 하는 일이된다. 자발적 동기가 없다면 연속성을 가지기는 힘들다.

나의 롤모델 중 한명인 가수 박진영은 데뷔 이래 25년 동안 활동하고 있는 현역 가수이자 JYP엔터테인먼트의 대표 프로듀서이다. 연예계에서 열정과 에너지의 대표 아이콘인 그는 뜨거운 무대만큼이나 열정적인 하루 일과를 보낸다. 그는 오전 8시에 일어나 7종의 비타민과 영양제, 견과류를 매일 먹는다. 아침은 멸치 한 봉지와 두유, 채소즙, 과일을 먹는다. 이어 8시 20분에는 직접 만든 체조송에 맞춰 58가지의 체조 동작을 하고 8시 50분에는 발성 연습, 9시 20분부터 2시간 동안 헬스를 한다고 털어났다. 이러한 의례는 그가 매일 빼먹지 않고 반복하는 습관이자 의지이다.

처음에는 자신의 초심과 열정이 흐트러지지 않게 하려고 의도적으로 시작했던 일이었다. 하지만 이제는 하지 않으면 이상할 만큼 너무나 자연스러운 일상이 되었다고 한다. 어쩌면 완벽주의에 가까운 틀에 박힌 일과지만 오히려 그에게는 삶의 열정과 즐거움을 유지해주는 원동력이 되는 것이다. 이렇게 자신의 삶에 끊임없는 자발적 동기부여를 할 수 있기에 적지 않은 나이에도 자신이 좋아하는 일에 그 누구보다 열정을 다하며 좋은 성과를 이룰 수 있는 것이 아닐까.

우리는 반복되는 일상에 지쳐 초심과 열정을 잃어버릴 때가 많다. 그럴 때면 모든 것을 제쳐두고 여행을 떠난다. 그곳에서 휴식을 취하며 다시 앞으로 나아갈 에너지를 충전하고 새로운 모험에 도전하며 새로움을 찾기도 한다. 평소에는 하지 못했던 생소한 일을 통해 동기부여를 받고자 한다. 이렇게 여행과 같은 외적 자극은 동기를 얻는 좋은 방법이 될 수 있다. 하지만 그럴 수 없는 상황도 있다.

중요한 것은 여행을 떠나는 것이 아니라 평소 우리의 일상에 대한 태도에 있다. 늘 그렇듯 우리의 일상은 어김없이 반복된다. 일탈과 같았던 여행에서도 돌아오면 '또다시 제자리구나.'라고 느껴 기운이 빠질 때가 있다. 그렇다고 그때마다 배낭을 쌌다 풀기를 반복할 것인가? 언제까지 반복되는 익숙함을 무료하게만 느낄 것인가? 우리는 일상의 익숙함 속에서도 자신에게 동기부여가 될 수 있는 리듬감을 찾아야 한다. 그리고 그 리듬에 몸을 맡기고 꾸준히 즐길 수 있는 열정을 가져보자. 일상이라는 무료한 반복을 즐기며 인내할 수 있는 방법은 자신만의 리듬감을 갖는 것이다. 꼭 무언가에 미친 듯이 불타오르는 몰입감이 아니어도 괜찮다. 최소한 그 리듬감으로 인해 스스로 충분히 느낄 만한 즐거움이 있다면 좋겠다.

예를 들어 나는 틈틈이 내가 입는 옷의 호주머니 속에 사탕을 넣어두는 습관이 있다. 사탕 포장 속에는 짧은 문구를 적은 쪽지도 넣어두었다. 일종의 포춘 쿠키와 같은 것이다. 나의 이런 습관은 예상치 못한 즐거움을 나에게 선물하기 위해서이다. 잊고 있다가 문득 주머니 속에 손을 찔러 넣었을 때 무언가 잡힌다면? 그 순간에 기대감과 호기심은 내게 설렘을 준다. 그때 맛보는 뜻밖의 달콤함은 나를 기분 좋게 만든다. 게다가 위로가 되는 뜻밖의 메시지는 무료한 일상에서 스스로 토닥이는 동기부여가 되어준다.

열심히 해보자는 굳건한 다짐도 좋고, 이따금 가하는 신선한 자극도 좋다. 하지만 무엇보다 자신을 아끼며 오래갈 수 있는 방법은 초심과 열정을 잃지 않는 가장 든든한 내적 동기부여가 아닐까. 당신에게도 이렇게 달콤한 비타민이 있었으면 좋겠다.

오늘은 나에게 선물을 해보는 것이 어떨까요?

평소 잊고 있던 칭찬이어도 좋고
예쁜 꽃이어도 좋겠네요.

특별하지 않는 날에 특별한 하루를 선물하는 것.

그렇게 자신을 아끼고 토닥이는 마음이
지치지 않는 초심과 열정을 유지하는
가장 좋은 비타민이 되어줄 거예요.

chapter 07

핑계 대지 말고 스스로 변한다

–
지옥은 훌륭한 변명과 핑계와 소원으로 가득한 곳이다.
– 조지 허버트(영국의 시인)

험담하는 건 내 얼굴에 침 뱉기

어딜 가나 남의 험담을 하는 사람들은 꼭 있다. 내가 인턴으로 회사에서 일할 때였다. 삼삼오오 모여 점심 식사를 하면서 직원들과 이야기를 나누었다. 대개 단골 화제는 대표님과 회사에 대한 이야기였다. 가령 대표님의 오늘의 패션이나 회사를 다니며 느끼는 힘든 점에 대한 것이었다. 대부분이 매번 비슷한 레퍼토리였다. 아무리 그래도 이제 막 사회에 들어온 새내기들을 데리고 할 말은 아닌 듯했다. 사기 저하에 제격이었기 때문이다. 하지만 그 속에서도 도움이 될 만한 내용도 있었다. 적어도 이 회사의 오랜 시스템의 문제나 대표님의 까다로운 성미는 참고할 만했다. 그 때문인지 직원들의 이직률이 높은 편이라는 것도.

나는 험담하는 것을 좋아하지 않는다. 그런 자리가 늘 껄끄럽기도 하고 가만히 듣고 있으면 내 안에 부정 마인드가 계속 세뇌되는 느낌이랄까. 물론 그중에서도 내게 필요한 말을 가려서 들으면 된다. 하지만 그런 자리에 있는 이상 호응을 해줘야 하는데 그러다 보면 어떤 때에는 나도 같이 섞여 말하게 된다. 할 때는 몰라도 하고 나면 기분이 좋지 않다. 내게 주어진 환경을 험담하는 것은 곧 나를 험담하는 것과 같기 때문이다. 더구나 내가 아직 경험해보지 못한 상황이나 잘 알지 못하는 사람에 대한 이야기는 더 불편하다. 괜한 선입견이 생겨 그들이 말한 관점으로 먼저 바라보게 될 가능성이 높기 때문이다. 초등학교 때 유행했던 한컴 타자치기에서 가장 열심히 쳤던 '들사람 얼'의 한 구절이 떠오른다.

"에이, 더러운 소리를 들었군, 그 영천수는 물에 귀를 씻었다."

듣기에 거북한 말은 귀뿐만 아니라 마음까지도 더럽힌다. 이런 점만 보아도 결국 내가 뱉은 말들은 나에게 돌아오는 것임이 분명하다. 말은 의식을 만든다. 따라서 내가 원하는 마인드를 가지고 싶다면 그에 맞는 말을 하고 또 들어야 한다. 핑계 대고 험담하기를 좋아하는 사람들과 함께 어울리면 그러한 부정적 마인드가 자리 잡게 된다. 긍정적인 마인드를 갖고 싶다면 긍정적인 에너지를 가진 환경에 지속적으로 노출되어야 한다. 만약 어쩔 수 없이 그렇게 하기 힘든 상황이라면 스스로 필터를 장착하고 꾸준한 마인드컨트롤을 해야 한다.

　가까운 예로, 동료들 가운데서도 같은 상황에 대해 긍정적으로 반응하는 사람이 있고 부정적으로 반응하는 경우도 있다. 누가 봐도 많은 업무량을 소화하면서도 늘 웃으며 대처하는 사람은 핑계보다 해결 방법을 스스로 먼저 찾아내는 사람이다. 하지만 반대로 입만 열면 자연스럽게 핑계나 부정적인 말이 흘러나오는 사람들이 있다. 그들은 어찌 보면 이미 그러한 마음의 태도가 습관화된 것이다. 많은 업무량에 허덕일 때는 직원들 생각은 하지 않고 용역을 따온다며 대표님을 탓하고, 신입사원들의 실수는 선임들이 잘 가르치지 못한다고 탓한다. 결국 들어보면 자신의 잘못은 거의 없고 회사의 체계나 타인의 문제인 경우가 대부분이다.

　물론 회사가 정말 자신과 맞지 않을 수도 있다. 하지만 어딜 가나 나와 맞지 않는 부분은 있기 마련이다. 그런 문제점과 마주할 때마다 문제점을 찾아내 비난하는 데 집중한다면 결국 스스로 발전하기를 거부하는 것과 같다. 아무리 악조건에 있더라도 내가 어떤 관점과 마인드를 가지느냐에 따라 분명히 배울 점은 있다. 곱든 밉든 자신이 몸담고 있는 직장을 욕하는 것은 곧 자신의 얼굴에 침 뱉는 격이 아니겠는가. 자신의 가치를 스스로 낮추는 것밖에 되지 않는 것이다.

마음의 태도가 변화의 시작

　흔히들 사회생활을 하면 '세상 때에 찌든다.'는 표현을 쓴다. 이때 '세상

때'라는 것은 비관적이고 부정적인 마인드나 고정관념을 말하는 것이다. 그래서 우리는 그러한 세상 때에 찌들지 않기 위해 반면교사를 잘 활용해야 한다. 복잡하게 얽히고설킨 세상 속에서 장점을 더 잘 볼 줄 아는 눈을 가진 사람이 되어야 한다. 스스로 해답을 찾아나가는 사람이 되어야 더 발전해갈 수 있다.

고등학교 3학년 때 미술 입시학원에 새로운 친구가 한 명 들어왔다. 예쁘장하게 생겼는데 성격까지 털털해서 첫날부터 거침없는 친화력을 보여주는 여학생이었다. 늦게 들어온 만큼 열심히 하려는 의지가 강해 보였다. 처음 보는 입시반 친구들에게도 서슴없이 다가갔다. "어떻게 하면 잘 그릴 수 있어?" 빠르게 실력 향상을 할 수 있는 방법들과 노하우에 대해 적극적으로 물어보고 다녔다. 그렇게 일주일쯤 되었을 때 그 친구와 화장실에서 마주친 적이 있다.

"너 이 학원 다닌 지 얼마나 됐어? 여기 어떤 것 같아? 잘 가르치는 것 같아? 여기서 서울권 대학교에 간 학생이 얼마나 돼?"

대뜸 나에게 이렇게 물어왔다. 수시와 실기 시험이 얼마 남지 않았으니 신속하게 판단하여 좀 더 실력 있는 학원을 찾아갈 거라는 것이 그 친구의 말이었다. 나는 잠깐 동안 가만히 생각해보다가 이렇게 말했다.

"음, 잘 가르치는 학원이라… 글쎄, 결국은 본인의 역량이 아닐까? 이 학원에는 같은 성적이라도 서울권 대학에 입학한 학생이 있고, 지방대학에 입학한 학생도 있어. 자신이 얼마만큼 믿고 어떤 마음으로 배우느냐에 달려 있는 게 아닐까. 그건 다른 어떤 학원을 가도 마찬가지일 것 같아."

그 친구는 내 대답에 "음, 그렇구나." 하고 읊조리며 잠깐 무언가를 생각하는 듯했다. 그리고 얼마 되지 않아 다른 학원으로 옮겼다. 학원이 시내 중심가에 위치해 있지 않아 실력이 의심 간다는 것이 그 친구의 첫 번째 이유였다. 또 우리 학원이 50년 이상의 전통을 가진 학원인 것은 신뢰가 가지만 요즘 생겨나는 규모가 큰 신생 미술 학원에 비해 트렌드에서 뒤떨어질 것이라는 것이 두 번째 이유였다. 물론 전적으로 선택은 자신의 몫인 것을 알고 있다. 좀 더 합리적인 선택을 통해 효율적으로 입시 준비를 하겠다는 그 친구의 말에도 일리는 있었다.

그리고 입시가 모두 끝나고 주변에서 합격 소식이 들려오기 시작했다. 학원별, 학교별로 모든 소식이 간간이 들렸다. 그중 그 친구의 소식도 있었다. 결국 원하는 대학에 합격하지 못하고 재수를 하기로 마음먹었다는 이야기였다. 우리 학원에서 나간 후 그 아이는 두 번이나 더 학원을 옮겼다는 것도 알게 되었다. 물론 합격하지 못한 이유가 그것 때문이라고만 말한다면 너무 비약적이지만 어떤 경우에서도 자신이 어떤 마음가짐을 대하느냐에 따라 많은 부분이 달라질 수 있다는 것은 의심할 여지가 없다. 마음의 태도에 따라 무에서 유를 창조할 수 있고, 유에서 무를 보게 될 수도 있는 것이 아닐까?

동전의 양면처럼 어떤 것이든 장단점은 존재하기 마련이다. 그중 장점을 찾아내는 사람은 긍정적인 면을 바라보며 스스로 변화시켜 나갈 것이다. 하지만 단점만 찾아내는 사람은 어떻게 하면 피할 수 있을지 고민하거나 혹은 투덜대면서도 이미 자연스럽게 받아들이게 된다. 배우고자 하는 자에게는 배울 점밖에 보이지 않을 것이다. 설령 그것이 실패한 방식이라 할지라도 그 속에서 실패하지 않는 방식도 함께 깨우칠 수 있을 것이다.

"나는 실패해본 적이 없다. 다만 효과가 없는 만 가지 방법을 찾았을 뿐이다." 2,000번의 실패로 한 번의 성공을 얻은 토머스 에디슨조차도 실패란 없다고 말한다. 때와 상황에 맞거나 맞지 않는 방법이 있을 뿐이라고 한다. 도전할 때마다 맛보아야 했던 실패를 단지 실패로 여기며 스스로 핑계만 댔다면 어땠을까. 2,000번의 도전도, 인류의 위대한 발명품도 존재할 수 없었을 것이다.

환경만 나를 변화시키는 것이 아니다. 나도 환경을 변화시킬 수 있다. 그만큼 마음가짐과 의식의 힘은 대단한 것이다. 그러므로 내게 기회가 없었다고, 처음이라 그렇다고, 어쩔 수 없는 것이라고 핑계를 대는 것은 그만 하라. 핑계를 댈 시간에 스스로 먼저 변화하라.

비판의식은 피드백이 되지만
비난하고 핑계를 대는 마음은
자신을 안일하게 만들 뿐이죠.

내가 달라지지 않으면
아무것도 달라지지 않아요.

환경이 바뀌길 바라는 동안
당신이 제자리걸음 중이란 걸 잊지 말아요.

chapter 08

취할 것과 버릴 것을 구분한다

―

우리가 가진 능력보다 진정한 우리를 잘 보여주는 것은 우리의 선택이다.

― 조앤 K. 롤링(영국의 소설가)

복잡한 문제일수록 버리면 단순해진다

미국의 제40대 대통령 로널드 레이건은 이렇게 말했다.

"자신이 선택하고 결정할 일을 스스로 하지 않으면 누군가 대신 그 선택과 결정을 해줄 것이다."

우리는 살아가면서 수많은 선택의 기로에 놓인다. 의식으로든 무의식적으로든 일상의 모든 순간이 '선택'으로 이루어져 있다. 오늘은 무엇을 먹을까? 어디를 가볼까? 어떤 말을 해야 할까? '뿌린 대로 거둔다.'라는 말이 있듯이 어떤 선택을 하느냐에 따라 우리의 삶은 현저히 달라진다.

그러므로 누군가에게 함부로 그 선택의 주도권을 맡길 수 없으며 그렇게 해서도 안 된다.

선택에는 크게 두 가지가 있다. 취할 것과 버릴 것. 보통의 경우 선택해야 하는 상황에 놓이면 우리는 어떤 것을 취해야 내게 이로울지를 생각하게 된다. 즉 취할 것을 골라내려 한다는 말이다. 그러다 보면 좋은 것을 더 많이 가지고 싶은 욕심이 생긴다. 혹시 셔츠를 고를 때 컬러 때문에 고민해본 적이 있는가? '베이지색은 무난하게 입을 수 있어서, 빨간색은 포인트를 주고 싶은 날을 위해서, 노란색은 얼굴이 화사해 보이기 때문에'와 같은 이유를 떠올리게 된다. 마음 같아서는 모두 갖고 싶지만 한 가지를 골라야 한다면 난감할 수밖에 없다.

이는 인간이 가진 '성취 욕구' 때문이다. 비움보다는 채움을, 버리는 것보다는 가지는 것에 대한 욕구가 더 자연스럽게 발달했기 때문이다. 그것이 심적인 것이든 물질적인 것이든 마찬가지다. 우리가 채움의 미학에 대해 언급하는 것을 본 적이 있던가? 하지만 비움의 미학과 미니멀 라이프는 늘 화두가 되지 않던가. 그만큼 우리에게 채우는 것은 쉽지만 비우는 일은 쉽지 않다. 하지만 비우는 것 역시 우리 삶에 중요한 덕목이다. 취하기 위해서는 버리는 것이 있어야 하기 때문이다. 다르게 말하면 버려야만 얻을 수 있다.

학창 시절 객관식 문제집을 풀 때를 생각해보자. '정답으로 옳은 것은?'

혹은 '정답으로 틀린 것은?'이라는 질문에서 우리는 한 가지의 답을 골라야 했다. 만약 문제를 푸는 요령을 잘 몰랐다면 처음부터 옳은 답 혹은 틀린 답을 찾아내려고 노력했을 것이다. 하지만 다섯 가지 중 한 가지를 골라야 하는 일은 여간 골머리를 써야 하는 일이 아닐 수 없다. 더구나 학습량이 부족했던 부분의 문제였다면 더욱이 그랬다.

그럴 때 썼던 방법이 바로 '추려내기'였다. 예컨대 옳은 것을 찾아야 하는 문제라면 아닌 것부터 하나씩 버려나가는 것이다. 그렇게 해서 최종적으로 남는 하나가 정답이 된다. 어찌 보면 네 가지를 읽고 가려내는 일이 한 가지를 찾아내는 일보다 더 번거롭다고 생각할 수도 있다. 그러나 막상 활용해보면 생각보다 더 명쾌하게 답을 찾아낼 수 있음을 알게 된다. 게다가 신기하게도 아닌 것에 X자를 그어갈 때마다 쾌감과 함께 정답에 가까워지고 있다는 확신이 든다.

이렇게 조금만 달리 생각해보면 문제에 접근하는 방법이 간단할 수도 있다. 골머리가 썩던 일이 실마리를 찾은 듯 술술 풀려나갈 수도 있다. 사고의 전환인 셈이다. 얻기 위해서는 버려야 하고 버리기 위해서는 얻어야 한다. 그런 점에서 우리 삶도 이 시험지와 같지 않을까.

선택에 대한 분별력을 가질 것

고백하자면 나는 무언가를 쉽게 버릴 수 있는 사람은 아니다. 어릴 적에는 과자를 사 먹으면 특이한 재질이나 예쁜 디자인의 과자봉지를 모았다. 친구들과 주고받았던 교환일기장과 편지들도 여전히 내 방에 박스째 쌓여 있다. 물건뿐만이 아니다. 친구를 사귈 때에도 한번 우정을 약속하면 끝까지 지키는 편이다. 아주 특별한 경우가 있지 않은 한 그렇다. 그래서인지 낡고 헤져 버려지는 것, 이별에 대한 측은지심 같은 것도 있었다. 한번 취하면 잘 버리지 못해 한참 고민할 때도 많았다. 그것이 마음이든 물건이든 그랬다.

하지만 만남이 있으면 헤어짐이 있고, 낡은 것이 가면 새것이 온다는 것은 삶의 진리이다. 객관식 문제에서 오답을 가차 없이 솎아내듯이 좀 더 심플하게 버리고 취할 수 있는 결단력을 가져야 한다. 버려야 하는 것 앞에서 고민이 더 많았지만 이제는 선택의 당연한 대가라는 것에 점점 익숙해져간다. 사랑하는 사람들과의 이별도, 비워내야만 하는 마음도, 버려야 하는 물건들에 대해서도 그렇다. 그리고 돌아보면 그 대가는 나를 이전보다 더 나아지게 만들었으며 내가 가야 할 길을 더 명료하게 이끌어주고 있다고 믿는다.

삼국지와 같은 역사 이야기나 영웅담을 보면 늘 등장하는 장면이 있다. 대의를 꿈꾸는 남자가 주인공이 사랑하는 여자와 자신의 업적 사이에서 고민하는 장면이다. 그리고 대부분 후자를 선택한다. 즉 사랑을 버리고 대의를 얻게 되는 것이다. 여기서 중요한 것은 사랑보다 정의 구현이라는 업적이 더 큰 가치를 가지고 있다는 것이 아니다. 두 가지 모두 누가 보아도 선택하기 힘들 만큼 소중하다는 것을 잘 알 수 있다. 핵심은 스스로 취해야 할 것과 버려야 하는 것에 대해 분별력을 갖고 있다는 것이다. 자신의 신념대로 결단을 내렸고 그 선택에 최선을 다할 수 있는 마음이 중요한 것이다. 비슷한 가치의 두 가지 것 중 선택을 해야 하는 경우라면 더욱 그렇다. 잃은 것만큼, 아니 더 큰 가치를 얻기 위해 우리는 자신의 선택에 더욱 온전히 전념할 수밖에 없을 것이다. 그것이 때로 우리를 더욱 성장시킨다.

만약 주인공의 선택이 그 반대가 된다고 하더라도 그 사랑은 반드시 축복하는 결과를 맞이했을 것이다. 무언가를 버릴 수 있다는 것은 자신이 무엇을 원하는지 잘 알고 있다는 뜻이기도 하다. 그러한 고심 끝에 취한 선택이라면 반드시 이루고자 하는 의지를 갖게 될 것임이 분명하기 때문이다. 반대로 취하고 싶은 것이 무엇인지 안다면 내게 그다지 중요하지 않은 것, 가치 있지 않은 것이 무엇인지도 자연스럽게 깨닫게 된다. 그러므로 선택을 한다는 것은 자신을 알아가는 과정이다.

마지막 사랑이라고 생각할 만큼 믿고 의지했던 사람이 있었다. 내가 힘들 때마다 곁에 있는 것만으로도 위로가 되었다. 특별히 내게 어떠한 해답을 주지 않아도 그저 바라보고 있으면 마음이 편안해졌고 힘이 솟아나는 듯했다. 그래서 아주 오랫동안 다른 사람을 생각할 틈도 없이 오로지 내 관심은 그 사람에게 향해 있었다. 때로는 친구처럼 편안하게 대했고,

때로는 부모님처럼 조언도 아끼지 않았다. 편안함 속에서도 신선함을 잃지 않는 연인이 되려고 노력했다. 하지만 조금씩 변해가는 마음을 느끼자 나는 필사적으로 더 노력했다. 그를 잃는 것은 내게 하나뿐인 사랑과 함께했던 내 젊음의 시간을 잃어버리는 것이라고 생각했기 때문이다.

그렇게 마음이 흩어지지 않도록 노력하는 동안 나는 밤마다 두통에 시달렸고 마음은 점점 더 불안해졌다. 언제 끊어질지 모르는, 썩은 동아줄을 잡고 있는 기분이었다. 그러다 보니 일과 건강까지 점점 더 무너져갔다. 머리로는 이 관계를 정리해야 한다는 것을 알고 있었지만 마음으로는 쉽게 놓아주지 못했다. 그 어떤 것도 버리지 못하고 움켜쥐려 했다. 결국 우리는 서로 더욱 힘들어졌고 나는 그에게 이별을 통보받았다. 결국 내가 그의 삶에서 버려진 것이다.

헤어졌던 날은 죽을 것처럼 괴로웠다. 내가 노력했던 시간이 모두 물거품이 되어버리는 고통에 말할 수 없이 힘들었다. 더구나 나의 선택이 아니라 상대의 결정으로 내 삶이 선택되었다는 것이 자신을 더 비참하게 만들었다. 그런데 신기하게도 헤어지고 일주일도 채 되지 않아 속이 후련해지기 시작했다. 오히려 그전보다 더 숙면을 취할 수 있었고 두통도 사라졌다. 왠지 모를 해방감과 새롭게 펼쳐질 미래에 대한 기대감마저 들었다.

내가 그렇게 놓기 싫어 움켜쥐고 있었던 것이 어쩌면 내게는 독이었던 것이다. 내게는 비워내야 할 오래된 숙변 같은 것이었음을 깨달았다. 당시에 끙끙 앓으면서도 가지고 있었던 내 미련함을 깨달았다. 내 삶에서 그를 비워내면서 나는 새로운 삶의 방향을 선택하게 되었다. 새로운 기대감과 미래를 꿈꿀 수 있게 되었다. 그에게만 갇혀있던 편협한 사고가 탁 트이면서 시야가 사방으로 열렸다. 비록 생각하면 마음 아프고 슬픈 일이지만 큰 숙제를 해결했다는 안도감에 다행이라는 생각도 들었다. 비록 또 한 번의 사랑은 잃었지만 나는 더 무한한 가능성과 새로운 행복을 얻은 것이다. 사랑에 실패했다고 인생에 실패하는 것은 아니니까.

우리는 생각보다 중요하지 않은 것에 사로잡혀 버둥거릴 때가 있다. 그러다 자신을 합리화하며 선택의 본질을 흐리기까지 한다. 그것은 돈의 유혹일 수도 있고 나쁜 길로 유인하는 친구일 수도 있다. 성공에 별 도움이 안 되는 부정적인 말만 늘어놓는 드림 킬러일 수도 있다. 하지만 순간의 선택이 내 삶의 방향을 바꾸는 결정적 계기가 될 수 있다. 그러므로 취할 것과 버릴 것에 대해 잘 생각하여 명료한 판단을 내릴 수 있어야 한다. 그리고 그것이 세상의 옳고 그름이나 주변에서 말하는 해결책, 습관적인 정답이 아니라 내 의지여야 한다.

자신이 원하는 것과 원하지 않는 것은 누구보다 본인이 가장 잘 알고 있다. 쉽지 않다면 버림으로써 취하고 취함으로써 버려보라. 악어와 악어새처럼 공생할 수밖에 없는 이 선택의 법칙을 잘 활용하여 삶을 더 행복한 방향으로 이끌어갈 수 있길 바란다.

당신이 원하는 것은
이미 당신 자신이 가장 잘 알고 있어요.

단지 결정을 내리는 것에 대한 과감함이
좀 더 필요할 뿐이죠.

가끔 포기하는 것도
또 다른 기회가 될 수 있어요.

단순하게,
자신이 무엇을 원하는지에 집중해봐요.

5장

—

완벽하지 않은 어른인
나에게

chapter 01

나의 존재 자체를 사랑한다

—

진정한 희망은 바로 나를 신뢰하는 것이다.
행운은 거울 속의 나를 바라볼 수 있을 만큼 용기가 있는 사람을 따른다.
자신감을 잃어버리지 마라.
자신을 존중할 줄 아는 사람만이 다른 사람을 존중할 수 있다.

– 쇼펜하우어(독일의 철학자)

타인을 위해 나를 바꾸려 하지 말 것

생각보다 우리 주변에는 자존감이 낮은 사람들이 많다. 자존감이 낮은 사람들의 특징 중 가장 두드러지는 하나는 '다른 사람의 시선을 많이 의식하는 것'이다. '이렇게 했을 때 남들은 나를 어떻게 생각할까? 뭐라고 말할까? 어떻게 보일까?' 하고 매사 남들의 시선을 의식하며 고민한다. 하지만 이렇게 타인의 시선에서 말하고 행동하다 보면 어느새 나는 내가 원치 않는 모습이 되기도 한다. 타인에 대한 깊은 배려는커녕 내가 하고 싶은 말조차 제대로 하지 못하는 사람이 되어 있다.

얼마 전 다니던 회사에서의 내가 그랬다. 나는 내가 옳다고 생각한 것에 대해서는 그렇게 해야 직성이 풀리는 경향이 있다. 그 결과가 어떻든 내가 생각한 대로 해본 후의 결과에 대해 스스로가 납득할 수 있었다. 그리고 나는 그런 내 모습을 좋아한다. 그러한 점은 그만큼 자신의 색깔이 뚜렷한 것이라 생각하기 때문이다. 하지만 직장 내 팀 활동에서는 이런 점 때문에 의견이 부딪히는 경우가 종종 있었다. 그래서 새 직장으로 입사 후 가장 신경 써서 개선해야겠다고 생각했던 부분이었다. 내 의견보다는 타인의 의견을 좀 더 수렴할 줄 아는 사람이 되어보자고 마음먹었다.

그래서 동료들과 의견이 다른 경우가 있어도 지금까지와는 다르게 행동하려 노력했다. 내 의견은 최대한으로 접어두고 일단은 적극 수렴하고 수긍해주기로 해보았다. 그런데 시간이 지날수록 나의 이미지는 내가 원치 않는 방향으로 비춰지고 있었다. 나는 내성적이고 말이 없는 사람이 되어갔다. 그리고 그런 상황 때문에 내면에서는 잦은 충돌이 일어났다. 기존의 나와 타인이 보는 나의 모습 사이에서 갈등하게 된 것이다.

더구나 회사에서 한번 굳혀진 이미지를 바꾸는 데는 어려움이 따랐다. 타이밍을 놓쳐버린 것이다. 나는 점점 의도치 않게 형성된 이미지에 맞춰 행동하고 말하게 되었다. 그러다 보니 나중에는 회의나 미팅 같이 의견을 말해야 하는 자리가 불편하게 느껴졌다. 하고 싶은 말이 목구멍까지 올라와도 꾸역꾸역 삼켜버렸다. 가끔 갑작스럽게 말할 기회가 주어지면 나도 모르게 말을 더듬기도 했다. 그런 자신이 너무 갑갑하게 느껴졌다. 점점 더 내가 스스로 가두고 있다는 생각에 모든 상황이 버겁게 느껴졌다. 나에게 맞지 않은 옷을 걸치고 있으니 갑갑할 뿐만 아니라 자신감도 떨어지기 시작했다.

　혹시 이와 같은 경험을 겪어본 적이 있는가? 의도치 않게 타인에 의해 만들어진 이미지 때문에 그에 맞춰 행동하게 되어버린 경우. 우리는 저마다 자신이 가진 고유한 특색이 있다. 그리고 그것은 때에 따라 장점이 되기도, 단점이 되기도 한다. 내가 단점이라 여기는 모습이 누군가에게는 닮고 싶은 모습일 때도 있다. 그럼에도 우리는 왜 타인의 잣대에 따라 나를 변화시키려고 하는 것일까? 왜 내가 되고 싶은 나보다 그들이 말하는 내가 되려고 노력하게 되는 것일까? 심지어 그들에게 잘 보이기 위해, 좋은 사람으로 평가받기 위해 스스로 속이기도 한다.

　생각해보면 우리는 누군가에게 더 사랑받는 사람이 되려고 하는 것이 아니라 단지 미움받는 존재가 되고 싶지 않아서 그런 것일지도 모른다. 이러한 심리는 자아존중감이 낮을 때 많이 나타난다. 예를 들어 사랑을 많이 받고 자란 아이는 그렇지 않은 아이에 비해 자신감이 더 높은 편이다. 즉 미움받는 상황에서도 당당함과 초연함을 잃지 않는다. 그들이 나를 좋아하지 않는다고 해서 주눅 들거나 아쉬워하지 않는다. 이미 자신은 그보다 더 소중한 사람들에게 사랑받는 가치 있는 존재라고 생각하기 때문이다.

　이처럼 스스로를 가치 있는 존재라 여기는 마음은 그 어떠한 상황에서도 상처의 화살을 자신에게 겨누지 않는다. 타인의 눈치를 보며 자신을 쉽게 바꾸거나 맞추려 들지도 않는다. 자신을 소모시키면서까지 관계를 이어가려 하지 않는다.

연애 패턴을 보아도 자존감을 알 수 있다. 연애는 조화와 균형을 이루는 화합의 관계가 되어야 한다. 어느 한쪽으로 치우치는 관계는 오래가지 못한다. 그리고 연애가 끝날 때면 그 실체가 더 잘 드러난다.

"그 사람을 만나면서 내 자존감이 바닥을 쳤어. 그래서 이제는 그만하고 싶어. 다시 나를 되찾을 거야."

친구에게 이런 말을 들어보거나 직접 해본 적이 있을지도 모른다. 안타깝지만 우리는 사랑에 빠지면 자신을 잊어버리는 경우가 많다. 상대에 온전히 집중하다 보면 자신을 사랑하는 방법을 잃어버리는 것이다. 하지만 지혜로운 사랑은 자신을 내려놓고 상대에게 전념하는 것이 아니다. 그런 맹목적이거나 희생적인 사랑은 결국엔 보상심리로 인해 서로 더 지치고 힘들게 만들 수도 있다. 자신을 먼저 제대로 사랑할 줄 알아야 한다. 그런 사람이 타인도 제대로 사랑할 수 있다.

간혹 연인에 대한 심한 집착이나 의심이 이별의 이유가 되는 경우가 있다. 그것은 대부분 자아존중감이 낮은 사람일 확률이 높다. 본인에 대한 존중과 믿음이 낮으면 타인도 잘 믿지 못한다. 그래서 의심하게 되고 의심이 커지면 집착으로 이어진다. 사실 연인의 바람기에 대한 의심이 높은 사람이 그렇지 않은 사람에 비해 자신도 바람을 피웠던 경험이 있을 확률이 더 높다고 한다. 본인이 떳떳하다면 상대에게도 괜한 의심은 하지 않게 되는 것이 사람 심리이기 때문이다. 그 말은 자신의 행동에 대해 떳떳하지 못한 마음이나 불안한 믿음을 가지면 상대방에게도 같은 이유로 감정을 부여하게 된다는 뜻이다.

이처럼 누군가를 제대로 사랑하기 위해서는 나 자신을 먼저 사랑할 준비가 되어야 한다. 그리고 상대와 자기 자신을 사랑하는 관계를 지속해야 한다. 자신이 귀한 줄 아는 사람이 타인의 존재도 귀하게 여길 줄 안다. 그러므로 자신을 사랑하는 방법을 잘 아는 사람이 지혜로운 연애 패턴으로 사랑한다.

조심스럽게 고백하자면 나도 연애를 하면서 잠시 다른 이성을 마음에 품었던 적이 있었다. 그런데 이상하게도 내가 그런 상황이 되고 나니 연인의 행동에 대해서도 더 민감해지기 시작했다. 예전에는 전혀 없던 의심의 마음도 품게 되었다. 연락이 잘되지 않으면 혹시 다른 이성친구와 연락하고 있지 않은지 걱정되었다. 게다가 연애 중 이별했던 시기들을 떠올려 보면 내가 아직 준비 중이었거나 심적으로 예민하고 힘들 때인 경우가 많았다. 즉 자존감이 낮아져 있을 때였다. 나 자신에 대한 부족한 마음을 상대를 통해 충족시키려는 심리가 발동했던 것이다.

결국 모든 문제는 나로부터 일어나는 것이며 그 해결책도 자신에게 있음을 알 수 있다. 스스로에 대한 믿음과 사랑, 존중이 바탕이 되어야 한다. 그것이 모든 것의 시작이자 끝이다. 누군가에게 쉽게 휘둘리지 않는 나, 상대에게 지나치게 의존하지 않는 내가 되고 싶다면 나 자신을 제대로 사랑해야 한다. 나는 그 자체로 이미 고유한 가치를 가진 사람이라고 존중해야 한다. 스스로에게 당당한 사람이 타인에게도 당당하고 멋져 보인다.

예전에 일반인을 대상으로 한 인간 심리에 대한 실험 영상을 본 적이 있다. 똑같은 물건 두 개에 각기 다른 가격을 붙여 사람들에게 제품 리뷰를 해달라고 했다. 보다 저렴한 A에 대해서는 퀄리티가 낮다는 둥, 사용성이 불편하다는 둥 혹평이 많았고, 값비싼 B에 그 반대의 호평이 이어졌다. 그런데 사실 알고 보니 A와 B의 가격을 반대로 붙였던 것이었다. 그만큼 사람들이 바라보는 대상에 대한 가치는 환경에 따라 달라진다는 것을 알 수 있다. 대상 자체가 가진 본연의 가치보다 외부적으로 주어진 타이틀이나 관념에 따라 가치를 다르게 평가한다.

어쩌면 우리의 모습도 이와 같을지도 모른다는 생각이 든다. 만약 지금 당신이 가진 모든 지위나 성과를 내려놓았을 때도 당신을 있는 모습 그대로 사랑해주며 믿어줄 수 있는 사람이 몇이나 될 것 같은가? 그 결과는 당신의 상상에 맡기겠다. 결국 중요한 것은 환경이 어떻게 변해서 사람들이 어떤 식으로 떠들든 나의 가치는 오직 내가 매겨야 한다는 사실이다. 어느 순간에도 자신을 평가할 수 있는 사람, 끝까지 내 편일 수 있는 사람은 그 누구도 아닌 오직 당신 자신뿐이다. 그러므로 스스로를 소중하게 여기는 마음만이 내 인생의 진짜 가치를 높일 수 있다는 것을 잊어서는 안 된다.

세상에 쓸모없는 존재는
어디에도 없어요.

이미 존재하는 그대로
사랑받을 가치는 충분해요.

타인이 만들어놓은
온갖 상념에
자신을 맡기지 말아요.

chapter 02

아직 미완성인 나를 기대하시라

—

꽃은 기다릴 가치가 있어요.
참을성 없는 요즘 사람들에게 정원을 꼭 가꿔보라고 하고 싶어요.

– 〈타샤 튜더〉 중에서

반복을 거듭하며 완전해진다

"너는 잘 모르지만 바둑엔 이런 말이 있어.

미생. 완생. 우린 아직 다 미생이야."

들을 때마다 그때의 명장면이 떠오르면서 가슴이 두근거린다. 뭔가 우리의 삶 전체를 아울러 감싸 안는 듯 위로받는 느낌이 든다. 직장인들의 애환을 담은 웹툰 드라마 〈미생〉을 나는 방영 후 4년이 지나서야 보게 되었다. 사람들이 왜 그렇게 미생 열풍에 빠졌는지, 또 왜 반드시 보기를 권했는지를 뒤늦게서야 알 수 있었다. 우리는 모두 완벽하지 못한 실수투성이의 존재라는 것에 대한 공감대 때문이었다. 결코 드라마틱하지 않은 현실적인 디테일함에 함께 울고 웃으며 묘한 카타르시스를 느낄 수 있었다. 〈미생〉의 작가 윤태호 씨의 말처럼 우리 삶은 결코 완성되거나 결정되지 않은 것뿐이다. 단지 어제보다 조금 더 나은 사람, 조금 더 괜찮은 삶을 살기를 바라며 하루하루 나아가고 있는 것이다.

　나는 대학교 때 타 전공으로 도자기 공예 수업을 들은 적이 있었다. 오래전부터 물레에 점토를 돌려가며 그릇을 빚어내는 모습에 대한 로망이 있었기 때문이다. 물레가 돌아갈 때 손끝에 살짝 닿은 부분은 그 결대로 자연스럽게 모양을 바꾼다. 마치 요술공주가 뱅그르르 한 바퀴 돌면 순식간에 예쁜 옷으로 갈아입은 여전사로 변신할 때의 모습과 같다. 그 매력을 직접 체험할 수 있다는 사실에 즐거운 기대로 들떠 있었다. 그런데 정작 수업은 물레를 사용하지 않고 진행된다고 했다. 오로지 손을 사용해서 그릇을 만들어야 하는 작업이었다. 물레는 어느 정도 실력이 갖춰져야만 사용할 수 있는 도구라는 것이다.

　아이디어 스케치에 따라 그릇 만들기를 시작했다. 나누어준 점토를 사용할 양만큼 뜯어내어 손으로 조물조물 반죽을 했다. 그리곤 굵은 국수가락처럼 한 줄씩 밀어 여러 개의 점토 가닥을 만들었다. 점토를 평평하게 펼쳐 눌러서 그릇의 밑바닥 부분을 만들었다. 그다음 테두리를 따라 만들어둔 점토 가닥을 한 줄씩 둘러쌓았다. 원하는 모양을 생각하며 한 가닥씩 쌓을 때마다 맞닿는 면에 물을 묻혀가며 붙여주었다. 생각보다 매

끄럽게 이어지지 않았다. 쌓는 점토 높이가 높아질수록 삐뚤빼뚤 기울어지기도 했다. 그때마다 바닥면에 쌓았던 점토 가닥부터 손으로 매만져 탄탄하게 다져 올렸다. 쌓아올리고 다지기를 반복했다. 이런 식으로 그릇의 모양을 잡는 작업에는 꽤 많은 시간이 걸렸다. 가닥가닥 붙은 점토 면을 문질러 하나의 면으로 다듬어갔다. 모양이 완성된 점토 자기는 며칠간 건조와 유약 처리 후 굽는 작업에 들어갔다.

재미있었던 점은 도자기는 가마에서 굽는 소성 온도와 점토의 건조 상태에 따라 다양한 변수가 발생할 수 있다는 것이었다. 그러니 구울 때마다 완전하게 100% 똑같은 결과물이 나올 수 없다. 그래서 도자기 장인들도 도자기가 가마에서 환골탈태하여 나오기 전까지는 어떤 작품이 탄생될지 완전하게 예상할 수 없다고 한다. 나는 초벌 후에도 가마에 굽고 식히는 과정을 반복해야 했다. 그 과정마다 수시로 도자기를 꺼내어 색은 어떤지, 금이 가거나 깨진 부분은 없는지, 상태를 체크했다. 그리고 그에 따른 보완을 통해 결과물을 완성시켜 갔다.

한 학기 동안의 도자기 수업은 내게 우리 삶에 대한 고찰도 함께 주었다. 도자기가 완성되는 일련의 과정이 우리의 삶과 닮아 있기 때문이었다. 끊임없는 반복, 그 과정에서의 깨달음을 통해 우리는 날마다 조금씩 더 자신을 다듬어가고 있었다. 가마 속에 도자기를 넣고 구워지기를 기다리는 동안 얼마나 설레었는지 모른다. 한 번씩 구워져 나올 때마다 유약을 칠하며 완성될 모습을 상상하는 기쁨에 참 흐뭇했다. 사실 완성되었을 때의 기쁨보다 완성되어가는 과정의 즐거움이 더 오래 기억에 남는다.

반복, 또 반복. 삶은 반복의 연속이고 인간은 그러한 반복을 통해 완전한 존재가 되기 위해 노력을 거듭한다. 그리고 때로는 그러한 반복됨에 지루함과 권태를 느끼면서도 한편으로는 그것으로부터 오는 안일함을 즐기기도 한다. 직장 생활 중 틀에 박힌 업무 시스템을 욕하면서도 매일 아침 일어나 어김없이 출근하는 우리 모습에서도 알 수 있지 않은가. 그래도 결국 익숙한 것이 좋은 것이라며 자신을 위안하지는 않은가. 이렇게 우리 삶은 어디 다른 곳에 있는 게 아니라 현재를 살아가는 이 지루함과 권태 속에 있는 것이 아닐까. 그리고 그러한 권태 속에서 특별한 무언가를 찾아내거나 유일한 나를 만들어가는 것이다.

내가 빚은 도자기의 완성본이 가마의 마지막 단계를 거쳐 나오기 전까지 정확히 어떤 모습일지 알 수 없듯이 우리 인생도 마찬가지일 것이다. 조금 더 완전한 자신을 꿈꾸며 오늘 하루도 열심히 보내도 그 결과는 아직 알 수 없다. 어쩌면 우리가 매 순간 최선을 다해도 자신이 꿈꿔온 완전한 사람이 될 수 없을지 모른다. 하지만 분명한 것은 내가 바라는 인격체에 가까워질 수 있다는 사실이다. 실로 그것이 더 중요한 것이 아닐까? 그것이 여전히 미완성인 내가 날마다 더 애틋하고 기대될 수밖에 없는 이유이다.

정이현 작가의 『달콤한 나의 도시』에서 7살 연하남인 태오는 여주인공 은수에게 이렇게 말한다.

"자기는 내가 반드시 꼭 무언가가 되어야만 그때 믿어줄 거예요? 그냥 지금의 있는 그대로의 나를 믿어줄 수는 없는 거예요?"

서른한 살의 은수는 경제적 기반이 잡혀 있지 않은 남자 친구 태오에 대한 불안과 불확신을 들키고 만다. 잘 다니던 학교를 자퇴하고 영화감독이 되겠다는 태오의 야심찬 결정을 무모하다고 여기며 설득하려 한다. 태오의 계획과 결심들은 당장에 눈에 보이지 않는 것이기 때문이다. 이처럼 우리는 눈으로 확인할 수 있는 무언가가 있어야만 비로소 믿는 경향이 있다. 보이지 않는 것에 대한 막연한 두려움과 불신을 가지고 있다.

하지만 정작 정말로 소중한 것은 눈에 보이지 않는 것이 더 많다는 것을 혹시 간과하고 있는 것은 아닐까? 몰라서가 아니다. 알고 있지만 그것을 실천으로 옮겨 온전히 받아들이기 쉽지 않은 일이다. 사실 '믿는다'는 말의 이면에는 '무조건'이라는 전제가 깔려 있다. 생각해보라. 우리가 누군가에게 믿음을 구할 때에는 심증은 있지만 눈에 보이는 물증이 없을 경우가 많다. 눈에 보이지 않는 미입증의 존재를 믿는다는 것은 무조건적인 맹신이 아니고서는 지극히 불가능한 일이 아닌가.

지금 당장의 내가 대단한 사람이 아니더라도, 눈으로 보여줄 수 있거나 논리적으로 설명이 가능한 상황이 아닐지라도, 믿을 만한 구실이나 조건이 있어서 믿어주는 것이 아닌 그냥 무조건 그 무언가를 진실로 받아들이는 마음, 바로 그것이 '믿는다'의 정석이다. 그리고 그러한 믿음은 실제로 기적을 만들기도 한다. 단 그러한 믿음에 조금의 불안이나 불신이 없을 때 가능한 일이다. 믿음은 오직 그 믿음 자체에 집중할 때에만 현실화되기 때문이다.

사람들은 저마다 한 부분에서 완벽주의 성향을 가지고 있다. 정리 정돈에 대한 강박이나 음식을 남기지 않고 끝까지 깨끗이 비워내야 하는 강박증 같은 것도 그에 해당한다. 나 역시도 굳이 신경 쓰지 않아도 될 사소한 것에 집착하다가 출근 버스를 놓치거나 시간을 보낼 때가 있다. 예를 들면 정작 남들은 잘 모르는 나만의 머리모양이 제대로 나오지 않을 때면 몇 번이고 고데기를 한다. 별것 아닌 일에도 과하게 힘주어 행동하는 경우가 있다. 그리고 그것이 자기 뜻대로 되지 않았을 때 그만큼 더 낙담하거나 짜증이 난다.

하지만 이렇게 완벽을 위한 완벽함을 추구한다면 우리는 끊임없이 불만족스럽고 불행할지도 모른다. 진정한 행복은 미완성의 자신을 채워가는 기쁨에 있기 때문이다. 퍼즐 조각을 맞추는 게임이 그것을 잘 보여준다. 만약 인간 심리가 이미 다 완성된 것에 행복을 느꼈다면 애초 조각을 내지도 않았을 것이다. 그렇기에 우리는 애써 이미 다 맞춰진 퍼즐 그림을 조각조각 다시 흩트려 하나씩 맞춰가는 것이 아닐까.

아직은 미완성인 나와 앞으로도 계속해서 미완성일 우리의 존재를 인정하고 즐기는 것, 그래서 날마다 더 잘되기를 기대할 수밖에 없는 것, 지금 있는 그대로의 모습을 무조건 믿어주는 것, 가슴 뛰는 가능성으로 끊임없이 두근거릴 것, 바로 그것이 완벽하지 않는 나를 온전히 사랑하는 유일한 방법이 아닐까?

내가

완벽하지 않은 나를 이해하고 믿어주듯이

누군가의 모자람을

좀 더 너그럽게 여길 수 있는

당신이 될 수 있기를 바라요.

그것이 완벽하지 않은 세상살이의

아름다운 규칙이 아닐까요.

chapter 03

적정 온도를 꾸준히 유지하는 거야

—

포기하지 마십시오. 헌신 없이는 절대 시작할 수 없습니다.
하지만 더 중요한 것은 일관성 없이는 절대 끝낼 수 없다는 것입니다.
쉽지 않습니다. 만약 쉬웠다면 덴젤 워싱턴도 없었을 것입니다.
그러니까 계속 노력하고 계속 투쟁하고 절대 포기하지 마세요.
— 덴젤 워싱턴(미국의 배우)

사랑의 온도를 조절하는 법

모든 것에는 온도가 있다. 지금 글을 쓰며 마시고 있는 차 한 잔에도, 책상이나 노트북에도, 어둠이 내린 바깥 공기에도, 그리고 사람의 마음에도, 눈에 보이든 보이지 않든 무엇이든 온도는 존재한다. 그리고 그 온도는 성질을 변화시키는 힘을 가진다. 즉 움직임을 발생시키는 에너지를 품고 있다.

중학교 1학년 때 과학시간에 배운 샤를의 법칙을 기억한다. 기체를 가열하면 부피가 늘어나고 냉각시키면 부피가 줄어든다. 게다가 압력의 값에 따라 그 상태는 달라지게 된다. 이렇게 눈에 보이지 않는 기체에도 과학적으로 증명이 가능하고 조정이 가능한 온도의 법칙이 존재한다. 그렇다면 마음의 온도는 어떨까? 우리의 마음에도 적정 온도란 것이 존재하는 것일까?

우리의 몸은 36.5도로 적정 유지된다. 그 이하가 되거나 이상이 되면 우리 몸에는 이상신호가 나타나 위험한 상황에 이르기도 한다. 하지만 저마다 품은 마음의 온도는 제각각이며 또 시시각각 다르다. 어떤 사람은 끊임없이 들끓고, 또 다른 사람은 제대로 끓지 않아 인위적으로 불을 지펴주어야 하기도 한다. 하지만 중요한 것은 때에 따라 그 높이를 조절해가며 적정한 온도를 컨트롤하는 것이다. 그것은 연애를 할 때에도, 꿈을 향해 나아가는 과정에서도, 평소 인간관계에서도 마찬가지이다.

몇 해 전 SBS 드라마 〈사랑의 온도〉를 비롯해 베스트셀러 『언어의 온도』, 웹툰 〈꿈의 온도〉까지 우리 삶 곳곳에 '온도'라는 표현이 붙었다. 그래서 눈에 보이지 않는 것에 대한 감각적인 표현이 피부로 더 와닿는 느낌이다.

우리 삶은 선택과 집중이라고 말하지만, 한 가지가 더 있다. 바로 '조절 (Control)'이다. 예를 들어 인간은 외로움을 느끼는 존재이니 그 고독을 즐길 수 있어야 한다. 슬픔이나 외로움의 감정을 달래는 것, 흥분과 분노를 다스리는 것, 심지어 지나친 사랑을 절제하는 것까지도, 어떤 것이든 적당한 것이 가장 좋다.

연애를 할 때도 마찬가지다. 처음부터 활활 불타올라 금방 식는 타입이 있는가 하면, 서서히 뜨거워져 오랫동안 지속되는 타입도 있다. 사람마다 성향이 다르고 만나는 상대에 따라 또 달라질 수 있다. 그러므로 뭐가 좋고 나쁘다고 말할 수는 없다. 하지만 어떤 성향이든 제대로 알려면 오래 두고 봐야 한다.

나는 후자의 연애 스타일에 속한다. 본래의 성향이 그런 것도 있지만 사실 내가 노력하는 부분도 적지 않다. 무엇이든지 처음부터 너무 달리면 끝으로 갈수록 지치기 쉽다고 생각하기 때문이다. 그러므로 짝사랑이든 연애든 한번 사랑에 빠지면 오랫동안 유지하는 편이다. 그런 나에게 친구들이 물어본 적이 있다. "어떻게 하면 그렇게 오랫동안 남자친구한테 사랑받을 수 있어? 장거리 연애인데도 더 애틋해질 수 있어?" 그 해답이 나에게만 있는 것은 아니지만, 나는 '적정 온도를 유지하는 것'이라 생각한다.

좋게 말하면 감정을 잘 조율하는 것이고 다르게 말하면 감정을 수시로 절제한다고 표현할 수 있겠다. 누군가는 감정에 솔직하지 못한 방법이라 말하기도 했다. 하지만 사랑을 조리하는 방법은 가스레인지 위에 올려둔 물주전자를 대하는 것과 같은 게 아닐까? 주전자 속의 물이 한번에 끓어 넘치거나 모두 증발해버리지 않게 하는 것의 관건은 불 조절이다. 사랑도 마찬가지이다. 열정의 온도를 조절하며 너무 뜨겁다 싶을 때 낮추어 주고 너무 냉랭하다 싶으면 올려주어야 한다. 그것이 내가 생각하는 오랫동안 사랑하는 현명한 방법이다.

예를 들어 마음을 나누어 조금씩 표현해보는 것이다. 실제로 내 마음속에서는 100만큼의 사랑의 불이 끓고 있어도 실제 우리의 상황에 따라 90을 주거나 60을 주는 식이다. 때와 상관없이 한 번에 몽땅 줘버리면 어떤 때는 그 사랑이 흘러넘치거나 아니면 부족하게 된다. 만약 상대방이 오늘 내게 98의 마음의 온도로 들끓는다면 나는 조금은 낮추어 대하는 것이다. 나까지도 이성을 잃고 그 이상으로 온도를 지핀다면 둘 사이의 온도가 식을 때도 같은 속도로 식을 가능성이 크다. 둘 중 한 사람은 컨트롤할 수 있는 의지를 남겨두는 것이 좋다. 늘 같은 온도와 속도로 나아가는 것은 위험할 수 있다.

주변에서 흔히 잉꼬부부라 말하는 분들의 결혼 생활에 대해 들은 적이 있다. 함께 산 지 10년이 지났는데도 방귀나 트림 같은 생리현상에 대해 서로 조심하는 경우, 집안에서도 옷차림에 신경 써서 서로 끊임없이 긴장감을 주는 경우에 대해 피곤하게 산다고 말하는 사람도 있지만 어쩌면 그만큼 적정 온도를 유지하기 위해서는 노력이 필요한 것임을 알 수 있다. 꼭 그러한 방식이 좋다고 말하는 것은 아니다. 제각기 방식은 다르지만 적정선을 지키고자 하는 마음과 그 노력이 서로 더욱 소중한 존재로 만드는 것은 분명하다. 그렇기 때문에 사랑의 온도를 우리 몸에서 일어나는 호르몬의 수치나 흘러가는 운명 같은 것에 맡기는 것은 핑계에 불과한 것이다. 생물학적으로 사랑이 유지되는 기간은 고작 3년 안팎이다. 그 말은 곧 진짜 사랑은 그 후부터 시작된다는 뜻이다. 그때 서로의 의지와 노력은 필수다.

현재 마음의 온도에 충실할 것

사랑의 온도가 두 사람이 함께 지켜나가야 하는 일이라면 꿈길에서의 열정 온도는 나 자신의 몫이 된다. 그것은 인생을 살아가는 매 순간 우리 스스로에게 주어진 중요한 숙제와도 같은 것이다. 내 마음의 온도에 따라 속도와 선택의 성분이 달라지기 때문이다.

즐거운 일을 할 때, 좋아하는 사람과 함께 있을 때, 행복한 상상을 할 때 '가슴이 뛴다'고 말하는 것은 '심장이 뜨거워진다'는 뜻이기도 하다. 마음의 온도가 상승하는 것이다. 그 온도는 에너지가 되어 우리가 앞으로 더 나갈 수 있는 동력이 된다. 그러므로 꾸준한 열정을 유지하는 것은 우리를 꾸준히 성장시킬 수 있는 힘이 된다.

매년 새해가 되면 계획을 세우며 올해는 무슨일이 있어도 지키겠노라 다짐한다. 그러나 처음의 열정은 조금씩 식어가고 이런저런 이유를 대며 점점 합리화하게 된다. 하지만 그 초심의 열정을 끝까지 가지고 가는 사람은 결국 원하는 바를 성취할 수 있다. 우리는 그들을 '성공자'라고도 말한다. 그리고 그러한 성공자들은 모두 "열정을 유지하는 첫 번째 방법은 가슴 뛰는 일을 하는 것이며 상상만으로도 즐거운 일은 그 에너지를 끌고 나갈 수 있는 동기부여를 준다."라고 말한다.

자신이 좋아하는 취미를 생각해보면 간단하다. 나의 경우도 취미로 시작했던 손그림 그리기가 이제는 소일거리가 되어 용돈벌이까지 되고 있다. 틈날 때마다 스케치북에 손그림과 캘리그래피를 그렸다. 그리고 사진으로 찍어 각종 SNS에 노출시켰다. 그것이 계기가 되어 지인들에게 좋은 반응을 얻었고 입소문이 조금씩 나기 시작한 것이다.

하지만 본인의 흥미와는 상관없이 해야만 하는 일을 하는 경우도 있다. 직장인들에게는 회사일이 보통 그렇지 않은가. 자신이 원하는 직업을 가졌고 목표한 직장에서 일을 하고 있지만 그렇다고 늘 회사에서 하고 싶은 일만 할 수 있는 건 아니다. 그러다 보니 직장 생활에도 때마다 권태기가 있기 마련이다. 오죽하면 '직장인들은 누구나 마음속에 사표 봉투 한 장씩은 품고 있다.'는 말이 있겠는가. 상상 속에서는 하루에도 몇 번씩 꺼내어 사장님 책상 위에 던진다. 대개 3년 차나 5년 차를 주기로 그 충동이 크게 일어난다. 그 시기를 잘 극복하지 못하면 회사를 나오게 되는 것이다. 하지만 그렇게 나와서 더 좋은 직장으로 이직을 해도 문제는 똑같이 반복된다.

어떤 일이든 권태기나 슬럼프가 오는 것은 자연스러운 일이기 때문이다. 어쩌면 그것이 잠시 쉬어가라는 의미일 수도 있다. 하지만 우리는 슬럼프가 오면 어떻게든 벗어나려고 발버둥을 친다. 슬럼프를 극복의 대상으로만 여기는 것이다. 그러면서 스스로 더 재촉하고 채찍질하기도 한다. 열정의 온도를 유지하는 것은 늘 무언가를 하며 나아가야 하는 뜨거움이라고 생각한다. 하지만 슬럼프를 잘 보내는 것도 꾸준한 열정을 유지하는 중요한 요소이다. 일하는 열정이 있다면 쉬는 열정도 있어야 하는 것 아닐까? 잘 쉬어줘야 더 잘 나아갈 수 있다.

쉬어야 할 때와 일할 때를 적절히 잘 즐기는 것이 내 마음의 온도를 잘 유지하는 방법이다. 만약 당신이 지금 어떠한 이유에서든 마음의 온도를 높이기 위해 이 책을 펼쳐들었다면 충분히 글 속을 머물며 마음을 쉬어가면 좋겠다. 당신의 마음에는 충전이 필요한 것이다. 이 문장을 맘속에 담고 있는 것 자체로 당신은 식지 않은 사람이니 걱정하지 않아도 좋다. 충분히 쉬어가는 동안 당신의 마음의 온도는 서서히 올라갈 것이다. 조급해할 것 없다. 그러니 좀 더 멀리 보며 내 마음의 온도를 가꾸어보자.

지금 나의 마음에 충실하게 내가 쏟을 수 있는 에너지를 다할 수 있는 마음. 그것이 지치지 않고 적정 온도를 꾸준히 유지하는 방법이다. 늘 달릴 수만은 없으니 걸었다 쉬었다를 반복하며 나아가면 된다. 무엇이든 끝까지 가는 것이 가장 중요한 것임을 명심하자.

내 마음의 적정 온도는
내가 지치지 않고
계속해서 나아갈 수 있는 에너지예요.

꾸준히,
뭉근한 온도로
내가 원하는 소중한 것을
지켜나갈 수 있어야 해요.

chapter 04

괜찮다고 착각하려 애쓰지 마

—

표현하지 않은 감정은 절대 죽지 않아.
산 채로 생매장되어서 나중에 추한 모습으로 등장한다고.
— 지그문트 프로이트(신경과 의사)

합리화에 익숙해져가는 우리

나는 참을성이 많은 아이였다. 치아가 약한 탓에 여섯 살 때는 어른들도 견뎌내기 힘들다는 신경치료를 견뎌야 했다. 그때에도 또래답지 않은 의젓함을 보였다. 일말의 비명이나 칭얼대는 것도 없었다. 오직 치료를 받는 중 느끼는 통증이나 무서움은 발끝에 모아 힘껏 오므리고 펴면서 묵묵히 참아냈던 기억이 난다. 치료가 끝나면 의사선생님과 간호사 언니는 칭찬을 아끼지 않았다. 어린 나이에 힘든 치료를 이렇게나 잘 견디는 어린이는 나뿐이라면서. 그러면 나는 아무리 치료가 고통스럽고 두려워도 더 의젓한 어린이로 보이려 잘 참아냈던 것 같다.

한번은 내가 가장 무서워하는 치료를 하는 날이었다. 어금니를 은으로 때우기 위해 충치를 깨끗하게 갈아내는 치료였다. 충치를 갈아낼 때의 '윙' 하는 기계 소리와 함께 이빨이 극도로 시린 느낌에 온몸에 소름이 돋았다. 하지만 눈물만 한 줄기 흘릴 뿐 별다른 내색을 할 수 없었다. 나는 씩씩하게 치료를 잘 받는 모범 어린이기에 실망스러운 모습을 보이고 싶지 않았다. 당시 그런 내 모습이 안쓰러워 보였는지 의사선생님이 한마디 했다.

"무섭거나 아프면 참지 말고 소리 내도 돼. 울어도 돼. 지금도 아주 잘 하고 있으니까."

하지만 여태껏 한 번도 그런 약한 모습을 보인 적 없었다. 끝까지 용감하고 멋진 어린이가 되고 싶었던 나는 두 눈을 꼭 감고 끝까지 참아냈다. 지금 생각해보면 나는 참고 인내하는 것을 잘 했던 것 같다. 잘 참아내는 어린이는 용감하고 어른스럽다고 칭찬받는 것이 좋았던 탓일까.

중학교 때는 교내 턱걸이 대회에서 여자 부문 2등을 한 적도 있다. 턱걸이 종목은 턱을 철봉 막대에 걸고 누가 더 오래 버틸 수 있는지 시간을 재는 운동이었다. 즉 자신과의 고독한 싸움에서 이겨내야 하는 운동이다. 철봉에 매달린 나는 시간이 흐를수록 팔이 부들부들 떨리고 얼굴이 시뻘

젖게 달아올랐다. 게다가 코에서는 뜨거운 바람이 뿜어져 나왔다. 질끈 감은 눈을 잠깐씩 뜰 때마다 지켜보는 사람들의 모습이 보였다. 그들마저 숨이 막힐 듯한 표정으로 나를 힘겹게 쳐다보고 있었다. 나는 마음속으로 수십 번 '괜찮다, 나는 편안한 상태이다, 나는 할 수 있다.'와 같은 격려를 끊임없이 되뇌었다. 스스로 괜찮다고 주문을 거는 것이었다.

최대한으로 견딜 수 있는 지경까지 다다랐을 때 가까스로 철봉에서 떨어져 내려왔다. 손바닥은 화상을 입은 듯이 후끈거리고 시뻘겋게 피멍도 들어 있었다. 땅을 딛고 선 몸이 파르르 떨리며 응집되어 있던 근육에 힘이 풀리는 듯했다. 아찔한 느낌이 들며 그제야 온몸에 피가 제 방향으로 흐르는 듯했다.

우리가 살아가는 모양새도 마치 턱걸이와 같지 않을까. 원하는 것을 다 하며 살 수는 없기에 원치 않는 무언가를 참고 견뎌야 할 때가 많다. 그때 우리는 자기 암시를 하게 된다. 현재의 상황에서 벗어나 자신을 그럴 듯한 착각 속에 빠뜨려야만 견딜 힘을 얻는다. 인간은 자신이 믿고 싶은 대로 생각하고 보는 경향이 있다. 즉 자신의 생각에 따라 얼마든지 합리화하여 보고 느낄 수도 있다. 그렇게 힘든 상황에서 괜찮다고, 잘될 거라고, 잘되고 있다고 스스로 다독이기도 한다. 떨어질까 봐 철봉을 꼭 붙들고 있는 모습에서도 우리 삶의 모습이 보인다. 우리는 지금 가진 것을 잃게 될까 봐, 더 나은 미래를 손에 쥐지 못할까 봐 불안해하며 부단히 힘주며 살아간다.

어쩔 수 없이 견뎌내야만 하는 상황에서는 자기합리화도 자양강장제가 되기도 한다. 하지만 여기서 조심해야 할 것은 괜찮지 않으면서도 어떻게 해서든 괜찮다고 억지스럽게 합리화하려는 마음이다. 누가 보아도 괜찮지 않은 상황인데 부자연스럽게 상황을 끌고 나가려는 경우에는 문제가 되는 것이다. 하지만 이렇게 부자연스럽고 무리가 되는 일을 매일 하며 살고 있는지도 모르겠다. 원만한 관계를 위한다는 명목으로 우리는 얼마나 많은 상처를 주고받으며 살아가고 있는가.

오늘 상처받아도 내일 또다시 봐야 하는 관계라면 우리는 스스로 괜찮다고 다독이며 컨트롤해야 한다. 이렇게 상처 많은 세상살이에 저마다 치유법을 갖고 있다. 어떤 이는 사람에게 받은 상처를 또 다른 사람을 통해 치유받는다. 반면 혼자만의 시간을 보내며 치유하는 사람도 있다. 전자의 경우는 친구와의 험담이나 누군가로부터의 조언을 통해 관계 속에서의 치유를 얻는다. 반면 후자의 경우 '말해서 뭐 하겠어, 그런다고 해결되는 것도 아닌데.'라며 사람들과의 관계에서 벗어나 자신만의 동굴로 들어간다. 그리고 그런 자신을 더 사랑하며 보듬는다. 그렇게 외부와 분리되어 있는 자신만의 공간에서 다시금 괜찮아질 수 있는 힘을 얻는다. 어쩌면 우리는 이렇게 자신이 진짜 괜찮은지 보다 억지로 괜찮다고 생각하는 것에 익숙해져 있는지도 모른다.

그러다 보면 애석하게도 그 심리가 반대로 표출되기도 한다. 우울증 환자의 경우 집 밖에서 사람들과 함께 있을 때는 유독 더 밝고 즐거운 모습을 보인다. 하지만 혼자 있는 시간에는 사무치게 외로움을 견디기 힘들어한다. 겉으로 괜찮은 척 행동할수록 속은 곪고 있는 것이다.

문제는 그런 이중적인 모습을 사람들은 알아주지 못한다는 것이다. 혹 알아줬으면 하는 마음이 있다 해도 드러내어 표현하지 못한다. 그러면서 마음은 점점 악화되기 시작하고 악순환이 일어나는 것이다. 지금 우리가 겪고 있는 마음의 병들은 그런 식으로 일어나는 것들이다. 아무리 생각하기에 따라 달라질 수 있다지만 자기 암시에도 한계가 있다. 억지스럽게 자신의 마음을 어르고 달래는 것은 자신의 인지를 부정하고자 하는 세뇌일지도 모른다.

상처에 들어간 작은 티끌은 제거하지 않으면 더 큰 질병으로 변한다. 기어이 괜찮다고 치부해버린 마음도 더 깊은 문제를 불러올 수 있다. 심리학자 이선 맥머핸은 이렇게 말했다. "사람들이 잘못 생각하는 행복의 본질 4가지 중 하나는 '부정적인 경험을 하지 않는 것'이다. 곰곰이 생각해보면 이러한 비현실적인 기대는 좋은 인생에 대한 오류 때문일지도 모른다. 이는 좋은 인생은 행복만 있는 완전한 인생이라고 생각하는 데서 비롯된다."

괜찮은 척하지 않아도 괜찮다. 좋은 인생이란 행복만 있는 삶과 등차

공식이 성립하지는 않는다. 행복만을 긍정하려고 하지 말고 이 순간의 불행도 있는 그대로 긍정할 줄 아는 마음의 자세가 필요하다. 힘들고, 불행하고, 외로운 자신의 마음을 인정하고 들여다보아야 한다. 괜찮지 않으면 울어도 되고 화내도 된다. 자신을 매번 착각 속에 빠뜨리면서까지 속이며 살지 않아도 된다. 불행하지 않으려고, 아니 불행해 보이지 않으려고 발버둥 치지 않아도 된다. 그럴수록 삶은 더욱 흔들린다. 억눌린 감정에 큰 코다치지 않으려면 작은 감정부터 표현하는 법을 배워야 한다.

인생에 한계점은 때마다 찾아올 것이므로 괜찮지 않은 마음에 너무 의무감을 가지지 마라. '난 하나도 괜찮지 않아.'라고 말해도 괜찮다. 내가 생각하는 것보다 다른 사람들은 내 감정에 관심이 없다. 그러므로 적어도 괜찮은 척하며 스스로 옥죄이지는 말자. 하기 싫은 것이 있다면 그대로 두고 쉬어도 보자. 그런다고 해서 오늘 당장 모든 것이 변하진 않을 테니. 물리나 화학 공식은 열심히 배웠어도 감정에 대해 제대로 공부해본 적이 없는 우리가 아니던가. 어려운 것이 당연하다. 작은 감정부터 내 방식대로 하나씩 배워나가면 된다.

지금 잠깐 외롭고 힘들다고 해서
평생 외톨이가 되는 건 아니에요.

단지 우리에게 이따금
건강한 고독이 필요할 뿐이지.

To. Myself...

chapter 05

행복하냐는 질문에 솔직해도 돼

—

나 자신을 속이지 마라.

나 자신을 속이면 앞으로 갈수록 과중되어 힘이 떨어진다.

우리는 미래를 위해 사는 것이다.

의논할 일이 있으면 어려운 일을 꺼내놓고 깨끗하게 의논하라.

의논하면 이루어진다. 부탁은 하지 마라.

— 〈정법 강의〉 4184강

행복의 기준점은 자신에게 두세요

행복이라는 말이 때론 낯간지럽게 느껴질 때가 있다. 우리는 행복하기 위해 매일 아침 분주하게 출근길을 향하며 더 행복해지기 위해 사랑을 갈망하고 결혼을 한다. 그리고 또다시 행복해지기 위해 힘든 시련을 이 악물고 극복해낸다. 누군가 행복은 우리 삶의 유일한 목적이라고 말했다. 그럼에도 어느 날 갑작스럽게 물어오는 이 질문에 선뜻 유쾌하게 대답하지 못한다.

"너는 행복하니?"

어쩌면 대답은커녕 누군가에게 이렇게 물어보는 것조차 쑥스럽고 진부하게 느껴지기도 한다. 그래서 우리는 "너 요즘 어때?, 별일 없지?"라는 말들로 안부를 대신 전한다. 그것도 아니면 틈 날 때마다 SNS를 넘겨보며 표면적으로 보이는 그들의 행복을 가늠해본다.

사람들은 자신의 처지가 만족스럽지 못하다고 느낄 때 타인의 안부에 더 관심을 가지게 되는 경향이 있다. 그들과의 비교를 통해 안도감을 찾기 위해서이다. 하지만 어떤 때에는 오히려 우울함을 느끼기도 한다. "늘 똑같지 뭐, 그저 그래."라는 친구의 대답에 우리는 사람 사는 것이 별 다를 것이 없음을 느끼며 내심 위로를 받는다. 반면 가까운 지인의 희소식에는 '다들 잘나가는데 나만 뒤처지나? 다들 행복한데 나만 우울한가?'라는 생각에 괜히 심란해지기도 한다. 내가 비교하는 대상에 따라 나의 행복이 달라지는 것이다. 행복의 기준이 내가 아닌 타인에 있다.

행복의 사전적 의미는 '충분한 만족과 기쁨'이다. 그러므로 우리는 행복해지기 위해 저마다 즐거운 감정에 집중하려 노력한다. 불과 몇 해 전만해도 '힐링'이라는 말이 유행어처럼 번져 여기저기서 쉽게 접할 수 있었다. 정신적·신체적 치유를 외부 환경으로부터 얻고자 했던 것이다. 생활 속에서 받는 스트레스나 부정적 감정들을 운동이나 취미활동을 통해 치유하는 것. 하지만 어느새 그 열풍도 차츰 식어가는 듯 잠잠해져버렸다.

그리고 오히려 자존감, 감정 공부와 같은 감정 돌봄 콘텐츠가 급부상하기 시작했다. 진정한 행복은 외부가 아닌 내부에 있다는 메시지를 담고 있다. 나의 행복은 오로지 스스로 규정할 수 있다는 것이다. 행복의 기준점이 내면에 있어야 어느 상황에서도 감정의 오류를 겪지 않는다. 외적 환경이나 칭찬에 의해 행복의 수위가 그때마다 달라진다면 우리는 얼마나 많은 불안을 안고 살아야 하는 것일까.

나는 페이스북이나 인스타그램을 잘하는 편은 아니었다. 나름의 방식으로 행복하게 잘 살고 있다고 느끼는 나조차도 SNS 세상에만 들어가면 왠지 작게 느껴지기 때문이었다. 멋진 옷, 럭셔리한 레스토랑, 값비싼 선물을 끊임없이 노출하는 공간에서 나는 여기저기 기웃거리는 이방인 같았다. 그 불편한 진실에서 오는 감정이 이따금 내게 혼란스러운 메시지를 던졌다. 하지만 '강한 긍정은 부정'이라는 말이 있듯이 '나는 너무 행복해요.'라고 드러내는 그들의 심리가 이제는 '나는 정말로 미치게 행복해 보이고 싶어요.'라는 외침이라는 것을 잘 알고 있다. 정말 행복한 사람은 누군가에게 자신의 행복을 굳이 증명해 보이려 하지 않기 때문이다. 그것은 타인의 시선을 통해 자신의 삶을 인정받고 싶어 하는 강박과 관심증일 뿐인 것이다.

우리는 그 누구보다 발달된 감각으로 느낄 수 있다. 내면으로부터 행복이 채워진 사람에게서는 그 기운이 고스란히 느껴진다는 것을. 행복으로 가장된 표면적인 메시지에서는 느낄 수 없는 기분 좋은 느낌이 분명히 있다. 진실로 행복한 사람들을 보면 '참 좋아 보인다, 나도 저렇게 살고 싶다.'라는 생각으로 함께 흐뭇해진다. 그것을 보는 주변 사람들에게도 그 행복의 기운이 전이되어 긍정적 동기부여를 받는다. '행복은 나눌수록 커진다.'는 말이 있지 않던가.

그러므로 타인의 행복을 보며 나의 행복을 가늠해보는 것은 어리석은 일이다. 누군가의 행복에 내 행복을 빗대지 않고 나 자신에게 솔직할 수 있는 행복이어야 한다. 그렇다면 굳이 티를 내지 않아도 행복은 어디서든 묻어나게 되어 있다.

행복 강박은 내버려둬요

나는 감성이 매우 풍부한 사람이다. 하지만 감정을 드러내는 데는 익숙하지 않다. 내면의 감정들을 마음속으로 온전히 느낄 때 한층 더 깊어지는 그 느낌이 좋다. 언젠가 행복하냐는 질문에 "글쎄요."라고 대답한 적이 있다. 사실 자랑같이 들릴 수 있겠지만 살아오면서 내가 불행하다고 느낀 적은 단 한 번도 없었다. 그래서 고민 없이 "네, 저는 행복해요!"라고 말하고 싶었다. 하지만 그 당시 분위기와 사람들의 눈치를 보니 그렇게 말하면 안 될 것 같았다. 다른 사람들의 대답이 대부분 "아니오."였기 때문이다. 혼자만 행복한 삶을 살아가는 유별난 사람으로 보이고 싶지 않았다.

또 한번은 장거리 연애를 할 때 남자 친구와 한 달 넘게 얼굴을 보지 못했던 적이 있었다. 기념일은 물론 그토록 기다리던 여름휴가 때에도 우리는 서로 일하느라 바빴다. 특히 남자 친구와 나는 주간과 야간, 근무 스케줄이 완전히 반대였다. 같이 휴무인 날이 거의 없었다. 오죽하면 지인들은 우리가 헤어진 줄 알고 조심스럽게 물어보기도 했다. 이런 날들이 지속되자 나도 감정적으로 조금씩 힘들어지기 시작했다.

하지만 남자 친구는 물론 그 누구에게도 내색하지 않았다. 오히려 더 괜찮은 척했다. 서로 성장할 수 있는 시간을 존중해줄 수 있는 우리라서 더 예쁘고 행복하다고 생각했다. 친구들에게는 "나는 장거리 연애가 더 잘 맞는 타입인 것 같아."라고 오히려 더 오버해서 이야기했다. 그렇게 스스로에게 솔직하지 못하고 행복한 척했던 것이다. 그럴수록 마음속으로는 쓸쓸함이 커졌다. 행복한 것이 아니라 행복한 척하고 있는 나를 느낄 때마다 왠지 모를 초라함에 서글펐다.

그리고 얼마 뒤, 직장 동료가 남자 친구에게 프러포즈 반지를 생일 선물로 받았다며 자랑을 했다. 그리고 내게 물어보았다.

"지희 씨는 남자친구가 생일날 어떤 선물 줬어? 분명 오래되었으니까 엄청 특별한 거 해줬겠지?"

나는 순간 조금 당황해서 천연덕스럽게 거짓말을 했다.

"아직이요. 이번에 뭔가 근사한 걸 준비 중인가 봐요. 그래서 내심 기대하고 있다니까요."

　하지만 사실 내 남자 친구는 회사일이 바빴다며 내 생일 같은 건 잊고 넘어간 상황이었다. 연애 기간으로만 보아도 자존심이 상할 수밖에 없는 문제라 생각했기에 거짓말을 했던 것이다. 더구나 평소에 늘 나의 장거리 연애에 대해 부정적인 시선으로 바라보던 동료였다. 자신의 단거리 연애와 나의 장거리 연애를 비교하는 말들도 많이 했었다. 그래서 괜한 경쟁심을 가지고 있던 터라 그런 내 모습이 더 비참하게 느껴졌다. 행복한 척, 사랑받는 척하고 있다는 사실이 궁색했다.

　당신은 자신의 행복을 연기해본 적이 있는가? 행복을 연기해야 한다는 것은 정말 마음 아픈 일이다. 그럼에도 생각보다 많은 사람이 나와 같은 경험이 있다. 어쩌면 이러한 거짓말은 행복만이 인생의 유일한 목적이라 여기는 마인드에서 오는 것일지도 모른다. 행복하지 않으면 인생의 실패자로 느끼는 그런 마음, 타인의 눈에 행복한 사람으로 보여야 '그래, 나참 잘 살고 있구나.'라고 안도하게 되는 마음, 행복의 감정과 반대의 감정은 약점이 된다고 생각하는 마음, 낭만적인 삶이란 오로지 행복을 느끼는데 있다고 바라보는 무언의 시선, 부정의 마음과 긍정의 마음을 이분법적으로 나누어 생각하는 그런 마음이 스스로를 속이는 것일 수 있다.

우리가 살아가는 이유가 오로지 행복에만 있는 것은 아니다. 살아간다는 것 자체에 있다. 따라서 지나친 행복 강박은 자신의 감정을 속박할 수 있다. 행복하냐고 물어오는 안부의 말에 적어도 스스로 솔직해질 수 있었으면 한다.

'행복하다, 행복하지 않다.'의 이분법적인 논리가 아니라 지금 당신이 느끼는 그대로의 감정을 고스란히 느껴볼 수 있다면 좋겠다. 기쁨, 슬픔, 분노, 그리움, 외로움, 무료함, 두려움, 즐거움, 설렘 등 그 모든 것이 지금의 당신을 이루고 있는 것이다.

꼭 행복하다고 말할 수 있는 삶이어야
옳은 것은 아니잖아요?

우리가 이따금 느끼는 불편한 감정을
인생의 약점이라 생각하지 말자고요.

To. Myself...

chapter 06

나에 대한 투자를 아끼지 말자

—

인생을 돈벌이에만 집중하는 것은 야망의 빈곤을 보여주는 것이다.

너 스스로 너무 적은 것을 요구하는 것이다.

야망을 가지고 더 큰 뜻을 이루고자 할 때

비로소 진정한 자신의 잠재력을 실현할 수 있기 때문이다.

– 버락 오바마(미국의 제44대 대통령)

돈을 대하는 마음의 자세

'돈은 버는 것보다 어떻게 쓰느냐가 더 중요하다.'라는 말이 있다. 그리고 또 쓰는 것보다 알뜰살뜰하게 저축을 잘하는 것이 더 중요하다는 말도 익히 들어왔다. 어릴 적 돼지 저금통에 동전을 모아본 경험이 한 번씩은 다 있을 것이다. 나도 100원, 200원씩 받는 용돈을 한 푼 두 푼 모으는 데 재미를 들인 적이 있었다. 저금통이 무거워질 때마다 부모님께 듣는 칭찬에 더 힘입어 열심히 모았던 것 같다. 그런데 그 모은 용돈을 정작 어디에 썼는지 기억조차 잘 나지 않는다. 아마도 부모님이 잘 맡아주겠다는 달콤한 말에 속아 고스란히 생활비로 썼던 것 같다.

초등학교 고학년쯤에는 아버지가 언니와 나를 은행에 데려가 저축통장을 하나씩 만들어주셨다. 그때부터 경제관념에 대한 교육을 제대로 해주려 그랬던 것 같다. 덕분에 나는 조금 일찍부터 통장에 저축하는 습관을 익힐 수 있었다. 그때 내 하루 용돈은 500원 정도였다. 나에게 방과 후 친구들과 학교 앞 문방구에 들리는 것은 필수 코스였다. 한 개씩 쏙쏙 뽑아 먹는 아폴로와 혓바닥이 파랗게 변하는 사탕, 친구들과 나눠먹는 쫀드기와 같은 불량식품의 유혹은 늘 우리의 발길을 사로잡았다. 그래서 친구들과 함께 오늘은 무엇을 먹을지 진열대 앞에 서서 고민하던 추억이 선명하다.

먹고 싶은 것은 많지만 나는 늘 저축할 생각에 고민하다가 한 개씩만 골랐던 것 같다. 지금 생각해보면 뭐 그런 것을 다 고민했나 싶지만 초등학생인 나에게는 100원 차이도 나름의 고민거리였다. 얼마를 남기느냐에 따라 저축을 할 수 있기 때문이었다. 친구들이 고민 없이 삶은 계란 반쪽이 더 들어 있는 500원짜리 컵 떡볶이를 사 먹을 때에도 나는 300원짜리를 먹으며 200원을 저축하는 기쁨을 느꼈다. 용돈이 작아서 그랬던 것은 아니다. 부모님께 용돈을 평소보다 많이 받은 날에도 스스로 정해놓은 금액 이상을 사용하는 일이 거의 없었다.

그런데 지금 생각해보면 그렇게 악착같이 모았던 돈을 어디에 어떻게 사용했는지는 전혀 기억나지 않는다. 단지 열심히 모았던 기억만 남아 있다. 이것도 아마 부모님이 생활비로 보태어 사용하셨을 것이 분명하다. 마치 명절에 받은 세뱃돈의 행방이 늘 그랬듯이.

우리는 어쩌면 이렇게 돈을 쓰는 방법보다 모으는 것에 좀 더 초점을 맞춘 교육을 받으며 자랐는지 모른다. 지출하는 것은 마이너스의 개념이고 저축하는 것은 플러스의 개념으로만 자연스럽게 인식하며 자라왔다. 알뜰살뜰 꾸준히 모으는 것만이 바른 경제관념이라고 배워왔다. 쓰는 기쁨보다는 모으는 기쁨에 더 뿌듯함을 느끼기도 했다. 돈을 잘 사용했을 때에는 칭찬이 없어도 잘 모았을 때에는 칭찬받았던 기억이 확실히 더 많다.

하지만 제대로 모은 것만큼 잘 쓰는 방법도 중요하다. 사실 나는 돈을 모으는 것에는 늘 자신이 있었지만 제대로 쓸 줄은 모르는 사람이었다. 물건을 하나 살 때에도 며칠 동안 쇼핑몰들을 비교 분석하여 구매했으며, 쇼핑은 꼭 필요한 경우가 아니면 언니 것을 빌려 썼고, 조금 불편하더라도 시간을 할애하여 돈을 아끼는 생활을 했다. 날씨가 너무 춥거나 더울 때, 많은 짐을 들고 이동해야 할 때에도 굳이 택시비를 아끼겠다고 버스를 고집했다. 남들이 보기에 어쩌면 미련해 보일지도 모른다. 내가 좀 더 부지런하면 되는 일인데 버스비의 몇 배나 되는 택시를 이용한다는 것이 사치스럽게 느껴졌기 때문이다. 예쁜 옷이나 화장품을 하나 살 때에도 여러 번 고심해야 했다. 중요한 것은 내면을 가꾸는 일이며 외모를 꾸미는 것도 자기가 만족하면 된다고 생각했기 때문이었다. 이렇게 생활하면서 스스로를 검소하다 여겼고 뿌듯함을 느낄 때도 있었다. 나는 어쩌면 돈을 생활의 수단이 아니라 목적으로 여기고 있었던 것이다. 돈 쓰지 않고 모으는 것만이 능사는 아닌데 말이다.

좋아하는 취미생활과 회사 업무 향상을 위한 교육은 줄곧 찾아 들으면서도 일상생활에서 누릴 수 있는 기본적인 것에 대해서는 오히려 소홀했다. 예를 들어 먹고 싶은 것이나 마음에 드는 귀걸이 같은, 내가 누릴 수 있는 소소한 기쁨은 멀리했다. 그 돈으로 차라리 책을 한 권 더 구매하는 것이 남는 것이라는 생각을 했다.

나의 가치를 제테크하라

돈에 대해 그러한 마인드를 갖고 있는 나는 어느 순간부터 의문이 들기 시작했다. '이것이 내가 바라는, 가치 있는 삶일까?' 아끼고 저축하는 삶이 익숙해질수록 문화생활의 범위나 인간관계는 점점 좁아지고 있음을 느꼈기 때문이다.

우리는 돈을 활용하여 자신의 가치를 높일 수 있는 일을 해야 한다. 즉 시간을 들여 돈을 아끼는 삶이 아닌, 돈을 들여 시간을 아끼는 삶을 살아야 한다. 그렇게 번 시간으로 자신의 가치를 높일 수 있는 일을 해야 한다. 이는 돈을 아끼지 말라는 말이 아니다. 돈에 가치를 두는 삶에서 자신의 가치에 투자하는 삶을 살아야 한다는 것이다.

가령 대구에서 서울까지 가는 데 좀 더 비싸지만 시간을 줄일 수 있는 KTX를 탈 것인가, 아니면 시간은 오래 걸리지만 더 저렴한 고속버스를 탈 것인가? 전자를 선택하면 약 두 시간을 벌 수 있다. 게다가 와이파이

존과 좌석에 구비되어 있는 콘센트를 활용하여 디지털 기기를 활용한 작업도 가능하다. 일찍 도착하여 여유 시간을 다른 일을 하는 데 활용할 수도 있다. 하지만 후자의 경우는 그러한 서비스를 누릴 수 없고 더 오랫동안 버스에 묶여 있어야 한다. 도착한 후에야 노트북을 활용한 업무처리가 가능하다. 저렴한 비용을 제외하고는 마이너스 요소가 더 많은 것이다.

이처럼 눈앞의 계산적인 선택이 아닌 그 너머의 가치를 파악하는 것이 더 중요하다. 그러니 돈이든 시간이든 지출의 개념이 아닌 투자의 개념으로 생각하는 마인드를 가져야 한다. 일상생활에서의 크고 작은 선택이 모두 나에 대한 투자인 셈이다. 소소한 것부터 자신의 삶의 가치를 높이는 선택이 무엇인지 잘 생각하고 행동해야 한다. 나 역시 이러한 사고를 하기 전에는 혼자서 모든 분주함을 떠맡아 피곤한 생활을 했다. 하지만 확실히 머리를 쓰면 몸이 편해진다.

삶의 가치를 높이는 일은 외적인 것과 내적인 것 모두 조화를 이루어야 한다. 우리는 때로 '가치 있는 사람'이라는 말을 들으면 '내면이 성숙한 사람, 능력을 갖춘 사람'을 떠올린다. 그러나 내면을 가꾸는 것만큼 외적인 모습도 소홀히 해서는 안 된다. 그것이 자신의 의도이든 아니든, 사회에서 나를 바라보는 이미지가 되기 때문이다.

예를 들어 옷 가게에 옷을 사러 가면 직원들은 옷을 하나라도 더 구매할 것 같은 손님에게 관심을 기울인다. 즉 겉으로 보기에도 옷차림이 단정하고 자신을 예쁘게 꾸밀 줄 아는 사람에게 영업을 시도하는 것이다. 만약 명품관에 운동복을 입은 사람과 옷차림이 멋진 사람이 들어왔다고 생각해보자. 한눈에 보아도 후자의 경우에 좀 더 구매의사가 높다고 생각하지 않겠는가? 고정관념일 수 있지만 시각적으로 주는 이미지가 그 사람을 직관적으로 판단하는 1차적인 기준이 된다는 것에는 의심할 여지가 없다. 더구나 나를 잘 알지 못하는 초면의 상대라면 더욱 그렇다.

그렇기 때문에 스스로가 원하는 이미지가 있다면 평소에도 그에 맞게 용모도 가꿀 줄 알아야 한다. 선생님이라면 선생님답게 보일 수 있는 용모, 디자이너라면 디자이너다운 분위기가 풍기는 사람에게 우리는 신뢰감을 더 느끼기 때문이다. 가령 알버트 메라 비언의 연구를 예로 들 수 있다. 그는 성공적인 굿 스피치의 조건을 3가지로 나눈다. 그중 발표 내용이 7%, 목소리가 38%, 보디랭귀지가 55%로 나타났다. 즉 아무리 좋은 내용으로 설명을 잘해도 외적으로 보이는 모습이 신뢰감을 주지 못하면 그 사람의 진가를 제대로 느낄 수 없다는 뜻이다.

나도 이러한 마인드를 갖지 못했을 때는 내적인 가치에만 초점을 두었다. 진정한 내면의 가치는 굳이 드러내지 않아도 언젠가는 자연스럽게 표현될 것이라 생각했다. 그러나 이런 생각은 우리 이모 세대에나 적합한 말이다. 오늘날은 자기 PR시대이다. 사실이야 어떻든 자신을 좀 더 잘 표현해내는 사람이 곧 능력자로 인정받는 사회에 살고 있다. 말 잘하는 사람이 그렇지 않은 사람보다 더 능력 있는 사람으로 여겨지는 풍조는 내면 못지않게 외적인 자기계발도 중요하다는 점을 시사한다.

직장 생활에서도 이에 대한 사례를 흔히 느낄 수 있다. 자신의 스타일대로 옷을 잘 입거나 같은 말이라도 좀 더 조리 있게 잘하는 사람들이 있다. 그들은 타인에게 '자기 관리를 잘하는 사람'으로 비친다. 그러다 보니 같은 상황에서도 좀 더 좋은 대우를 받는다. 즉 함부로 하지 못하게 되는 분위기를 본인 스스로 풍기는 것이다. 실제로는 지식이 풍부하고 능력 있는 사람도 자신을 잘 표현하지 못하면 그 내면의 진가를 제대로 인정받을 수 없다.

이처럼 나의 가치에 투자한다는 것은 내·외적으로 조화를 이루는 것이 중요하다. 그리고 무엇보다 따로 시간을 내야만 하는 것이 아니라 평소 습관화할 수 있는 마인드를 가져야 한다. 일상생활 속에서 자연스럽게 나오는 말투와 소비 패턴이 모여 자신을 만든다. 스스로의 가치를 존중하는 선택들과 행색을 상시 장착해야 한다. 오늘을 위해 아끼는 내가 아닌 내일의 가치 있는 나를 위한 지출과 투자를 하는 사람이 되자.

당신의 가치를 더 멀리 넓게 내다보며 나아가야 한다. 그러니 지금 당장의 내가 가진 것에 자신의 가치를 맞추지 마라. 내가 바라는 나의 가치에 맞춰 본인의 모습을 가꾸어라. 진정한 재테크는 저축이 아니라 자신의 가치에 투자하는 일이어야 한다는 것을 잊지 말자.

우리는 가치가 중요한 삶을 동경하면서도
정작 엄한 곳에서 가치를 찾으려고 해요.

당신에게 가장 가치 있는 것은
무엇인가요?

To. Myself...

_____

_____

_____

chapter 07

나는 행복하다고 지금 당장 말해봐

—

행복하고 성공한 사람들은 다음 3가지를 갖추고 있다.
첫째는 과거에 감사하고 둘째는 미래의 꿈을 꾸고 셋째는 현재를 설레며 산다.

— 모치즈키 도시타카(일본의 작가)

행복과 성공의 우선순위?

우리는 모두 행복하기를 바란다. 하지만 무엇이든 목적이라 여기면 쫓아가야만 하는 대상이 되어 버린다. 행복을 찾아가는 여정에서 우리는 성공과 성취를 수단으로 삼는다. 그러나 가끔은 그것이 뒤바뀌어 버리기도 한다. 심지어는 맞바꾼다고 해도 과언은 아니다. 행복과 성공은 어느새 선택해야 하는 이분법적인 개념이 되어버렸다. 행복을 위해 성공을 바랐던 우리는 '성공하기 위해서는 행복을 포기해야 하는 것이 아닌가?' 하는 불안감마저 갖게 된다.

성공이란 무엇일까? 부자로 사는 것? 남들보다 앞서나가는 것? 세상에 이름을 알리는 것? 행복한 삶과 성공은 어떤 관계일까? 조금 의아할 수 있지만 성공이 행복에 부정적인 영향을 미친다는 의견도 있다. 나도 일부는 인정한다. 물질적인 성취를 우선하여 중요한 가치들을 간과하는 경우, 빠르게 더 크게 성공하기 위한 기회비용으로 시간과 인간관계를 지불하는 경우가 그에 해당한다.

하지만 성공자의 삶은 생각보다 팍팍하고 우리가 꿈꾸던 행복의 모습과 다르다. 우리는 일과 휴일이 일제히 구분되어 있는 삶이 자유로운 삶이라고 생각한다. 일은 조금하고 돈은 많이 벌기를 바란다. 그 돈으로 자신이 원하는 휴가를 즐기고 고민 없이 쇼핑을 할 수 있는 삶이 성공자의 삶이라고 생각한다. 그러나 실제로 성공한 사업가들의 삶은 일과 휴일이 구분되어 있지 않은 경우가 훨씬 더 많다.

지인 중에도 자수성가하여 성공을 이룬 사람들이 꽤 많다. 그들의 삶을 들여다보면 일하는 시간과 휴식하는 시간의 경계가 없다. 그것이 현실 속 성공자의 삶이다. 즉 그들은 쉬면서 일하고 일하면서 즐기는 것이 진정한 성공이라고 말한다. 본인이 하고 싶은 것만 하면서 사는 삶이 아니라 내가 하는 일을 즐길 수 있는 삶이 자유로운 삶이라는 마인드가 있다. 일과 삶의 균형을 따로 두지 않는 개념을 갖고 사는 것이다.

나는 대학생 때 봄이나 가을이 되면 축제 시즌에 맞춰 제대로 된 여행을 떠나본 기억이 없다. 봄꽃 놀이나 단풍축제가 한창일 때가 시험 기간이나 과제 전시회 기간이었기 때문이다. 교양 수업은 쪽지 시험이나 이론 시험을 보아야 했고 전공 수업은 전시할 작품을 만들어야 했다. 그래서 작업실 한쪽 귀퉁이에서 아크릴 먼지 가루와 페인트 냄새를 맡으며 바쁘게 보냈다. 물론 수업을 빼먹고 가는 친구들도 있었다. 하지만 나는 학점 관리를 하느라 4년 동안 그렇게 보냈다.

내가 품은 꿈과 목표를 위해 다른 것은 미뤄두는 식이었다. 계절은 또다시 돌아오니 언제든 떠날 수 있지만 한번 잃어버린 학점은 다시 채우기 힘들다고 생각했다. 게다가 개미 눈물만큼의 아르바이트비로는 수업 때마다 들어가는 재료비를 충당하기도 바빴다. 핑계 같지만 팔자 좋게 여행을 떠날 여유가 좀처럼 나지 않았다.

그래도 취업하면 주말마다 여행을 떠날 수 있을 것이라 생각했다. 마음 내킬 때 연차나 월차를 쓰고 대학교 때에 가지 못했던 축제들을 원 없이 다녀봐야겠다고 생각했다. 그런데 막상 직장인이 되니 돈은 있는데 시간을 내는 것이 힘들었다. 매번 날씨가 미치도록 좋은 날에는 중요한 프로젝트가 한 건씩 터졌다. 주말도 반납하고 일할 때가 많았다. 그러다 보니 꽃구경은 동료들과 점심시간의 산책길 가로수로 대신해야 했다. 회사 근처에서 벚꽃 나무 가지를 꺾어 화병에 꽂아두고서 간간히 들여다보는 낙으로 봄날을 만끽했다. 주말에 여행가는 것도 신입 때의 말이지 연차가 쌓일수록 쉬는 날에는 정말 쉬고 싶어졌다. 당시에는 친구를 만나서 수다 떠는 것조차 피곤하게 느껴질 정도였다. 어쩌면 나는 이처럼 때마다 이유를 둘러대며 미루는 것이었는지도 모른다.

　그런데 내가 만약 학기 중에 수업을 빼먹고 여기저기 축제를 찾아다녔다면 지금과 사정이 많이 달라졌을까? 글쎄, 그렇게 큰 변화가 있을까 싶다. 직장 동료들의 파란만장했던 학부 시절 이야기를 들을 때면 생각한다. '나는 저런 것도 안 해봤네. 그런데 지금 그들과 크게 다를 건 또 뭐야?'

　'소확행(소소하지만 확실한 행복)'이라는 말은 이러한 우리의 심리를 파악하고 나온 말이 아니던가. '큰 행복을 위해 소소한 행복을 미루지 말자. 현재에 주어진 즐거움과 기쁨들을 충분히 만끽하며 살자.' 나는 더 나은 성취를 위해 내가 누릴 수 있는 마땅한 것까지 늘 감내해왔다. 그 결과 꽤 근사하게 너스레를 떨며 이야기할 만한 에피소드가 없다. 그래서 친구들의 이야기를 듣고 있으면 대리만족을 하는 기분에 괜히 더 즐겁다. 이제는 다시 돌아갈 수는 없는 시간이기에 더욱 그렇다.

지금의 행복을 미루지 않기

　행복한 삶은 의미 있는 경험들이 모여 만들어진다. 의미 있는 경험이란 무언가 물질적 결과나 인정을 받을 만한 것이 아닐 수도 있다. 감정적인 충족과 성취가 될 수도 있다. 그런 의미에서 우리가 겪는 크고 작은 모든 일이 충분히 행복할 수 있는 조건이 된다. 찾아보면 주위에 행복할 수 있는 이유는 많다. 그런데도 우리는 이미 가지고 있는 것에 대해서는 잘 느끼지 못한다. 늘 지나고 나서 그때가 가장 좋았다고 말한다. 20대에는 10대의 순수하고 해맑았던 학창 시절을 그리워하고 30대에는 열정이 넘치던 20대를 아름답게 떠올린다.

어제 유튜브에서 2000년대 발라드 모음곡을 찾아 듣다가 댓글을 보았다. 200여 개의 댓글 중 대부분이 지금의 아이돌 음악과 2000년대의 음악을 비교하고 있었다. 지금의 한국 대중가요는 예전에 비해 상업성이 짙고 감성이 메말랐다는 것이 주 내용이었다. 반면 2000년대의 음악에는 문학적 감수성의 깊이가 있어 듣고 있으면 그때의 행복했던 시절이 떠오른다는 것이었다. 그리고 그 틈에서 누군가의 댓글 하나가 눈에 띄었다.

'지금 이 순간도 언젠가 우리가 가장 행복하게 기억할 날이에요. 늘 그랬듯이.'

우리는 지나간 것에 대해 유독 더 아름답고 행복하게 기억하는 경향이 있다. 혹은 아직 다가오지 않은 미래에 대한 기대를 가진다. 인간이 가진 것보다 가지지 않은 것에 대한 로망이 있는 것이 분명하다. 그래서 지금 누리고 있는 것에 대해 너무 당연해서 소중함을 느끼지 못할 때가 많다. 하지만 지나고 보면 지금의 이 순간도 분명 우리가 더없이 행복했다고 말하게 될 그리운 날이 되지 않을까. 늘 지나고 나서야 깨닫게 될 우리이기 때문이다.

이따금 깨닫는다. 우리가 무언가 소중하게 느끼는 시점은 그것이 이미 내게서 멀어진 후다. 그럼에도 지금 내가 서 있는 자리에서 보면, 늘 저 자리가 더 안락해 보이고 그때의 그 사람이 참 괜찮다고 느껴진다. 지금 내가 가진 아름다움과 건강함과 모든 가능성에 대해서는 고마운 줄 모르고 오늘도 지나가고 있는지 모를 일이다. 행복할 줄 안다는 것은 '고마워할 줄 안다'는 것이다. 내가 숨 쉴 수 있는 쾌적한 공기와 안전하게 딛고 거닐 수 있는 땅과 상쾌함을 느낄 수 있는 녹색의 푸르름에 대해 고마워해본 적이 있는가?

아주 사소한 것에서부터 고마움을 느끼는 마음을 가지면 세상은 다르게 보이기 시작한다. 별안간 행복할 줄 아는 사람으로 바뀌어간다. 끊임없이 뭉클하는 무언가를 느끼고 입가에는 이따금 미소가 번진다. 그것은 지금의 내가 날마다 겪는 일이다. 독자들과 마음으로 소통할 수 있는 이 글을 쓰며 나를 돌아볼 수 있는 지금 이 시간이 너무 감사하고 행복하다.

자신이 이미 가지고 있는 것을 귀하게 여기는 마음, 행복을 미루지 않고 때마다 즐길 수 있는 마음이 필요하다. 익숙함에 속아 소중한 것을 놓치지 말아야 한다. 그러니 지금 당장 외쳐보자. "나는 이미 행복한 사람이다!" 행복은 그렇게 시작된다.

행복해지기 위해 열심히 일하고
행복해지기 위해 저축을 하며
행복해지기 위해 사랑을 한다고요?

'행복해지기 위해'라는 말을 쓰는 것 자체가
이미 행복과 닿을 수 없는 거리에
자신을 놓아두는 거예요.

당신이 이미 행복한 사람이라는 걸
왜 모르는 거죠?

chapter 08

내 감정의 당당한 주인이 되자

—

누가 나를 칭찬하거나 비난하는 것을 개의치 않는다.
다만 내 감정에 충실할 뿐이다.
– 볼프강 아마데우스 모차르트(오스트리아의 음악가)

감정 문제는 전염병처럼 전이된다

'묻지 마 범죄'가 갈수록 더 늘어나고 있다. 최근 건강보험심사평가원 조사에 따르면 분노 조절 환자는 2012년에서 2016년 4년 사이에 20%나 증가했다고 한다. 실제로 신문이나 뉴스 기사에서 욱하는 감정을 다스리지 못해 벌어지는 소위 분노조절장애 범죄 소식을 자주 접하게 된다. 지난해 발생한 살인, 살인미수 사건의 10건 중 4건이 분노조절 장애로 인한 우발적 범행이라는 통계가 있을 정도로 문제가 심각하다.

한 아파트 외벽에서 창틀에 실리콘 바르는 작업을 하던 김 모 씨가 추락해 목숨을 잃는 사고가 발생했다. 사건은 아파트 15층에 사는 입주자가 옥상으로 올라가 김 모 씨가 매달려 있는 안전줄을 끊어버리면서 발생했다. 작업자들이 작업하며 틀어놓은 휴대폰 음악소리가 시끄럽다는 것이 이유였다. 이렇게 어처구니없는 일이 대수롭지 않은 듯 일어난다. 층간 소음, 보복 운전, 데이트 폭력 모두 감정 컨트롤의 문제와 관련이 있다. 멀리서 찾을 것도 없이 우리 주변 가까이에서도 비일비재하게 일어난다.

　콜센터 직원으로 1년 동안 일을 한 친구가 있다. '잘못했습니다, '죄송합니다.' 같은 말이 하루의 시작과 끝이었다. 자신이 잘못한 일이 아닌데도 늘 먼저 이렇게 말해야 했다. 하루는 전화를 받자마자 고객이 수화기 너머로 욕설을 퍼부어대는데, 어떠한 대꾸도 하지 못한 채 얼굴도 모르는 상대에게 20여 분 동안 욕설을 들었다. 마음 같아서는 똑같이 심한 말을 퍼붓고 싶었지만 그럴 수 없었다고 한다. 며칠 전 그렇게 행동했다가 상사에게 서비스정신교육을 받은 동료가 있었기 때문이었다.
　이런 식으로 하루 이틀 참다 보니 익숙해지기는커녕 모욕감과 모멸감이 커졌다. '내가 무엇을 위해 이렇게까지 하며 살아야 하나.'라는 존재에 대한 회의감마저 들었다고 한다. 가슴속에는 응어리 같은 무언가가 쌓였고 그럴수록 더 신경질적이고 예민해졌다. 친구는 만날 때마다 그날 있었던 별난 고객에 대한 이야기를 풀어 놓았다. 처음에는 별 사람이 다 있구나 싶어 들어주었다. 그러나 시간이 갈수록 더 이상 들어주기 힘들었다. 듣는 것만으로도 고구마 100트럭을 먹은 듯이 갑갑했다. 상식적으로 이해가 안 되는 경우 없는 일이 많았기 때문이다. 친구의 하소연은 날이 갈수록 심해졌다. 그렇게 함께 맞장구치고 공감해주다 보면 나까지 기분이 안 좋아져 마음이 힘들 때도 있었다.

서비스 직종이라는 이유만으로 안면도 모르는 사람들의 감정받이가 되어주어야 하는 것이 말이 되는 일인가? 하루 중 우리가 가장 많은 시간을 보내는 곳은 회사다. 그러다 보니 이러한 회사 생활은 우리는 일상생활에도 심적으로 지대한 영향을 준다. 회사에서 가정으로, 가정에서 그 주변으로 감정의 문제는 점점 전이되어가고 있다.

내 감정의 안부를 자주 물어볼 것

우리는 얼마나 많은 감정에 치이며 살고 있는가. 그럼에도 그 와중에 내가 표현할 수 있는 감정은 점점 더 줄어들고 있다. 아는 사람은 많아지는데 정작 진정한 친구는 줄어드는 씁쓸한 현실과 같다. 그러다 보니 '종로에서 뺨 맞고 한강에서 눈 흘긴다.'라는 말이 딱 우리 모습이 되어버렸다. 직장이나 밖에서 혼이 나고 집으로 돌아가 분풀이를 한다. 그중 제일 만만한 대상은 공교롭게 가족이 된다. 특히 엄마에게 더 그렇다.

사실 나 역시 그랬다. 의도하지는 않았지만 유난히 밖에서 스트레스가 많았던 날에는 집에서 가족에게 까칠하게 굴었다. 따뜻하게 차린 밥상에 대고 이유 없는 반찬 투정을 했다. 무슨 일이 있었냐는 다정한 관심에는 차가운 대답을 날렸다. 그럼에도 부모님은 뭐라고 하시는 법이 없었다. 그저 받아주고 품어주고 이해해주셨다. 그런 모습에 죄송스럽고 부끄러워 멋쩍게 화제를 돌렸다. '나 참 못났다.'는 말이 마음속에서 맴돌며 눈물이 핑 돌았다. 그럼 방문을 닫고 혼자 침대 한구석에서 눈물을 흘렸다.

우리는 가까운 사람들에게 자신의 날것 그대로의 감정을 표출할 때가 많다. '친하니까, 편하니까, 나를 잘 아니까.'라는 말로 알게 모르게 상처를 주고받는다. 그리고 어떤 때는 사과조차 잊어버린다. 별것 아닌 것 같은 감정도 잘못 쌓이면 틈이 생기기 마련이다. 그렇게 멀어져버린 관계들도 분명 있을 것이다. 아닌 듯해도 그때마다 쌓였던 감정이 화근이 된 것이다. 이것이야말로 바로 '악순환'이 아닐까? 회사나 집, 친구 관계에서도 제대로 통제하지 못하는 감정은 여기저기서 곪아 터지며 문제를 일으킨다.

무서운 것은 감정은 언어를 넘어 행동으로까지 이어진다는 점이다. 주체되지 않는 감정은 뇌의 교감신경에 장애를 일으켜 신체반응까지 흥분하게 만들기 때문이다. 자기 뜻대로 되지 않으면 화를 내고 물건을 던지고 심지어 폭력까지 행사하는 경우가 바로 그에 해당한다. 감정 컨트롤의 장애가 많이 참는 것 때문에 일어나는 '충동적 분노 폭발'이라면 '자주 표출하면 되지 않느냐?'라고 생각할 수도 있다. 그러나 너무 자주 감정을 표출하는 것도 효과적인 방법이 아닐 수 있다. '습관적 분노 폭발'이 될 수 있기 때문이다.

그렇다면 감정의 '주인'으로 살기 위해서는 어떻게 하면 좋을까? 바로 평소에 자기 내면을 잘 들여다보고 돌보는 것이다. 아침에 출근하면서 우리는 주변 사람들에게 "안녕하세요?"라는 말을 몇 번이나 하던가. 그러면서도 정작 자신의 안부에 대해서는 제대로 관심을 가지고 물어본 적이 없지 않은가. 상사와 동료들의 기분은 그렇게 빠르게 눈치 채서 대처하면서도 본인의 감정에 대해서는 간과하며 살지는 않은지, 내 감정에 무뎌져 이제는 대수롭지 않게 여기며 넘어가고 있지 않은지 살펴봐야 한다.

키우는 강아지도 손길을 한 번 더 받은 주인의 말을 잘 듣는 법이다. 하물며 사람의 감정은 어떻겠는가? 우리의 감정도 마찬가지다. 평소에는 무심하게 지나치고 억누르고 또 제멋대로 표출하기를 일삼다가 어느 날 갑자기 컨트롤하려고 하면 잘될까? 익숙지 않은 언행이 나가는 것이 당연하다. 나의 내면을 잘 들여다본다는 것은 내 마음을 잘 안아주는 일이다. 나를 가장 잘 안아주기 위해 먼저 내 감정 상태를 잘 알아야 한다.

여러 가지 방법이 있지만 나는 일기를 쓴다. 글만큼 생각과 감정을 정리하는 데 효과적인 것은 없다. 글을 풀어내는 것은 내 마음을 풀어헤치는 것과 같다. 어떠한 기교도 없이 단지 생각과 감정을 써내려가는 것만으로도 해소되는 효과가 있다. 과학적 연구에 따르면 우리는 글을 쓰는 과정에서 면역력도 향상된다고 한다. 혈압과 근육을 이완시키고 심지어 피부 트러블까지 완화되는 효과를 볼 수 있다. 심신은 물론 외모까지 아름답게 가꾸어준다고 하니 이보다 더 강력한 치유법이 또 있을까. 더구나 언제든 자신을 진단할 수도 있다. 참 감사한 치유법이지 않은가.

나 역시 책 속에 감정을 고스란히 드러내며 독자보다 한 발 앞서 나에게 가까워지고 있다. 이제 당신도 자신을 들여다보기 바란다. 그것이 우선이 되어야 한다.

글쓰기가 아니어도 좋다. 노래를 부르고 그림을 그리고 등산을 해도 좋다. 자신이 원하는 것은 본인이 가장 잘 알고 있지 않은가. 중요한 것은 나 자신에게 닿을 수 있는 시간을 많이 갖는 것이다. 우리가 정말 잘 가꾸어야 하는 것은 인간관계에서의 감정선뿐만 아니라 올바른 자아 관계를 형성하는 것이다. 그리고 그 첫걸음은 나의 감정을 아는 것이다.

우정, 사랑, 행복…:
모든 것이 건강한 내 감정에서 시작돼요.

내 감정에 실패하는 것은
내 인생에 실패하는 것과 같아요.

To. Myself...

_____

_____

_____

진짜 어른으로서 행복할 수 있는 방법

이 책이 쓰일 수 있도록 내 삶 속에 닿아준 고마운 인연들을 떠올려본다. 함께 차를 마시며 웃고 떠들던 살가운 사람들, 서로 눈을 흘기며 서투른 관계 속을 뒤엉켜 있던 사람들, 더 깊어지지 못하고 스쳐야만 했던 아쉬운 인연들, 나의 가능성을 믿어주고 응원해주는 고마운 한 분 한 분들. 또 내 존재의 근원이자 영원한 마음의 안식처인 부모님과 사랑하는 가족들에게 출간의 기쁨을 함께 나누고 싶다. 그리고 무엇보다도 함께 공감하며 희로애락을 나눌 모든 독자분들에게도 감사와 사랑 그리고 날마다의 무한한 행보를 전한다.

누구나 이 생에서의 지구별 여행은 처음이자 또 마지막이다. 그러나 어떤 이는 이렇게 낯선 시공간에서 자신만의 길을 당당히 개척해 나가고 또 다른 누군가는 머뭇거리며 그 뒤를 좇는다. 부모님의 바람, 친구들의 조언, 내가 나아가는 길들에 슬쩍 손을 얹고서 한 마디씩 거드는 사람들. 그로 인해 어른인 나로 살아가는 것이 혼란스럽고 지칠 때도 있을 것이다.

그렇지만 팍팍한 어른살이에서 진짜 어른으로서 행복할 수 있는 방법은 어쩌면 생각보다 간단할지도 모른다.

'완전한 어른이 되려하지 않는 것.'

매 순간에 어른으로서 다할 수 있는 최상의 방식이 아닌 존재 자체의 나로써 행복할 수 있는 속도와 방향을 고민하는 것. 좋아하는 것들을 할 수 있는 자신감과 아니라 생각되는 것들에는 단호하게 선을 그을 수 있는 마음. 완전한 해답을 가진 어른이기 보다 스스로에게 충분할 수 있는 단단함을 가지는 날들의 연속이라면 좋겠다.

평범하고 소소한 행복이라는 말에 기대어 다른 사람들과 비슷하게, 소극적이고 반복되는 일상을 겨우 버티며 살아가고 있지는 않은지. 바쁜 시간 속을 살아가지만 '나'를 돌아보는 시간여행자가 되어 그에 대한 의문도 한 번쯤은 던져볼 수 있길 바란다. 우리가 생각하고 고민하고 있는 것들이 무엇을 위한 것이고 누구를 위한 것들인지. 특별나게 구분되어 보이려 애쓸 필요도 없지만 그러지 않으려 애쓸 필요는 더더욱 없다. 남들 눈치보지 않고 좀 더 내게 온전함을 다할 수 있도록 선택과 집중을 허락할 수 있는 당신이라면 좋겠다.

사람들은 나무 보단 숲을 보라고 많이들 이야기한다. 하지만 숲을 이루는 나무 한 그루마다의 진심을 알기에 숲이 아름다워 보인다는 것을 잘 알고 있다. 우거진 나무들 사이사이를 숨이 가쁘게 오르며 잠시 멈춰 섰던 적이 있었다. 정상에 오르기 위해 내가 지나쳐 보내야했던 나무와 새들과 풀꽃들이 얼마나 많은지 잠시 잊고 있었다. 정상에 다다르길 바라는 맹목적인 마음이 아닌 때 마다 불규칙하게 들려오는 나의 거친 숨소리와 '조금만 더!'라고 외치는 반복적인 격려의 주파수들. 그 사이로 펼쳐지는 지극히 평범하지만 아름다운 풍광들에 우리의 흐름을 맡겨야 한다. 그래야 그 흐름들에 오롯이 살아 숨 쉬는 내가 있음을 느낄 수 있다.

생각보다 꼭대기에서 바라본 풍경들은 때론 그저 그뿐일지도 모른다. 찰칵 소리를 내어 한 장의 사진으로 담아내면 금세 또 잊혀져갈 풍경들. 우리의 삶도 마찬가지가 아닐까. 매 순간에 내 진심을 담지 않는다면 그리고 그 진심들의 소중함을 깨닫지 못한다면 아무리 완전해 보이는 삶의 모습도 허울뿐임을 알아차리게 될 것이다. 순간을 다할 수 있는 풍요로움. 그 진심은 결코 헛되지 않는 내 삶의 무늬가 되어줄 것이다.

매 순간 스스로가 살아 있음을 느끼며 살아가는 충만한 기쁨. 내 인생의 주인으로서 나를 지키며 행복하게 살아갈 수 있는 나만의 위로들. 어쩌면 이 책을 또 다시 펼쳐볼 당신이 여전히 어딘가는 허술할 것이란 것도 감히 알고 있다. 그러나 괜찮다. 우리 모두가 불완전한 존재임을 또 한 번 이해하게 된다면 때때로 연약해지는 당신 마음에 좀 더 대담함이 생겨

날 것이다.

  작고 빠르게 가는 마음, 크고 느리게 가는 마음, 작고 느리게 가는 마음, 크고 빠르게 가는 마음…. 어떤 것이든 다 괜찮다. 그 어떤 크기와 방향, 속도에도 정답은 없다. 내가 누구인지는 내가 결정하면 될 일이다. 더이상의 어설픈 인생의 조언은 사절이다. 어른이 처음인 우리들에겐 오로지 나를 위한 단단한 위로만이 필요할 뿐!

  오늘도 허술하고 서투른 당신과 나, 우리 모두는 있는 그대로 참 아름답다.

날마다 자신다울 수 있는
우리의 소중한 시간들을 위해
언제나 소통의 공간은 열려 있어요.

행복과 꿈을 향해 함께 나아가는
당신을 늘 응원합니다!

작가 류지희의 SNS 공간에서 함께 소통해요.

인스타그램 https://www.instagram.com/author.ryu_lovenlife

블로그 https://blog.naver.com/flyhighup1016

카페 https://cafe.naver.com/flyhighup1016